할배의 탄생

할배의 탄생

어르신과 꼰대 사이,
가난한 남성성의
시원을 찾아

최현숙 지음

이매진

이매진의 02
시선
時線
———

할배의 탄생
어르신과 꼰대 사이, 가난한 남성성의 시원을 찾아

지은이 최현숙 **펴낸곳** 이매진 **펴낸이** 정철수 **처음 찍은 날** 2016년 10월 26일 **세 번째 찍은 날** 2018
년 10월 12일 **등록** 2003년 5월 14일 제313-2003-0183호 **주소** 서울시 은평구 진관3로 15-45
1018동 201호 **전화** 02-3141-1917 **팩스** 02-3141-0917 **이메일** imaginepub@naver.com **블로그**
blog.naver.com/imaginepub **ISBN** 979-11-5531-077-9 (03300)

ⓒ 최현숙, 2016

- 환경을 생각해 재생 종이로 만들고 콩기름 잉크로 인쇄했습니다. 표지 종이는 앙코르 190그
  램이고, 본문 종이는 그린라이트 70그램입니다.
- 값은 뒤표지에 있습니다.
- 이 책의 국립중앙도서관 출판시도서목록(CIP)은 서지정보유통지원시스템 홈페이지(http://
  seoji.nl.go.kr)와 국가자료공동목록시스템(http://www.nl.go.kr/kolisnet)에서 이용할 수 있습
  니다.(CIP제어번호: CIP2016025104)

일러두기
- 단행본, 정기 간행물, 신문에는 겹화살괄호(《 》)를, 논문, 영화, 연극, 노래, 그림, 오페라 등에
  는 홑화살괄호(〈 〉)를 썼습니다.
- 구술 기록인 만큼 맞춤법이 틀려도 주인공의 말투를 그대로 살렸습니다.

차례

여성으로 만 58년을 살아온 내가 70대 초반 두 남성의 이야기를 글로 옮기는 일은, 위험해서 매혹적이었다. 위태롭고 험한 짓은 삶에서 결정적 선택을 할 때마다 중요하게 고려한 사항이었다. 아마 첫째일 거다. 해야 할 일인지를 판단하는 게 내 바깥의 문제라면, 위태롭고 험한 짓은 내 변태적 욕망의 발동이라 원초적이다. 쉰여덟 먹은 여자가 일흔 넘은 남자에게 삶을 이야기하자고 꼬이는 일은, 나이도 어리고 여자인 내가 지는 싸움을 덤비는 거다. 맞장을 뜨자는 도전장이기도 했다.

위험을 즐기는 유일한 방법은, '깨지는 김에 배우자'다. 깨질 게 뻔하니까 여성들하고 작업할 때보다 더 많이 예습하고 복습했다. 더 많이 공감하고 조심하기로 다짐했다. 아버지에 맞선 싸움이 생의 근원적 힘인 나는, 그 싸움 때문에 생긴 남성에 관한 고정 관념과 편견을 살피고 해체하려 했다. 남성들을 손님으로 대하려 노력했다. 남자들은 나보다 더 많이 떠돌았고, 나는 부러웠다. 돈도 없고 무릎도 션찮은 내게 물리적 유랑은 이제 많지 않을 것이다. 그렇더라도 내 안과 밖으로 더 많은 위험과 유랑을 숙제로 내본다.

세상 속 나의 '지금 여기'

2014년 4월에 시작한 첫 인터뷰부터 그럭저럭 잘 나가던 작업은 올해 들어 후기를 쓰면서 막혔다. 우울감에 빠졌다. 두 양반 사진을 모니터 뒤 벽에 붙여놓고 별 욕을 다했다. 가끔 함께 밥도 먹고 못 먹는 술도 마시며 일부러 시비도 걸었다. 글을 쓰려고 용을 쓰는 대신 못 쓰는 이유를 정리해봤다.

첫째, 책 두 권을 낸 뒤에 후기를 잘 쓰려는 욕심이 많아졌고 고민도 진전됐다.

둘째, 남자들의 삶은 여성들하고 많이 달랐다. 주인공들은 평생 다양한 계급과 계층으로 살아왔다. 그렇지만 지금의 계급이 아니라 다른 계급의 눈으로 세상을 보고 있었다. 해석하고 역지사지하느라 시간이 더 걸렸다. 옹호는 옹호대로 시비는 시비대로 걸어야 했다. 개인이나 가족보다 사회 이야기가 많이 나왔고, 공부도 해야 했다. 경험이 다르기 때문에 어쩔 수 없는 벽이 있었다. 나는 그 벽을 해석의 차이 때문이라 봤는데, 남자들은 경험의 차이라고 주장했다. 겪어보지 않은 사람은 모른다는 이영식의 말에 동의한다.

셋째, 내게도 시비를 걸었다. 여성주의, 진보, 구별 짓기, 계몽 습속, 가난한 사람들이 늘 핀잔하는 가난을 옹호하는 태도 등을 의심했다. 김용술의 돼지호박 5500원어치, 이영식의 목수 노동, 1일 4~5시간의 최저 임금 노동. 나는 그 비루한 생계를 잘 알고 있고, 일부러 망원시장 한가운데 주상 복합 건물로 이사했다. 창밖 망원축산 아줌마가 종일 외치는 호객 소리를 막아보려고 한여름에도 창문을 닫아걸고 생각과 글을 이어가는 이 짓은 대체 무엇인지 질문했다. 지금까지 답은 위치 알기다. 세상 속 나의 '지금 여기'를 가늠하고, 주인공들의 '지금 여기'를 함께 가늠하는 게, 구술사 과정에서 뜬구름 잡기한 사유의 쓸모다. 아마 이 셋째에서 많은 오류를 저질렀을 테고, 게다가 오만했지 싶다.

　부족하거나 틀리더라도, 나는 진심으로 두 남자를 옹호하고 싶고, 두 사람이 세상의 주인임을 함께 확인하고 싶다.

정상의 성 규범과 가난한 남성 노인의 삶

'정상의 성 규범'이란 이성애의 결혼 관계 안에서 남성 주도로 건강한 남녀가 건강한 아기를 출산하며 육아와 교육비를 가족이 책임지는 방식을 정상으로 분류하는 가부장적 성 규범이다. 이 규범에 따르면 이성애가 아닌 다양한 성들은 비정상이 돼 비난받고 심지어 법의 처벌까지 받는다. 건강한 국민과 노동력을 싸게 공급받으려고 국가와 자본은 정상의 성 규범을 끊임없이 유포한다. 정상의 성 바깥에 있는 사람들은 자기를 비정상이라 비하하고, 죄인으로 여기게 된다.

　김용술(71세)과 이영식(70세)은 남성이어서 여성보다 정상에 가깝다. 그런데 늙고, 가난하고, 결혼 관계가 깨지거나 결혼을 못했다. 그만큼 정상에서 밀려났다. 김용술은 자식이 셋 있는데, 이영식은 자식조차 없어 더 비정상으로 밀려났다.

　남성의 성에 관한 주요 항목인 '강함' 면에서 김용술은 정상에 가까워 보인다. 반면 이영식은 성생활을 자세히 말하지 않아서 판단하기 어렵다. 다만 '작은 키', '조루와 여성을 향한 불안' 등을 말하는 대목에서는 비정상에 가까운 듯했다.

　김용술은 대부분 결혼 바깥에서 일어났다. 남자가 '많은 여자'를 겪었다고 하면 남들은 부러워한다. 김용술의 성은 정상 쪽이다. 성평등 면에서 김용술의 여성관이나 성관념은 처음에는 문제가 많았지만, 차츰차츰 평등한 관계로 발전했다. 성을 통해 김용술은 쾌락을 추구했다. 상대 여성이 느끼는 쾌락을 위해 발전했다. 또한 '싫다는 여자랑은 안' 했다고 했다.

김용술은 한 번 만난 여자도 많지만 동거도 여러 번 했다. 여자 때문에 밥벌이와 사는 곳을 자주 바꿔왔다. 가난한 사람들의 성생활이 지닌 특징이다. 이영식은 결혼은 못했지만 여자 관계는 많았다고 했다. 김용술만큼 가난했지만 이영식의 성생활은 밥벌이의 변화나 이주까지 연결되지는 않았다. 서른 초반부터 30년 넘게 동안 건설 노동자로 살아온 탓이었다. 부동산 부자들이 만드는 공사장을 따라 이영식은 전국을 돌아다녔고, 관계하는 여자들도 함께 바뀌었다. 서른 초반에 다방 주방을 보며 8개월을 한 여자하고 한 동거 말고는 동거랄 만한 것도 없다.

많은 가난한 남성은 이영식보다 김용술에 가깝다. 성생활과 관계와 직업 변경과 주거 이주 사이의 상관성이 가난한 사람들에게 높다. 돈 많은 남자들은 정상적인 가족과 직장과 주거지를 유지하는 동시에 결혼 바깥에서 성을 즐긴다. 부자는 결혼 관계를 깨지 말아야 할 이유가 많다. 그러나 가난한 사람은 성관계 때문에 삶이 통째로 흔들리거나 바뀐다. 가난한 사람들의 삶은 불안정하고 변화에 취약하다.

성이 반드시 관계에 연관돼야 한다고 보지 않는다. 혼자 즐기는 성, 쾌락, 사랑도 그것 자체로 충분히 좋다. 내가 유일하게 문제 삼는 점은 평등이다. 김용술은 이혼의 원인 제공자로서 현모양처인 전 아내와 단절된 자식들에게 죄책감을 느낀다. 아내의 외도도 자기가 여자의 성욕을 잘 모른 탓이라고 인정했다. 늙은 나이에 성욕이 여전한 자기를 비정상으로 여기거나 부끄러워하지 않고 자랑스러워한다. 반면 이영식은 유도 질문을 해도 여자 관계를 구체적으로 말하지 않고 '쓸데없는 짓'이나 '방황'이라며 넘어갔다. 성 자체뿐 아니라 결혼 바깥의 성, 다양한 성 경험 등을 비하했다. 정상의 성 규범을 내면화한 탓에 가난과 결혼 못한 것, 늙은 것에 관한 자기 비하가 성에도 일관되게 이어졌다. '다 늙은 데다 돈도 없는 나한테, 어떤 여자가 같이 살자고 하겠어요'라며 엄두도 내지 않는다고 말한다. 그러면서도 '연애를 하고 싶다'고 한다.

구멍 뚫기 ─ 하염없는 이 일에 함부로 애틋하게

나는 좌파다. 무슨 욕을 먹든, 어떤 오류가 있든, 나는 좌파다. 어떤 사회에서도 좌파일 테고, 그게 내가 세상을 사는 맛이다. 아무리 피하려 해도 나는 언제나 가난한 사람들을 모아 힘으로 만들어내는 일을 해왔다. 그렇지만 진보 정치의 폐색으로 나는 길을 잃었다. 정처를 잃은 열정은 사그라지지 않고 속을 바짝 마르게 했다. 구술사 작업은 그 와중에 난데없이 만난 구멍이다. 가난한 사람들을 만나면서 세상을 만나는 새로운 구멍을 얻었고, 주인공과 나는 새로운 '나들'을 찾아 나간다. 경험과 해석들을 나누며, 구멍을 뚫는다.

　그 사람들의 경험과 처지가 혼자만의 것이 아니라, 역사와 정치와 규범에 연관되는 실마리를 찾는 일이 목적이었고, 주인공들에게 시비를 건 내용이었다. 하염없는 일인데, 돌이켜보면 내가 맛 들인 일들은 모두 하염없는 일들이었다. 되도록 집요하게 천착穿鑿하고 싶다. 구멍을 뚫어도 답이야 없을 거다. 의심의 실마리들만 잘 이어가면 된다.

2015년 10월 22일 새벽 3시, 망원시장에서

김용술

김용술은 노인 복지 제도를 통해 만났다. 독거노인 생활관리사인 나는 맡은 지역의 독거노인들에게 때마다 전화하고, 찾아가 안전을 확인하고, 후원 물품을 전하고, 노인 복지 자원을 연결하는 일을 했다. 2013년 9월부터 2014년 2월 말까지 김용술이 사는 지역을 맡다가 지금은 다른 곳으로 옮겼다.

일상적으로 안전을 확인하지 않아도 될 만큼 김용술은 신체나 정서가 안정된 편이었다. 그렇지만 내가 그 지역을 인계받을 때부터 명단에 있었고, 구태여 서비스를 멈출 필요는 없었다. 더구나 처음 만날 날 백혈구 수치가 높아 혈액암 가능성이 있어 입원이나 수술을 해야 한다는 말을 들었다. 걱정하는 기색도 없었다. 나는 그날 집에 오자마자 의료비 긴급 지원 등을 알아봤다. 김용술은 이 나이에 수술하고 입원할 생각은 아예 없다고 했다. 다행히 수술은 하지 않고 정밀 검진을 한 뒤 약을 먹는다. 지금도 '겉은 멀쩡하고 의사들만 아는 병'이라고 대수롭지 않게 말한다. 솔직하고 소탈하기 때문에 처음부터 주인공으로 점찍었다. 서너 달 뒤 내가 쓴 여성 구술사 책을 건네며 인터뷰를 제안했다. 잘나가는 사람을 하지라면서도 흔쾌히 응했다.

잠자는 곳이자 돈 버는 곳인 '가죽 수선' 지하 1층 공간을 비울 수 없어 인터뷰는 거의 그곳에서 했다. 같이 밥을 먹거나 술 한잔을 하는 자리에서도, 나는 녹음기를 눌러놓자고 했다. 녹음기 따위에는 별 신경을 쓰지 않는 듯했다.

가난하기는 했지만 서럽고 어두운 기억이 없어

김용술 내가 45년생 해방둥이야. 3월생이고. 태어나기는 전북 부안 동진면이고, 아버지 고향이었지. 일제 시대였잖아. 아버지가 재산이 많았는데 다 들어먹었어. 뺏긴 거지 뭐, 일본 놈한테. 그러니 어머니가 먹구 살려구 군산으로 갔다가 전쟁 끝나구 다시 강원도 속초로 옮긴 거야. 속

15

초로 이사 간 게 초등학교 1학년 끝나고야.

아버지는 1912년생 김자 낙落자 찬燦자, 김낙찬이셔. 이름을 왜 그렇게 지었나 몰라. 망한다는 이름이잖아 그게. 찬란함이 떨어진다. 아버지가 부안 김씨에서는 뭐가 좀 있는 양반이야. 4대 독자에 지주였으니까. 어머니는 1915년생이고 함자가 주증엽增葉이야. 딸 이름 치곤 정성스럽지. 여자들은 기껏해야 '끝녀', '말순이' 그랬지. '복순이', '순자'만 해도 좋은 거였구. 어머니 고향도 부안 근처인데 어딘지는 확실히 모르겠어. 나 태어날 때가 아버지 서른넷, 어머니 서른하나 그랬어.

어머니가 족보를 귀하게 관리하셨는데, 어느 해인가 수해에 다 젖었어. 해 날 때 그걸 일일이 널어놓고 우리더러 '잘 봐라' 하고 일하러 간 거야. 근데 우리가 그걸 잘 봐? 노느라고 바쁘지. 다 날아갔어. 그래서 족보가 없어진 거야. 그런데도 어머니는 야단치고 때리고 하는 분이 아니었어. 우리뿐 아니라 남한테도 손톱만치라도 해 끼치거나 큰소리 내는 게 없는 양반이야. 어질고. 아버지랑두 싸우는 거 한 번을 못 봤어.

엄마가 여덟을 낳아 일곱을 키웠어. 딸, 아들, 아들, 아들(김용술), 딸, 딸, 딸, 아들이야. 바로 위 형이 어려서 죽어서 내가 둘째 아들인 거지. 우리들 위로 배다른 형제가 셋이 있었어, 아들, 아들, 딸로. 원래는 열하나였지. 첫 부인이 셋을 낳고 돌아가시고 엄마가 재취로 들어간 거야. 재취인지를 몰랐대. 선볼 때 조카들이 있다는 말은 들었는데, 시집와서 보니 그게 자식들이더래. 어머니도 재혼이었어. 딸 하나 낳고 남편이랑 사별하고. 그 딸은 안 데려왔어.

배다른 형제들 중에 누나는 군산 앞바다에서 바닷물에 쓸려 갔어. 전쟁 끝나고 살림에 보탠다구 바다에서 정신없이 굴 따다가 물 들어오는 때를 놓친 거야. 시체두 못 찾았지. 작은 아들은 형 대신 6·25 때 전쟁 나가 전사했어. 장손이 잘못되면 안 된다고 자기가 대신 간 거야. 그 유가족 연금을 형이 내내 받아 썼어. 나중에 전사자 유가족 앞으로 공공 임대 아파트가 나왔어. 지금도 그 형이 그 집에 살아. 전사자가 혼인을 안 했으면 연금이 부모 살아 있을 때만 나오드라구. 엄마 돌아가시니까 딱 끊어졌어. 아버지는 훨씬 먼저 돌아가셨고. 그 연금을 엄마 살아 있을 때도 그 형이 다 가져간 거야. 저 살린다고 동생이 대신 죽은 건데, 그 돈을 혼자 받아서 흐지부지 없앤 거야. 그 사람은 내내 속을 못 차리고 지금도 그러구 살아. 여든여섯인데 쌩쌩해. 나랑 열여섯 살 차이루 1929년도 생이야. 그 형이 일곱 살까지 가마를 탔대. 호강하구 자란 정신머리가 평생 사람을 망친 거야. 그래서 우리 누나가 제일 싫어해.

아버지 땅 안 밟으면 동진면을 지나갈 수가 없었대. 그러다가 1937년인가 6년부터 3~4년을 흉작이 계속된 거야. 논밭 빌려줘서 소작료도 받고, 머슴들 시켜 직접 농사도 지었는데, 흉년이 이어지니 공출을 계속 못 낸 거지. 그때가 제일 심할 때잖아, 일본 놈들이. 그놈들이 '올해 못 낸 거를 이자 얼마를 붙여서 내년에 얼마를 내겠다' 하는 약속을 종이에 써서, 아버지 땅을 보증으루 도장을 받아간 거야. 그게 몇 해를 계속되니 금액이 너무 커진 거지. 갚으라구 허구한 날 시달리구 갚을 도리는 없구, 속이 상할 거 아냐. 동네 사람 하나랑 술 먹으면서 '에이, 저거 팔아버려야겠다' 그랬대. 그랬더니 그 사람이 '그럼 나한테 팔아' 그런 거지. 말 받느라고 '그럼 니가 사라' 그랬구. 술자리에서 그냥 푸념 삼아 오구간 말인 거야. 그 사람도 나중에 더 아무 말두 없었구. 그러다가 땅 판다는 소문이 나니까 진짜루 사겠다는 사람이 나선거야. 그리루 팔아서 그 빚을 갚은 거지, 이자 무서워서. 공출 빚 갚구두 땅이 꽤 남았대.

그런데 술자리에서 사겠다구 했던 그놈이, 자기한테 판다고 약조까지 해놓고 다른 데다 팔았다고 고소를 했대는 거야. 그게 고소꺼리가 돼? 말두 안 되지. 계약서를 쓴 거도 아니구 돈이 오고 간 거두 아니구, 술

먹다가 나온 말이잖아. 내 보기에는 일본 놈들이 그 땅을 뺏으려고 뒤에서 쏙싹거려서 고소를 시킨 거 같아. 일단 고소가 들어가니 누구 힘으른지 말두 안 되는 재판이 시작된 거야. 그 민사 재판이 몇 년을 끈 거지. 부안에는 법원이 없어서 대전인가 어딘가로 재판을 받으러 3년을 다녔대, 변호사를 바꿔가면서. 변호사 비용 대느라 남은 땅 팔구, 재판 쫓아다니느라 다른 일도 못하고, 온갖 신경을 쓰구 속상하고 해서 술만 늘고, 그러느라 농사는 엉망이 되고, 그럴 거잖아. 아버지가 4대 독자야. 그러니 농사일을 하나두 못해. 그런 양반이 홧김에 술만 드시니 몸이 다 망가진 거지. 결국 재판을 이기기는 했대. 잘못한 게 없잖아. 근데 재판은 이겨서 손해 배상이니 재판 비용이니를 받아내야 하는데, 그놈은 돈 한 푼이 없는 놈인 거야. 돈 나올 데가 없는 거지. 그래서 땅도 돈도 다 털어먹은 거야. 몸이구 뭐구 다 망가지고.

그래두 줄줄이 있는 새끼들을 멕여 살릴려니 뭐래두 한다구, 멀리 어디 광산으로 일을 하러 가셨대. 난 아버지가 그렇게 해본 것만도 참 대단하다고 생각해. 근데 지주집 귀한 아들로 자라고 농사일도 한번 안 해본 양반이 무슨 광산 일을 하겠어? 한 달인가 있다가 병만 더 얻어 가지구 집으로 돌아온 거지. 그러구는 맨날 술만 드시구 다른 일도 못하구, 그러구 살다 가신 거야. 재산 잃기 시작하던 무렵에 어머니가 재취로 들어오신 거구. 지주집이니 양반이니 말은 번지르르했는데, 들어가서 보니 빚만 늘어나고 있더래는 거야.

어머니 말씀이 해방 직후 나 젖먹이 때, 바로 위 형이랑 내가 돌림병에 걸렸대. 그러다가 형이 먼저 죽어서 산에 묻은 거지. 하루는 나도 축 늘어졌길래 죽은 줄 알았대. 아버지가 이불에 똘똘 말아 웃목에다 밀어놓고, 내일 아침에 갖다 버리자 그랬대. 근데 아침에 '빼에' 하고 우는 소리에 아버지가 깬 거야.

해방은 특별히 들은 기억은 없어. 태몽도 들은 게 없고. 애들을 수없이 낳았는데 일일이 무슨 태몽이야 태몽이? 하하하. 아버지는 4대 독자에 늦기까지 해서 절에 가서 백일기도를 해서 얻은 아들이라드라구. 우리는 모두 3년 터울이야. 위 형님이랑 나만 4살 터울이지. 그 사이에 아들 하나가 일찍 죽은 거고. 열 넘게 낳아서 반타작하던 시대에 하나만 죽고 열을 다 키우느라 어머니가 고생이 많았지.

최현숙 전북 부안은 역사적인 지역이죠. 19세기 말 동학 혁명 때도 죽창 든 농민군들 집결지였고요. 최고의 곡창 지대라서 일제 때 수탈도 심했고, 해방되고도 지주랑 소작농 사이에 좌우 갈등도 심했지요. 일제 끝나고도 대지주였으면, 해방되고 좌우 갈등에 아버님이랑 집안이 어떻게 당했을지 모르지요. 일제 끝에 재산 털린 게 다행일 수도 있겠네요.

우리도 피난 가자

김용술 그러게 부안 거기가 아주 무시무시했드만. 머슴이니 소작이니 빨갱이들이 지주들이랑 친일파들을 무데기루 죽이구 반대루두 또 죽이구. 인생은 새옹지마라더니 남 얘기가 아니구 내 얘기네, 하하하. 핵폐기장 그거도 주민들이 들고 일어나서 결국은 못 들어갔잖아. 거기가 아주 쎈 데야, 내 고향이. 그래서 내가 쎈 건가, 하하하.

하여튼 아버지는 땅 때문에 지병이 생긴 거야. 술병이지. 그러구는 가시기 전까지 가장 노릇을 못하구 완전 거지가 됐으니, 어머니가 행상을 계속한 거야. 그러느라고 고향을 떠서 군산 해망동으로 이사를 갔어. 아무리 망했어도 잘나가던 양반 체면에 고향 마을에서 여자 내둘러 삯일을 하겠어 어쩌겠어? 농촌서는 그거 말고 해먹을 일도 없고. 해망동이 부둣가 언덕 위야. 그때 **해망동** 산다고 하면 좀 천하다고 했어. 배다른 큰누나가 바닷물에 쓸려 죽은 데도 해망동 앞바다야.

어머니는 새벽 일찌거니 나가서 군산 앞바다 어판장에서 생선을 떼가지구는, 열차 타고 이리(익산)까지 가서 파는 거야. 남으면 전주도 다니고. 머리에 이고 다닌 거지. 군산 들어갈 때가 전쟁 전이니까 내가 다섯 살 안 됐을 때야. 그때 기억은 없어. 나중에 어머니나 누나한테 들은 거지.

바다를 바라보는 동네라는 뜻이다. 군산 내항 선창가와 월명공원 사이 비탈에 들어서 있다. 일제 강점기에는 일본으로 쌀을 실어 나르는 창고가 있었다. 그 창고는 한국전쟁 때 피난민 수용소로 사용되다가, 피난민의 집단 거주지가 됐다. 1960~1970년대에는 수산업과 합판 산업이 크게 번창하면서 전국 각지에서 부둣가 노동자와 뱃사람들이 모여들어 흥남동, 중동하고 함께 군산의 3대 동으로 꼽혔다.

6·25 사변 때도 여섯 살이라 기억은 없어. 근데 미군 기름 창고가 폭격을 맞아 불난 거는 기억이 또렷해. 해망동 근처에 미군 부대랑 비행장이 있었고, 부대랑 좀 떨어진 바다 쪽으로 미군 기름 창고가 있었어. 북한 놈들이 마을이나 병원이나 산에는 폭격을 잘 안 하고, 그 미군 부대랑 기름 창고에만 집중적으로 폭격을 하는 거야. 해망동 위로 산을 더 올라가면 커다란 월명공원이 있었어. 월명공원 아래 바닷가 쪽이 해망동이고, 공원 위 산동네가 신흥동이야. 커다란 도립병원이 바닷가에 있었어. 미군이 관리했을 거야. 기름 창고에 불이 주구장창 나고, 미군들이 신흥동 쪽 산으로 쌔까맣게 올라가던 게 기억나.

그걸 보구 아버지가 '우리도 피난 가자' 그러신 거야. 집 뒤에 방공호가 큰 게 있었거든. 처음에는 글루 들어갔어. 우리 식구만 들어간 거지. 근데 머리 위에서 비행기 소리가 쌩쌩거리구 난리니까, 여기도 안 되겠다 그러신 거지. 결국 동네 사람들이랑 같이 섬으로 피난을 갔어. 섬 이름은 기억이 없어. 근데 그 섬은 무슨 놈에 뱀이 그렇게 많아? 도저히 무서워서 못살겠는 거야, 애구 어른이구. 차라리 폭격에 맞아 죽지 뱀이 더 무서운 거야. 그래서 다시 그 방공호에 숨었어. 근데 내 기억에 인민군이 군산 쪽으로는 안 들어왔어. 나는 인민군을 보지도 못했어. 대구 쪽으로 해서 경상도로 들어왔다 다시 올라간 거지.

그러다가 53년에 휴전되고, 강원도 속초시 **금호동**으로 이사를 갔어. 여덟 살 돼서 군산 초등학교 들어간 그해 겨울 방학이었지. 먹 구 살기도 바쁜데 애들은 쪼롱쪼롱쪼롱 매 달렸으니, 속초서는 아버지가 학교를 안 보 냈어. 그게 내 불행의 시작이야.

속초 영랑호와 청초호 사이에 있는 마을이다. 호수 주변이 아름다워 어디선가 거문고 소리가 들릴 듯하다 해서 금호동(琴湖洞)이라 했다. 청초호 바로 건너 아바이마을이 있다.

사촌 형 하나가 속초서 배를 타고 있었는데, 거기가 훨씬 먹구 살기 좋다고 글루 오라는 거야. 거기가 오징어랑 명태가 무지하게 났거든. 명 태를 잡으려면 배 위에서 주낚시(얼레에 감은 낚싯줄에 여러 개의 낚시 를 달아 물고기를 잡는 방법)를 쫘아악 놓잖아. 너무 많이 걸리니까 한 꺼번에 땡기지 못하구 가운데를 끊어. 그러구 들어와서 부려놓고 다시 나가서 마저 땡겨오구. 속초는 평소에는 4~5만이 살다가 오징어 철, 명 태 철이 되면 7~8만이 돼. 철 끝나면 또 줄고. 유동인구가 많은 거지. 63 년도에 시가 됐어.

속초로 이사 갈 때 식구들이 한꺼번에 간 게 아니야. 누님이랑 형님은 걸리구 한 살짜리 막내 기지바는 업구 해서, 셋만 데리고 어머니가 먼저 갔어. 아버지, 나, 밑에 기지바 둘은 군산에 남아 있다가 겨울 방학 때 간 거구. 그동안은 다섯 살인가 먹은 밑에 기지바가 밥을 해줬지. 살 만 한가 보러 어머니가 먼저 간 거겠지. 나중에도 배다른 큰 형님은 속초로 안 가고 군산에 남았어. 나이도 찼으니 군산서 혼자 산대는 거였겠지. 제일 끝 막내 남동생은 속초서 낳은 거구.

부모한테 매맞은 기억도 없어

어머니가 군산서 무슨 생선을 팔았는지는 기억이 없는데, 속초 가서는 해삼하고 전복만 파셨어. 부잣집 상대루 고급 물건만 판 거지. 머구리(남자 잠수부)랑 해녀들이 잡아온 거를 받아서 행상으루 돌아다니며 판 거야. 근데 평안도나 함경도서 피난 온 드센 여자들이 머구리배 닿는 데를 다 차지해서 진을 치구는 지들끼리만 판을 벌이는 거야. 어머니는 유해서 거기에 끼어들지를 못해. 근데 어머니가 배우지를 못해 글자는 몰라도 머리는 좋았거든. 해녀들이 부르는 값을 한마디를 안 붙이고 다 주는 거야. 이북 여자들은 무조건 깎거든. 그러니 해녀들이 이북 여자들 피해서 엄마한테 우선 가서 파는 거야. 그러면 그 여편네들이 해녀들 지나가는 길목에 파수꾼을 세웠다가 일단 통째로 뺏어가. 돈은 나중에 쳐주고. 그러니 이제 해녀들이 들고 나오지를 않고 멀리다 감춰놔. 그러구는 거기서 엄마한테 살랑살랑 손짓을 하는 거지. 미리 맞춘 거야. 그럼 어머니가 뒤로 삥 돌아가서 몰래 사가지구 이고 나오는 거야. 어머니가 이고 나와야 돼. 해녀들이 가지고 나오면 그년들이 가만 안 놔두니까. 그렇게 머리가 좋은 양반이야. 기억력도 좋아서 외상값이니 뭐니 적는 거 하나 없이 그 장사를 다 하신 거야. 참 대단하신 분이야.

어머니가 아주 부지런하셨어. 군산서두 행상하고 저녁에 집에 오시면 일단 부엌에 들어가서 밥을 할 거잖아. 그럼 부엌 문턱에서 셋이 쪼로록 턱을 괴고 요로구 앉아서 쳐다보는 거야. 누룽지 얻어먹을려구. 농촌에서도 쌀알 구경하기 어려운 시절이었는데 우리는 생선 장사를 해서 게나마 잘 먹은 거야. 죽 먹은 기억이 없어. 그래두 어려서는 자꾸 먹구 싶지. 우리 어머니가 참 지혜로운 분이었어. 속초서두 고급 생선만 가지고 다닌 거 봐. 지금은 해삼 내장이 비싸잖아. 그때는 버렸거든. 어려서 그

22

내장을 무지무지 많이 먹었어. 해삼을 팔다가 남으면 식당에도 싸게 주지만, 그래도 처지는 거가 계속 나와. 해삼은 시간 지나면 흐물흐물하거든. 그걸 강식초에 한번 싹 씨끄면 꼬돌꼬돌해져. 그걸 양푼째로 가져다 내장도 따로 씻어놓구, 좌르르 둘러앉아 초고추장에 찍어 먹었다니까. 해삼이 바다 산삼이라잖아. 얼마나 몸에 좋아. 내가 평생 건강한 게 그때 먹은 해삼 덕이야. 기지바들 하고 앉아서 먹으면 아무래도 내가 많이 먹지. 전복 먹은 생각은 안 나. 그건 재고가 없이 다 팔린 거지.

우리는 아들 딸 차별 그런 거 없었어. 딸이고 아들이고 부모 원망이나 그런 거 없었어. 부모한테 매맞은 기억도 없어. 속초 가서는 아예 기억조차 없고, 군산서는 아버지한테 회초리로 맞은 기억이 있어. 내가 자꾸 말짓을 하고 하고 또 하면 아버지가 차악 가라앉은 엄한 목소리로 '용술아' 그러구 불러. 나도 눈치가 있으니까 아버지 앞에 무릎을 딱 꿇고 앉지. 그러면 뭐가 어떻구 어때서 잘못했으니 아무래도 종아리를 맞아야겠으니 가서 니가 맞을 매를 만들어 오너라 그러셔. 가서 나뭇가지 하나를 꺾어 오지. 그러면 목침 가져 오너라 하시고, 목침에 올라가면 종아리 걷어라 하셔. 소리를 크게도 안 하시고 무섭게도 안 하셔. 그저 낮은 소리로 하시는 거지. 그러면서 종아리를 때리시는 거야. 나중에는 꾀가 생겨서 그 나뭇가지에다 칼로 칼자국을 내서 가져가. 그래야 한두 대 맞으면 뿌러지거든. 항상 하나만 만들라고 하셨어. 돈을 못 벌어서 그렇지 아버지 기억은 아주 좋아. 일찍 돌아가셔서 기억이 조금밖에 없는 게 아쉽지.

아버지 인생이 얼마나 힘들었겠어? 그래도 우리를 억하심정으로 때린 적이 없었어. 우리한테고 어머니한테고. 두 분이 큰소리 나는 걸 본 기억이 없어. 인생 꼬인 걸 자기 속으로 삭이고 사신 거지. 조용히 술로 누른 거야. 술심부름을 많이 다녔지. 구멍가게 가면 독에다 쏘주를 담아놓고 고뿌(컵)에 줄을 매달아서 그걸루 떠서 주전자에 담아주거든. 한 고뿌에 얼마 이렇게. 어머니가 준 돈이 보통 남아. 그걸루 사탕 사 먹는 재미로 서로 갈려구 그랬어. 동생들은 사 먹은 기억은 안 난대. 술심부름한 이야기만 해. 동생들은 나보다 어렸으니까 삥땅을 못 쳤는지도 모르지. 술 생각 나시면 '용술아, 예분아' 하고 부르셔서는 술 받아오너라 하시지. 예분이는 내 밑에 기지바야. 부부싸움도 없었어. 양반집 아들이잖아. 어머니도 아버지를 원망하는 게 없었고.

최현숙 그런 억울한 몰락을 겪으면 보통 자기 안에 분노와 폭력성이 남는데, 자식들과 부인에게 폭력을 안 쓰셨네요. 그것만으로도 좋은 분이네요. 어머니도 대단하시고. 자식 열을 키우면서 평생 무능한 서방이 미울 만도 한데, 자식들 기억에 그런 원망이 없다니.

김용술 맞아. 그런 면에서 난 부모를 잘 타고 태어난 거야. 가난하기는 했지만 어둡고 서러운 기억이 없어. 어머니 덕에 배곯은 적도 없고. 아버지는 술 드시고 기분 좋으면 옛날 얘기 해줄게 하고 불러 앉히셔. 다른 남매들이랑도 들었지만 밑에 기지바랑 많이 들었어. 호랭이가 하늘 올라가다 뚝 떨어져서 수수밭에 떨어진 얘기 있잖아.

아버지의 양반 성품과 자상함에 어머니의 생활력과 온화함, 그게 내가 부모한테서 받은 복이야. 그런데 아버지가 일찍 돌아가셔서 아버지 기억은 주로 어머니나 누나 형한테 들은 거지. 어려서 아버지한테 한지로 된 책으로 하늘 천 따지 한문도 많이 배웠어. 그래서 내가 지금도 한문이니 사자성어니 그런 고상한 걸 좀 알아.

속초서 학교 안 보낸 건 순전히 가난 때문이야. 우리는 굉장히 재미있게 자랐어. 형제간 우애도 좋았고, 밥 굶은 기억도 없고. 밑으로 동생들하구두 잘 어울려 놀았어. 어머니가 장사 나갔다가도 어떨 때 점심때 되면 참외 좀 상한 거를 꽁짜루 얻어 오셔. 그걸 깨끗이 씻고 곯은 데 발라

내서 다라이째 놓구 먹었어. 그게 그르케 맛있었어. 약간 곯은 게 무지하게 달거든. 동생들이랑 싸운 기억도 별로 없어. 어린 시절이 좋던 게 평생 힘인 거 같아.

근데 커서 보니까 누나는 또 아주 다르네. 한이 많이 쌓였드라구. 집안일이니 동생들 돌보는 걸 혼자 다 했다는 거지. 이런 얘기는 지금 할 거는 아니지만, 나중에 누나한테 가서 이거 좀 해줘. 일흔일곱인가 여덟인가. 아직도 못 배우고 고생한 한이 맺혀 있어. 최 선생이 준 그 책(《천당허고 지옥이 그만큼 칭하가 날라나》) 읽어보니까, 누나 생각이 많이 나더라구.

지금은 성공해서 자양동에서 아주 잘살아. 4층짜리 건물에서 집세만 받아도 차고 넘치지. 애들도 모두 대학 나오고. 지금은 하는 일이 먹고, 놀고, 수영하고, 여행 가고, 늘 그거야. 얼마 전부터는 복지관에서 한글도 배우고 핸드폰 문자 보내는 것도 배워서, 나한테 문자를 보냈드라구. 한글 배우는 걸 그렇게 좋아하구 재미있어 해. 점 하나를 안 찍어서 받아쓰기에서 100점을 못 받았다구 속상해 죽겠다나 뭐라나. 하하하. 한글반 시간에는 형제들 모이는 것도 절대 못 잡게 해. 어려서 고생은 많았는데 지금은 팔자가 제일 좋아. 돈도 많구. 그러니 남부럽지 않게 행복할 텐데, 아직도 옛날 서러운 얘기로 부글부글이야. 물론 큰딸 처지에서 다를 수 있겠지만 너무 심해. 너희들 때문에 내가 못 배웠고 키도 못 컸다, 맨날 그 소리야. 우리가 학교를 가지 말랬어, 업어 달라구를 했어?

영자라구, 내 밑으로 셋째 기지바가 있어. 군산 해망동 꼭대기서 바닷가까지, 영자 그 깟난쟁이를 업고 엄마한테 젖 멕이러 다닌 거지. 엄마가 바닷가에서 다라이 놓구 생선을 팔았잖아. 누나도 아직 어릴 때니까 힘이야 들었겠지. 그 얘기부터 시작해서, 1시간, 2시간을 부글부글 하는 거야. 이제 와서 어쩌라고? 누나 좀 찾아가서 살아온 얘기 좀 들어주구 한 좀 풀게 해줘, 하하하.

죽을병이 걸렸나, 정신병이 걸렸나, 내가 천성이 나쁜 놈인가

속초에는 부식태라는 게 있었어. 명태 잡은 당일에 배 주인이 어부들한 테 알배기 좋은 놈으로 다섯 마리씩 열 마리씩 먼저 주거든. 그게 부식 태야. 조합서 돈 나오려면 여러 날이 걸리니까 우선 그거 팔아서 생활비 를 하래는 거지. 가만히 있으면 그걸 살 수가 있나? 배가 채 들어오기도 전에 그걸 먼저 살려구 사람들이 우루루 달려들어. 배가 닿기도 전에 바 닷물로 뛰어들어서 마악 배로 기어 올라가는 거야. 먼저 올라간 놈이 부 식태 임자가 되는 거지. 그러다가 형이 바다에 빠져 죽을 뻔도 했어. 그 걸 사다가 덕장 하는 사람들한테 팔아. 그르케 해서 형이 돈을 보태고, 어머니는 전복이랑 해삼 장사를 하구. 나나 동생들은 학교도 안 다니겠 다 세상모르고 뛰어노는 거야.

열 살 넘어서야 형을 쫓아다녔는데, 덕장에 명태가 산처럼 쌓여 있는 거야. 지키는 사람도 없고. 그럼 그걸 훔치는 거지. 그게 대관령 덕장으 로 가는 거야. 처음에는 코 떨어진 명태 하나를 몰래 주워 오는 거두 간 이 콩알만 해지고 겁이 나지. 근데 점점 간땡이가 부어가니 그거 가지구 승이 차겠어? 명태는 스무 마리를 한 두릅씩 칡넝쿨로 코를 꿰서 덕장 에 걸어 말리거든. 그러니 갯수 셀 때도 그렇구 시장서 팔 때도, 스무 마 리씩을 한 두릅으로 해서 팔아. 당연히 훔칠 때도 스무 마리씩 한꺼번에 끌어당기는 거지. 허리춤에 긴 끈을 매고 끈 끝에 쇠로 된 고리를 달아. 그러구서는 덕장으로 슬쩍 가서 명태 코 단단한 놈에다가 고리를 타악

걸지. 그러구는 끈을 슬슬 풀면서 저 뒤쪽 숨을 만한 데로 처언천히 가는 거야. 그러구는 숨어서 끈을 땡기는 거지. 그렇게 훔치는 애들이 많았어. 눈길 끌까봐 몰려다니면서는 안 하구 한두 명이서 해.

애들 많다고 집주인들이 세를 잘 안 줬어. 한 아저씨가 저기 산 위에다가 집 짓고 살아라 하는데, 그 말을 듣고 아버지하고 나하고 같이 집을 지었어. 땅값이구 뭐구두 없었어. 멀리 척산까지 가서 각목도 사오고, 싸리나무를 새끼로 엮어 흙 발라서 담벼락 만들고, 소나무로 기둥도 하구. 그렇게 금호동 산 위에다 집을 지은 거야. 그 집을 겉벽지는 못 바르고 안쪽 초벌만 발라놓고 아버지가 돌아가셨어. 1957년 음력 동짓달 지나고 섣달 초아흐레지. 마흔여섯에 간경화로 가신 거야. 너무 일찍 가셨어. 한이 많은 분이지. 마흔넷에 막내 태어났고, 2년 뒤에 가신 거야. 내가 열세 살 때야. 그래도 아버지가 자식들 살 집 한 칸은 만들어놓고 가신 거지. 집 짓는 동안도 아버지가 식사하시는 걸 본 기억이 없어. 내 머릿속에는 없어. 챙겨 가신 술이나 한잔하시고 벤또 드시자고 해도 늘 안 드신다고만 하고, 너나 어서 먹으라고 하고. 근데 그 집을 내가 나중에 양복점 내면서 팔아먹었어.

아버지 돌아가시니까 어머니가 이러면 안 된다 학교 들어가야지 하면서 밑에 기지바 열 살짜리하고 나를 학교에 데려갔어. 속초초등학교지. 선생 하나가 둘을 앉혀놓고 책을 읽어보래. 옛날에는 국민학교 1학년 다녀봐야 아무것도 배우는 게 없었어. 그때는 다 그랬어. 게다가 1학년 마치구 몇 년이 지났잖아. 그러니 뭘 읽겠어? 열세 살짜리를 동생이랑 같이 1학년에 넣을 수가 없잖아. 그래서 나는 2학년에, 동생은 1학년에 넣었어. 그때는 그런 애들이 많았어. 나보다 두 살 더 많은 형도 같은 반에 있었어. 진짜 아무것도 모르는 채 나이만 많아 가지구 어린애들이랑 한 반이 된 거야. 그때부터 내 불행이 시작된 거지. 그게 내 평생의 불행이고 상처야.

공부도 공부지만 진짜 문제는 여름이야. 냇물에서 홀딱 벗고 멱 감던 시절이잖아. 열세 살이면 사춘기인데. 애들은 쬐만한데 나만 커다랗구 씨커멓구. 숨길 수가 없는 거야, 숨길 수가……. 그 고민이 너무 컸어. 근데 물에 갈 때면 다른 엄마랑 선생님들이 애들을 모두 나한테 부탁해. 니가 형이니까 얘네들 좀 잘 봐라 그러구 가는 거야. 털이 시꺼멓게 꾸불꾸불 자라는데, 그걸 혼자 면도칼로 깎으면서 얼마나 고민을 했나 몰라. 아버지는 돌아가셨구, 형도 그런 걸 알려주지를 않았어. 그때는 성교육이라는 게 없었어. 무슨 큰 병이 걸린 줄 알았지. 죽을병이 걸렸나, 정신병이 걸렸나, 내가 천성이 나쁜 놈인가, 이러다가 죽나 했다니까. 이런 얘기해도 되나? 하하하.

최현숙 그럼요 당연하죠. 정말 고민이 많았겠어요. 어디 털어놓을 데도 없고. 사실 여성이든 남성이든 성적 성숙은 아주 중요한 삶의 과정이잖아요. 성적 변화들과 느낌을 쑥스러워하지 마시고 자세히 이야기해 주시면 좋겠어요.

김용술 (쑥스러운 표정으로 웃으시며) 아유, 그런 얘기를 어떻게 해? 솔직히 혼자 자위행위를 무지무지하게 했어. 제일 미치겠는 게 그거였어. 내가 왜 이러나 하구 무슨 큰 죄를 짓는 거 같구. 안 해야지 할수록 자꾸만 더 하게 되구. 누구를 좋아하구 사귀구 그런 거는 전혀 없었어. 여자들이랑 성관계도 늦게서야 했어. 그런 거는 늦게 트였어.

4·19나 5·16은 기억이 하나도 없어. 속초는 그런 게 없었어. 강원도라 그랬을까? 중고등학교나 제대로 다녔으면 모를까 뒤늦게 초등학교 다닐 때잖아. 아마 5~6학년 때일 거야. 그런 일이 있었다는 것도 나중에야 알았어. 그때는 그런 거는 전혀 관심에 없고 오로지 자위, 그거만 힘이 들던 기억이야.

학교를 제때 못 다닌 게 불행의 시작이었어

그렇게 초등학교 마치고 열여덟에 중학교에 들어가려고 내일모레가 입학식인데, 배다른 큰형님이 속초를 들르신 거야. 근데 형님이 그러드라고. 이 나이에 중학교 들어가서 뭐 하냐? 만 스무 살에 징집 나오니까 졸업하면 바로 군대 끌려간다. 졸업하자마자 군대 갔다 와서 뭐 할래? 차라리 기술 배우는 게 낫지 않냐? 그러드라고. 그 말이 그럴듯했어. 그래서 중학교를 포기하고 기술을 배웠지. 그렇게 공부가 끝나버린 거야. 무엇보다 중학교를 가도 어린애들이랑 같이 학교 다닐 걸 생각하니 그게 아주 싫었던 거야. 공부를 그만둔 제일 큰 이유야. 이해가 가지? 학교를 제때 못 다닌 게 불행의 시작이었다고 생각해. 어린애들이랑 학교를 다니면 지금 말로 왕따가 되는 거야, 왕따. 내 또래는 학년 낮다고 어린애 취급하구 무시하구. 동기인 어린놈들은 대놓구 반말하구. 학교뿐 아니라 동네서두 그래. 그러니 속초를 떠나고 싶었어.

속초로 이사 가자마자 바로 전학해서 학교를 이어 다녔어야지. 배움은 다 때가 있는 거야. 근데 우리 집안에 배움에 대한 뭐가 없었어. 싫더라도 중학교를 들어가는 게 백번 옳지. 근데 인생이라는 게 어디 그러냐고? 당장 편하구 쉬운 걸 하게 되는 거지. 그때가 바로 인생의 기로였어. 기로, 갈림길.

난 아직도 철이 안 들었다고 봐. 뭘 심각하게 생각하고, 길게 내다 보고, 그런 걸 안 해. 길게 내다봐봤자 나 같은 사람에게는 뭐 별것 없겠지만. 공부를 많이 했더라면 난 벌써 죽고 없을 거야. 박정희, 전두환 시대에 공부 많이 한 사람들, 바른말 하다 많이 죽었잖아. 내 성질에 공부 많이 해서 아는 게 많았으면, 그 시대를 못 넘기고 죽어도 열 번은 죽었을 거야. 군대에서도 그 생각을 많이 했어. 무식하니까 몰라서 입 다물고 살아서 지금까지 산 거지.

먹구사는 걸루 치면야 우리보다 어려워도 학교를 제대로 다닌 애들이 있었지. 그런데 난 아버지가 안 보낸 거야. 한문은 집에서 배웠어. 아버지는 서당 세대잖아. 큰형은 어려서 서당을 다녀서 한문도 잘했어. 나도 한문은 좀 나아. 일제 시대에 일본 놈 종 안 만든다고 학교를 안 보낸 건데, 해방되고 사변 끝나도 학교 보내는 게 저기 했나봐.

그러구는 속초에 있던 라사라양재학원을 다녔어. 양재 배우는 데가 속초에는 거기 하나였지. 거기 다닐 때 기지바랑 처음으로 성관계를 했어. 좋아하구 사랑하구, 뭐 그런 관계가 아냐. 학원에서 다들 1박으로 놀러갔거든. 술 한잔 마시구 다 같이 한방에서 자다가 깜깜한 밤중에 기지바를 건든 거야. 기지바가 꼬신 것도 아니지만 싫다고도 안 하더라구. 그때 내가 굉장히 이뻤어. 어떤 기지바가 나를 싫어할 거라고는 생각을 안 하던 때야. 게다가 걔는 무지하게 못생겼던 기억이야. 애무구 뭐구 그런 게 어딨어? 술김에 한 거지. 그러구는 더 뭐가 없이 그냥 끝난 거야. 그 뒤로 따로 만나지도 않았어. 첫사랑이다 뭐 그런 것도 없구. 그 기지바는 자기가 당한 거는 알았겠지. 근데 걔도 더 아무 말도 없었어. 장사진인가가 그 기지바네 집이었어. 그전에 친구들이랑 걔네 집을 놀러가기도 했어. 쪼그마한 어촌이었어. 그게 첫 경험인데, 그걸 첫 경험이라고 생각하지 않을 정도로 그냥 술김에 지나가버린 거야. 그때나 지금이나, 나는 외려 동두천 기지촌에서 양색씨한테 당한 거를 첫 경험이라고 생각해. 가출해서 동두천에 잠깐 살 때 기지촌을 지나가는데 양색씨가 나를 끄집고 가서 하게 된 거야, 스무 살 때.

남자가 돈을 써야 리드를 하지

말이 나왔으니 말인데, 옛날에는 동네에서 이 남자 저 남자랑 연애하는 기지바들 보면 걸레라구 그랬거든. 욕도 많이 하구. 저노메 기지바 저거 어트게 시집가나 두구 보자구들 말들이 많잖아. 근데 걔들이 시집을 기가 멕히게 잘 가요. 제일 좋은 데루 간다는 말이야. 왜냐? 이놈 저놈이랑 하니까 제일 좋은 거루 골라가는 거야. 돈도 잘 벌고 성격두 좋구 잠자리서두 잘하구. 그럼 다들 야 저거저거 걸렌데 저렇게 좋은 데루 가는구나 하구 혀를 차기도 하고 기가 막혀하지. 우리 윗세대는 신랑 얼굴도 못 보구 갔다잖아. 그거보다야 낫지만, 우리 시대도 거의 마찬가지야.

사람마다 다르겠지만 연애니 사랑에 대한 애절함, 그런 게 없었어. 지금도 없구. 성욕 때문에 여자를 좋아하는 거야. 순정이니 뭐니 해서 죽고 못 살고 인질극에 살인까지 하는 거 보면, 도대체가 이해가 안 가. 물론 초기에 마음 설레고 그런 거는 있지만, 그건 처음에나 그런 거지. 마음에 드는 여자를 보면 하고 싶은 마음이 먼저 들어. 성욕에 치우친 거라고 욕하겠지만, 그게 내 솔직한 이야기야. 어떤 여자를 딱 보고 하고 싶다 하면, 그때부터 집요해져. 대시를 하고 머리를 쓰고 뜸을 들이고 하지. 그러다 정 아니라고 하면 그걸루 끝이야. 나 싫다는 여자랑은 안 해. 그러구 성관계를 미끼로 여자를 이용하거나 여자 덕을 보려고 하는 것도 없어. 난 곧 죽어두 여자 밥은 얻어먹은 적이 없어. 한 번두 없지야 않지만 그럴 정도로 돈은 남자가 쓰는 거라 그거야, 하하하. 남자가 돈을 써야 리드를 하지. 근데 잠자리 몇 번 하면 싱거워져. 우리 때 여자들은 성을 몰라도 너무 몰라. 카바레 놀러 나온 여자들도 마찬가지야. 그러니 금방 재미가 없어져. 그러면 또 눈이 다른 여자한테로 가는 거야.

최현숙 '남자가 돈을 써야 리드를 한다'는 말은, 조금 연장하면 '돈으로 여자를 산다'는 말에 이어질 수도 있는 거네요.

김용술 솔직히 말해 난 그런 거라고 봐. 점잖은 사람들이 들으면 욕하겠지만, 세상 남녀 관계 돌아가는 게 다들 그런 거 아냐? 물론 요즘은 여자가 능력이 좋아서 남자를 사기도 하는 세상이지. 남녀가 바뀌었다 뿐이지, 결국 돈 있는 사람이 하자는 대로 되는 거지.

라사라양재학원을 본과만 6개월을 다니고 양재가 취향이 안 맞아서 양복점에 들어가 기술을 배웠어. 양재는 여자 맞춤복이고 양복은 남자 맞춤복이지. 양재학원서 배운 게 있으니 양복 기술도 아무래도 발전이 빠르지. 양복 만드는 걸 가르치는 대한복장학원이 있었는데, 양복점 다니면서도 거기서 일주일짜리 속성 과정이랑 교육을 여러 번 다녔어.

까불까불하고 다닐 때잖아. 동네에 이발쟁이 친구 하나가 또 까불까불한 놈이 있었어. 내 또래인데 이놈이 기지바들을 잘 꼬셔. 그놈 기지바가 지 친구 하나를 소개해줬어. 부산 어디 섬에서 살다 온 섬 처녀야. 그 기지바랑 얼마 안 됐는데 이발쟁이가 도망치자 그러는 거야. 그래서 어머니 돈을 훔쳐서 야밤에 집을 나온 거야. 그때 돈으로 한 10만 원 정도였을 거야. 큰돈이지. 그 돈이면 허름한 집 한 채 값은 될 거야. 둘이 둘이 해서 같이 나왔어. 무조건 부산까지 갔어. 여관방 하나에 넷이서 같이 지낸 거야. 처음에는 모두 내 돈으로 썼어. 그 자식은 돈을 안 가져온 거야. 보름 지나니까 돈이 떨어지기 시작하네. 여관비가 계속 밀리다가 20일쯤 돼서 야반도주를 했어. 섬 처녀는 자기 집으로 가겠대서 배표 끊어서 태워 보냈어. 괜히 떠돌며 고생하지 말고 집에 가라 그랬지. 그 섬 처녀랑은 성관계도 안 했어. 기지바는 통통하구 이뻤어. 근데 이름도 기억이 없어. 한창 때 사내새끼가 성관계도 안 한 거 보면, 그때까지만 해도 별로 그런 거에 관심이 없었던 거지.

동두천에 삼촌이 계시니 찾아가래

돈이 다 떨어졌으니 뭐라도 벌어야 할 거 아냐. 근데 양복쟁이는 취직이 잘 안 되고 이발쟁이는 취직이 쉬워. 이발사 친구는 그 기지바를 계속 끌고 다녔어. 그러다가 그 새끼가 동두천으로 가자 해서 거기로 간 거야. 왜 하필 글루 가자구 했는지는 기억이 없어. 근데 거기서도 그 새끼만 금방 취직이 되잖아. 그니까 그놈 돈을 생활비로 같이 쓰는데, 그 기지바가 그걸 대놓구 싫어하네. 그래서 내가 짱깨집을 들어갔어. 근데 구박이나 먹구 은어터지구. 한다구 하는데 밥 하나를 제대로 얻어먹기가 힘들어. 자존심도 상하고. 도저히 안 되겠어서 속초 집에다가 편지를 냈어. 그때 장형이 속초에 있었나봐. 그 형한테서 답장이 왔는데, 동두천에 삼촌이 계시니 찾아가라 그러면서 집 주소를 써 보냈어. 어머니의 사촌동생쯤 되는 친척이야. 지금도 그 삼촌이 살아 계셔. 100살이 다 되실 거야. 그 삼촌이 미군 부대를 다니면서 집 근처에다 사람 두고 이발소를 하시더라구. 그래서 짱깨집 배달을 그만두고 삼촌 이발소로 들어갔어. 머리도 감기고 시다를 한 거야.

이발소 바로 옆이 동명동 보산리라고 양색씨들 동네야. 동명극장도 있고. 그 거리를 지나가다가 양색씨한테 끌려가서 당한 거야. 당한 건 당한 거라구 쳐도, 내가 왜 양색씨한테 동정을 뺏겼다고 생각하고 살았는지 이해가 안 가. 동정이 아니잖아. 양재학원 다니면서 술김에 그 기지바를 건드린 게 첫 경험이잖아. 돈은 무슨 돈을 내? 당한 건데. 돈 없다는데도 끄집고 들어갔다니까. 그때 내가 진짜 잘생겼어, 하하하. 그 시절 사진은 없어, 애기 엄마가 다 버렸겠지.

최현숙 그러면 성폭력을 당했다고 생각하시는 거예요?

김용술 글쎄, 호기심이야 있었지. 근데 쑥스럽기도 하고, 양색씨들한테

33

안 좋은 인식도 있었어. 그래도 아주 싫었다면 힘으로 뿌리치고 때리고 나왔을 거야. 그러니 일방적인 성폭력이라고는 할 수 없지. 그리구 그때 성폭력 뭐 그런 개념이 어딨어? 근데 어쨌든 끌려가서 당하고 나서도 기분이 드러웠어. 내가 늘 기지촌에서 동정을 뺏겼다고 생각하는 걸 보면 성폭력이라고 할 수 있겠지. 하여튼 내 성 경험은 여자를 덮친 거하고 여자한테 당한 거로 시작이 됐네. 그런 생각을 안 해봤는데 이야기를 하다 보니 그렇잖아, 하하하. 근데 남자들은 그런 경우가 많은 거 아닌가? 다들 그러면서 배우는 거지 뭐. 그 기지촌 바로 옆에 강이 있었는데, 그 강 이름이 뭐였더라. 이름이 특이한데. 아 맞아, 한탄강. 이름이 특이하잖아. 정말 한이 많은 강이야, 그 강이. 양색씨들이 숱하게 빠져 죽었어. 누가 죽었다고 하면 포주들하고 양색씨들이 강 하류까지 몰려다니며 찾으러 다녔어. 시체 찾으면 가마니때기에 말아서 울면서 욕하면서 둘러매고 오고. 그런 걸 많이 봤어. 미군뿐 아니라 한국 군인들도 많이 왔어.

보산리에는 3~4개월 정도 있었어. 열아홉, 스물, 그때야. 삼촌 이발소에서 일하면서 쉬는 날이면 극장도 가고 놀러도 다니고. 기억이 많지는 않아. 오래 안 있었거든. 더구나 그때는 술도 모르고 담배도 안 피웠고. 한번은 쉬는 날인데 이발소 어른들이 나를 골려먹는다고 음료수에 몰래 위스키를 타서 준 거야. 쉬는 날이니 동명극장에 가서 영화나 보라고 돈까지 쥐어주더라구. 의자에 늘어지게 앉아서 음료수를 마시며 영화를 보는데, 그게 달달하고 싸아 하니 맛있더라구. 홀짝홀짝 금방 다 마신 거야. 좀 있으니까 술이 올라오기 시작하는데, 천장이 빙빙 돌고 속은 울렁울렁 뒤집어지고. 금방 토할 거만 같아. 영화 보다 말고 뻘뻘 기어나와서 다 토하고 머리통은 욱신거리고. 그러구 집에 왔더니 어른들이 우스워 죽겠다고 놀리고. 그때만 해도 술을 거의 안 해봤거든.

최현숙 그때 만난 양색시들한테는 어떤 생각이나 느낌이 들었나요?

김용술 그저 돈 때문에 몸 파는, 질이 안 좋은 여자들이라고 생각했어. 지금이야 불쌍한 애들이라는 생각도 들지만 그때는 안쓰럽다는 생각도 안 들었어. 그냥 돈 주고 사는 여자지 뭐. 게다가 미군한테 몸 파는 게 한국 남자로서 기분이 나쁘지. 군대 때 외박 나와서 하룻밤 데리고 노는 여자들보다 더 하찔下質이지. 오죽하면 양갈보라구들 불렀겠어. 더 말할

35

기생 밀매음서 출퇴근 직업으로
60년대 상경 처녀 시골 송금 전통형
70년대 호스티스, 콜걸 등 겸업 산업형
80년대 여관, 이발소 등 때, 장소 없이 일상화
90년대 10대, 여대생, 주부, 나이 계층 파괴

한국은 매춘공화국인가. 성욕이 있는 곳에 매춘이 있다. 언제 어디서나 남녀노소 모두 다 무차별적으로 몸을 사고파는 일이 가능하다. 한국의 매춘은 복잡미묘하게 구조화됐다는 게 전문가들의 의견이다. 세계에서 유래가 드물 정도로 겉다르고 속다른 극도의 이중적 성윤리 위에 일제와 미군정 등 외국에서 유입된 매춘 문화, 급속한 경제 성장이 빚어낸 기형적인 매춘 문화 등이 몇 겹이나 덧칠됐기 때문이다.

원래 한국은 기생이나 갈보들의 철저한 밀매음 형태였다. 그러다가 강화도조약과 을사조약 이후 일본이 공창을 만들면서 불특정 다수를 상대로 성교를 하고, 대가를 지불받는 매춘녀가 공식화됐다. 해방 후 미군정에서는 공창제도 등 폐지령을 공포, 공창을 없앴으나 결과적으로 사창의 전성 시대를 열었다. 한국전쟁을 거치며 매춘 여성의 숫자는 5만~11만 명으로 추산됐다. 이후 주한 미군 주둔 지역에서 기지촌 양공주가 양산됐다. 인천 부평, 부산 하야리아부대·탄약부대, 경기 파주 용주골과 동두천 의정부, 서울 후암동·이태원 등지는 인구밀도가 현격히 높아졌다.

5·16 군사 정부는 61년 윤락행위 등 방지법을 제정하면서 한편으로는 국내 104개소에 특정 윤락 지역을 설치하는 등 상반된 정책을 폈다. 무작정 상경한 여성이 결국 기지촌이나 사창가로 들어가서 시골로 송금하는 전통형 매춘이 정착됐다. 64년 창녀 숫자는 33만 명 정도. 전문가들은 70년대 말을 한국 매춘사의 분수령으로 본다. 급속한 경제 성장에서 소외된 여성 인력이 호스티스, 콜걸, 요정 기생, 면도사, 안마사 등 서비스업에 종사하면서 몸도 파는 산업형 매춘, 또는 겸업 매춘으로 빠져나갔다. 학자들은 매춘의 잠재화라고 표현하기도 한다.

80년대에는 매춘의 일상화가 가능해진 시기다. 다방, 인삼찻집, 디스코클럽, 나이트클럽, 사우나, 터키탕, 여관, 호텔, 심야 고속도로 주변, 해변가, 역전, 스탠드바, 이발소 등지에서 겸업 매춘이 심화됐다. 때와 장소에 관계없이 매매춘이 이뤄졌다. 89년 말에는 젊은 여성 5명 중 1명은 매춘과 관련됐다는 충격적인 비공식 통계가 나오기도 했다. 향락업소가 40만 개소, 연간 매출액 최소 4조 원, 접대부가 100만 명이 넘는다는 내용이었다.

이들 서비스업 종사자들은 대부분 성 판매의 자율성을 확보했다. 90년대는 청량리 588 등 사창가에서도 집에서 출퇴근하는 여성들이 많이 생겨났다. 사창가의 방을 빌려 영업하는 여성은 프리, 사창가 부근에서 남자를 유혹해 여관으로 가는 여성은 개인 택시라 불린다. 일부 여대생, 주부들은 아르바이트로 매춘을 하다가 발각돼 사회에 충격을 주기도 했다. 미성년자 매춘과 함께 양동 노인 윤락가, 장충동 떳다방, 약수동 담요 부대, 유원지 부근 철새나 박카스 아줌마의 모습은 중년 여성도 매춘 당사자가 됐음을 보여주었다. 이제 한국 매춘은 시공간의 한계도 없고 매춘 여성의 나이도 따로 없는 지경에 이르렀다.

작년 1월 개정 시행된 윤락행위등방지법은 쌍벌 규정과 벌금 액수의 강화, 징역 기간의 연장 등 형행 강화를 통해 성매매를 통제하겠다는 취지를 담고 있으나, 시행 초기에만 반짝 단속을 했다가 흐지부지된 상태다.

—《경향신문》 1997년 2월 21일

게 없지. 아가씨들뿐 아니라 애 있는 여자들도 있었어. 튀기들도 많았구. 걔네들이 얼마나 천대받고 서럽게 자랐어. 애들이 무슨 죄냐구, 엄마 때문에 말이야.

최현숙 혼혈아들이 받은 천대를 엄마 때문이라고 보는 시선은 단편적이에요. 그 여성들을 천대하는 태도도 마찬가지구요. 해방 뒤에 생긴 미군기지 근처 양색시촌에서 벌어들이는 달러가 한국전쟁 뒤에는 우리나라 달러벌이의 절반이었다고 해요. 그러니 국가도 기지촌을 만들었고, 보건소에서 미군 건강을 관리하려고 그 여성들 건강도 관리했고, 공무원들은 그 여성들을 모아 교육하면서 달러를 벌어들이는 산업역군이자 주한 미군에게 봉사하는 안보 역군이라며 칭송했어요. 저는 성을 팔아 돈을 버는 가난한 여성들을 나쁘다고만 생각하지 않아요. 더구나 그때는 여성 일자리가 훨씬 더 없던 시절이잖아요. 그런데 국가가 국익이라는 목적으로 권장과 관리를 해놓고, 정작 그때나 지금이나 당사자들을 낙인과 가난에 내던지는 게 문제죠. 기지촌 지역을 떠나지 못한 채 여든, 아흔이 넘어도 낙인과 질병과 가난과 무관심 속에 내던져져 있거든요.

김용술 그래, 참 불쌍한 인생들이지. 국가가 가난하구 한국 남자가 등신이어서, 그런 양색씨들이 있는 거야. 미군들이 야영 훈련을 나가면 그 색시들도 뒤쫓아갔어. 모포 부대라는 소리가 그래서 붙었지. 야영지 근처에다가 참호처럼 땅을 파거나 대강 천막 비스름하게 쳐놓고는, 거기서 잠도 자고 몸도 팔고.

최현숙 모포 부대는 한국전쟁 중에도 있었다고 해요. 국가를 위해 목숨 걸고 고생하는 남자들을 위로해야 한다며 동원된 거지요. 강제냐 자발적이냐는 여러 측면이 있겠지만, 국가가 적극적으로 나서거나 최소한 묵인한 거지요. 그건 일제가 태평양 전쟁에 일본 여성들이나 조선을 비롯한 피점령국 여성들을 위안부로 동원한 논리랑 똑같지요. 파월 장병들을 위해서도 한국 여성들로 공창을 운영하는 방안이 정부 차원에서 논의되다가 취소되고, 대신에 연예인들을 동원한 파월 장병 위문 공연단이 운영됐다는 주장도 있어요.

김용술 근데 내 생각에는 그런 게 없으면 성범죄가 더 많을 거라고 봐. 남자들 성욕은 어떻게든 풀어야 사고를 안 치거든. 그리구 한국에 온 미군들 보면 엉망인 애들이 많았어. 지네 나라 글씨 모르는 애도 많고, 폭력에 술에. 쫄병 애들은 흑인이 많더라구.

최현숙 그 나라는 모병제잖아요. 그러니 말단 군인을 선택할 사람은 가난한 사람들일 가능성이 높지요. 돈이 최고인 세상에서 가난한 사람들이 더 폭력적이라기보다는, 더 억눌리거나 불만이 많을 수는 있지요. 따지고 보면 기지촌에 모이는 사람들은 미국 사회나 한국 사회에서 가난 때문에 밀려난 거지요. 남자든 여자든.

양복점으로 형사들이 들이닥쳤어

김용술 집에 들어간 게 가출해서 1년이나 돼서야. 어머니는 반가워만 하지 야단도 안 해. 그 거금을 가지고 가출했는데도 야단맞은 기억이 없어. 돌아와서는 양복점에 다시 취직했어. 처음에는 바지랑 윗도리 쉬운 거를 했지. 한성라사라고 속초에서는 제일 큰 양복점이야. 근데 속초 바닥에서 또래 애들 보는 게 싫다 그랬잖아. 쬐끄만한 놈들이 야, 자 하는 그게 제일 싫은 거지. 그래서 기술도 배울 겸 서울 남대문에 있는 양복점에 들어가 시다를 하면서 우아망을 배웠어. 윗도리 만드는 걸 우아망이라 그래. 시다망을 하면서 우아망을 배운 거지. 남대문에서 한겨울 배워서 종로 3가 도레미집 가서 우아망 생활을 쪼끔 했어. 도레미복장사 하면 아주 유명했어. 기성복을 해외에 수출하는 걸로 유명했지. 1960년대 후반이니까, 벌써 맞춤복이 사그라들기 시작하고 기성복이 나오던 시기야. 우아망이 어느 정도 숙달돼서 속초로 다시 와서 우아망 생활을 하다가 춘천으로 나가서 양복점 근무를 한 거지. 그때 영장이 나온 거야.

춘천 양복점에서 일할 때 어찌어찌 결혼을 하게 됐어. 내가 70년 3월 30일에 군대를 들어갔고, 큰딸은 5월 20일 생이야. 배가 많이 불러서 2월에 결혼식을 했고, 한 달 조금 지나 입대하고, 두 달도 채 안 돼 큰딸이 나온 거지. 69년에 집사람을 처음 만난 날 잠자리를 하고, 그게 임신이 된 거야. 우리 어머니가 전도관을 열심히 다녔어. 집 바로 위가 전도관이었거든. 집사람은 거기서 아이들 가르치는 선생이었어. 어머니가 그 사람을 욕심내서 아는 권사를 통해 청혼을 넣은 거지. 어머니가 그 사람을 집으로 부른 날이 내가 처음으로 만난 날이고, 그날 잠자리를 한 거야. 하하하.

우리 집은 금호동이고 그 사람 집은 청호동이라고 **아바이마을**이었어. 처가 쪽이 함경도 사람인데, 피난 와서 거기 살고 있었지. 금호동하고 청호동이 청초호를 사이에 두고 마주 보고 있어. 그걸 잇는 갯배가 있었고. 갯배라고 호수가 양 끝에 줄을 걸어놓고 그 줄을 댕겨서 배가 왔다갔다하는 거야. 아주 가까워. 한 50메다나 되나. 저쪽은 바다고 이쪽은 청초호

6·25 전쟁 때 북한에서 온 피난민들이 속초에 많이 정착했다. 그 피난민들이 고향으로 돌아갈 날을 기대하며 모여 살던 마을이 청초호를 중심으로 한 청호동 '아바이마을'이다.

라는 호수고. 통금이 있어서 11시 반만 되면 배가 못 다녀. 어느 날 퇴근해서 10시쯤 집에 왔어. 어머니한테서 여자 어쩌구 말은 들었지만 그날 오는지는 몰랐지. 밥을 챙겨줘서 먹고 있는데 여동생이 그래. '오빠, 안방에 언니 와 있어'. 교회 선생이구 어쩌구 하면서 동생이 더 신이 났어. 아버지가 지은 집이 방이 두 개였어. 밥 먹고 건너가서 아가씨랑 얘기를 하고 있는데 에에엥 하면서 통금 싸이렌이 불더라구. 뱃길을 놔두고 다른 길로 돌아가려면 20리, 30리가 넘는 길이야. 그러니 못 가는 거지. 근데 여동생이 둘이 있는 방에 이불을 깔고 나가는 거야. 선을 보고 마음에 들어 사귀고 연애하고 잠자리를 하고 그런 게 아니야. 통금이 지났으니 보낼 수는 없고, 방에서 나가라는 말도 안 하고. 그러니 헐 수 없이 잔 거야, 하하하. 처음부터 옷을 벗고 잔 것도 아니고 자다 보니 벗고 관계를 한 거야. 내가 잘생겼다고 했잖아, 하하하. 여자는 세련되지는 않아도 유치원 교사고 하니 싫지는 않았지. 엄마가 아주 마음에 들어 했어. 한 살 적다더니 호적이 잘못되서 나보다 한 살이 많아. 여자는 우리 집에 올 때부터 결혼 생각을 한 거고, 나도 그 전도관을 좀 다녔으니 나를 알았을 거야. 당시 양복쟁이면 삐까삐까하던 때니 마음에 들었겠지.

　새벽 4시에 통금 해제 싸이렌 불고 여자는 가고, 나는 늦게 일어나서 보니 이불에 피가 천지야. 난 그걸 여자가 멘스한 걸루 알았어. 첫 경험에 피나고 어쩌고를 몰랐지. 성관계고 뭐고 성교육이 전혀 없었어. 그러구 좀 있으니까 임신했다고 말이 들어와. 그러니 집에서 서둘기 시작한 거지. 결혼 전에도 그 집에 가면 이부자리 다 깔아놓고 같이 자라고 하는 거야. 내 느낌은 무덤덤했어. 임신시켰다고 책임감이니 그런 것도 없구, 결혼을 해야 한대니 하는 건가 부다 했지. 결혼식 하고 나서 양복점 다니고 있는데 금방 미필자 체포 영장이 나온 거야. 그러니 어쩔 수 없이 군대를 간 거지. 도망가는 느낌도 없고, 책임져야 한다는 의식도 없고, 그냥 주변에서 시키는 대로, 닥치는 대로 한 거야.

결혼식은 신식으로 했어. 예식장이 아니라 관공서를 빌려서 한 거야. 서민들한테 관공서를 예식장으로 많이 빌려줬어. 조달청 어디 강당을 빌렸어. 모든 준비는 어머니가 누나랑 같이했어. 결혼 전에 내가 번 거를 모두 집에 갖다 줬으니, 어머니가 다 알아서 한 거지. 집사람이랑 반지 사러 같이 다닌 거도 없어.

그때 임신이 안 됐으면 그 결혼을 안 하고 군대를 갔겠지. 그랬으면 아마 난 미국에 갔을 거고, 최 선생이랑 이러고 있지도 않겠지, 하하하. 제대하고 군산서 운전할 때 보니까, 미국 간 양색시들 하고 결혼 연결을 해줄 테니 미국 가라는 소리들을 많이 하드라고. 양색시들이 미군하구 국제결혼해서 미국을 가면, 그놈들이 거기 가서는 100프로 다 버렸대는 거야. 그럼 여자는 미국 시민권은 있어도 혼자가 되는 거지. 그러니 돈만 주면 한국 남자랑 혼인을 해서 미국으로 데려가는 거야. 위장 결혼이지. 여자고 남자고 결혼이 미국으로 가는 탈출구였어. 그때는 모두 미국 가려고 돈 많이 쓸 때잖아. 가는 거 자체가 성공이던 때야.

결혼해서 춘천에 살림 내고 일하고 있는데, 어느 날 양복점으로 형사들이 들이닥쳤어. 군 미필자로 체포 영장이 나왔대는 거야. 그전에는 입대 영장이 안 나왔댔어. 66년도에 영장이 나와야 하는데 70년도까지 안 온 거야. 당시는 만으로 스물하나에 입대했거든. 위 형님이랑 사촌형님도 하나도 안 나왔댔어. 영장을 지네가 잘못 보낸 거야. 군산으로 보냈나 본데, 거기 확인해 보고 안 살면 더 뒤져서 속초로 보내야 할 거잖아. 근데 그걸 주소 불명으로 처리하구는 담당자 서랍 속에 넣어놨겠지.

그러다가 68년도에 **김신조**가 넘어와서 한바탕 난리가 났잖아. 그 김에 미필자 일제 소탕 단속이 벌어진 거야. 일일이 병적이니 호적을 다 뒤진 거지. 영장을 제대로 보냈는데 내가 안 온 걸로 기피자를 만들고, 체포 영장을 발부해서 속초로 보낸 거야. 당시에 그런 사람들이 많았어. 수갑 차고 형사랑 같이 춘천에서 속초 거쳐서 군산까지 버스로 가는데, 몇 정거장을 못 가고 계속 헌병들 검문에 걸려. 강원도는 특히 검문 단속이 심한데다, 김신조 때문에 전국이 난리였지. 버스 세우고 올라타는 헌병 새끼들마다 나한테 직통으로 오네, 쪽팔리게시리. 나는 입 딱 다물고 체포 영장하고 수갑만 보여줘. 할 말은 같이 가던 형사가 하고.

군산서 배다른 큰형님이 미군 부대 헌병으로 있었어. 군산 영화동 하면 요지인데, 거기서 형님이 발이 넓어. 특히 춤에서는 아주 왕이야. 야매로 집에서 춤 가르치고 그러느라 경찰도 많이 알고. 그 형님이 연락을 받고 왔어, 군산경찰서로. 그러구는 걱정 말라고 하더라고. 군산서 재판

1·21 사태. 1968년 1월 21일에 북한 군인 31명이 청와대를 기습하여 박정희 대통령을 제거하려던 사건이다. 유일하게 생포됐던 김신조의 이름을 따서 '김신조 사건'으로 부른다. 1968년 1월 21일 북한 민족보위성 정찰국 소속의 무장 게릴라들이 청와대를 습격하기 위해 서울 세검정고개까지 침투했다. 29명을 사살하고 김신조를 생포했고 박재경은 도주하여 북으로 넘어갔다. 이 사건을 계기로 향토 예비군 제도와 육군 3사관학교가 창설됐다. 유일하게 생포된 김신조(당시 27세)는 남한에 귀순했고, 대한침례회신학교를 거쳐 목사가 됐다.

을 받았는데 무죄가 나왔어. 그럴 수밖에 없지. 지네가 잘못한 건데. 그러구 바로 이어서 군대를 간 거야. 친형은 나이가 서른이 넘어 버려서 예비군으로 가서 1년 동안 해안가 순찰하고 끝났어. 근데 나는 스물여섯이어서 현역이야. 70년 4월 3일 군번이야. 전주 35사 예비 사단에서 신병 훈련을 받았어. 머리는 훈련소 안에서 깎은 거 같아. 기억이 잘 안 나.

여자들은 군대를 몰라, 동물의 왕국이야

내가 어려서 얼마나 배를 안 고파봤냐 하면, 군대 가서 보름간 제대로 먹지를 못했어. 짬밥을 도저히 못 먹겠는 거야. 냄새가 심하고 비위가 상해서. 보름을 먹지 못하니까, 그때는 좀 먹겠더라구. 훈련소 들어갈 때부터 향도를 봤어. 내무반장은 기간병이 하고 향도는 훈련병들 중에서 뽑는 거야. 내가 잘생기고 키도 크고 하니까 향도로 뽑힌 거지. 1메다 70이면 그때는 컸어. 내무반장이 여기 향도 뽑아야 하는데 누가 할 거야 하니까 여기저기서 손을 들길래 나도 들었지. 근데 나를 시키더라구. 내위에 사촌형님이 계속 나랑 같이 다녔어. 그 양반은 스물아홉이어서 간당간당하게 예비군으로 못 빠진 거지. 서른부터 예비군으로 빠지는 거거든. 군번이 바로 내 뒤야. 내가 76, 그 양반은 78로 끝나. 그러니 서열 짤 때 짝수 홀수로 짜르든 1번에서 5번까지로 짜르든, 언제구 같이 다녀. 나는 불편하지. 애물단지야. 더구나 그때 군대는 돈이 있어야 편한데, 그 양반은 향도인 나만 믿구 돈 내는 거를 영 모르쇠를 했거든.

　향도를 하니까 내부 돌아가는 거를 빨리 알잖아. 내무반장이 나 내일 외박 나간다 하면 내가 돈을 걷어서 줘. 그때는 다 그랬어. 방석집 막걸리가 한 되에 70원이니, 잘 처먹으면 두 되 140원이잖아. 여관비가 50

원, 아가씨가 롱타임이 200원, 숏타임은 50원, 100원. 그러니 500원이면 진탕 놀고 뒤집어쓰고도 남는 돈이야. 자대 배치받구 월급이 110원이었던가? 광주국군통합병원으로 자대 배치가 됐어. 그전에 운전 교육을 받았지.

입대 전에는 운전을 못했어. 훈련소에서 운전병으로 뽑혀서 대전 어디 운전병 훈련소에 가서 운전 교육을 받은 거야. 그 형도 같이 받았고. 교육받을 때야 힘들었지만 그 덕에 군대 생활이 남들보다 훨씬 쉬웠지. 그 시절에는 굶기를 밥 먹듯이 하다 군대 온 놈들, 머슴 살다 온 놈들이 많았어. 그 사람들은 차라리 군대가 낫지. 쫄병으로 입대해서 군대에 말뚝 박은 사람들 중에는 없는 사람들이 많아. 신병 훈련소에서 대전으로 교육받으러 갈 때 기간병이 너희 대전 가서 인수인계 받을 때 돈 안 걷어내면 뺑뺑이라고 그러더라구. 그래서 가는 길에 돈을 걷었어. 2000 얼마라고. 우리 조는 20명이 함께 갔거든. 그 형님이 야 나는 진짜로 없다 그러는 거야. 형님 돈은 아예 받을 생각을 안 했어. 20명, 20명, 20명 해서 서울, 전라도, 충청도 그렇게 60명이 한 팀이고, 내가 전라도 쪽 조장을 맡았어. 안 그래도 전라도가 못사니까 모이는 돈도 적은데, 그 형님 때문에 더 적은 거지.

걷은 돈 2000 얼마에서 일부는 또 내 주머니로 들어갔지. 다들 그렇게 줄줄이 삥땅을 치는 거야. 삥땅 안 해도 전라도는 적게 모이니까 맞는 건 뻔해. 하고 맞나 안 하고 맞나 마찬가지잖아. 그러니 하고 맞는 거지. 교육 입소하자마자 무조건 두들겨 맞은 거야. 난 그때 진짜로 돈이 없었어. 군대 내내 그렇게 삥땅을 해서 그 돈으로 외박도 나가고, 꼭 낼 일 있을 때 내기도 하고 그랬어. 20명이 한 조일 때는 티가 안 나는데, 운전 교육 받으면서 여섯 명씩 조를 다시 짰어. 그때는 그 형님 안 내고 나 안 내고 하면 네 명밖에 없으니까 티가 확 나잖아. 그러니 맨날 맞는 거지.

빽 없는 놈은 요령이라도 있어야 살아남지

근데 맞다가 죽어도 병원 들어가면 병사로 처리되고, 훈련소에서 죽으면 사고사야. 나중에 자대 배치된 광주 통합병원 지하 벙커에 505보안대가 있었어. 그때도 505보안대는 한번 들어가면 살아서 못 나온다고들 했어. 박정희에 대해 한마디만 잘못해도 쥐도 새도 모르게 죽던 때야. 그때 반공법이 최고였잖아.

최현숙 광주 국군통합병원 505보안대는 박정희뿐 아니라 전두환 때도 유명한 곳이에요. 특히 전두환 시절 5·18 광주민중항쟁 때 학생과 재야 인사들이 거기로 연행돼서 많이 고문당하고 죽고 했지요.

김용술 맞아 거기야. 나 때도 거기 갔다 하면 살아 나오기가 힘들었어. 내가 못 배운 게 다행이라는 게 바루 그거야. 배웠으면 거기서 반항하는 마음도 생기고 이 승질에 덤볐을 거 아냐. 맞는 거는 상납을 못해서 많이 맞았지. 나는 맞는 거는 기가 멕히게 잘 맞아. 맷집이 좋은 거지.

최현숙 군대를 즐겁다고 느끼신 거네요. 사람들마다 다를 테지만 대부분 군대는 폭력과 불합리가 심한 곳으로 여기던데요.

김용술 공부깨나 한 놈들이나 그러지. 난 군대에서도 힘든 거를 몰랐어. 요령도 많고, 향도에 조장도 하고 운전병도 하고 그러니까 아무래도 편했지. 예비 사단 들어가서 처음부터 향도를 했거든. 내무반 모든 게 나를 거쳤어. 내 위로 내무반장, 그다음에 나 향도, 내 밑에 조장이랑 서기가 있는 거지. 조장하고 서기는 내가 시키는 대로 하는 거야. 돈 걷는 것도 조장 애들이 걷어다 줘. 그럼 나는 위에 갖다주면서 '인 마이 포켓'을 하고. 다른 애들보다 나이도 많았잖아. 군대 생활에서는 요령이 최고야. 빽 없는 놈은 요령이라도 있어야 살아남지. 군대고 뭐고 어디나 다 그런 거잖아.

신병 훈련소에서는 조교나 기간병들이 향도 군기 잡는다고 골탕을 먹이는 게 많았어. 본부에서 '전달!' 하고 소리지르면서 하달 사항이 떨어지면 그게 쭈욱 거쳐서 내려와. '전달! 김용술 어디로 몇 시까지 와라!' 하구 지시가 떨어지거든. 그걸 1소대 전달병이 1소대 앞에서 귀를 쫑긋 기울이고 듣는 거야. 그러고는 1소대 끝으로 달려가서 또 '전달! 김 머시기 몇 시까지 어디로 와라!' 하고 2소대 전달병한테 소리를 질러. 그럼 그놈이 또 받아서 복창하고 2소대 끝으로 달려와서 3소대에다 소리치고. 그렇게 해서 내가 있는 6소대까지 오면 내용이 바뀌기도 하고 중간에 없어져버리기도 하고 그렇잖아. 그러면 나는 맨날 맞는 거야. 못 듣고 안 가서 맞고, 틀리게 듣고 제대로 안 해서 맞고. 전달병들을 똑똑한 놈을 안 세워. 제일로 어벙벙한 놈을 둬야 전달이 잘못돼서 군기가 잡히지. 나는 그렇게 생각을 해. 잘못도 없는 거잖아, 나는. 그런데도 패는 거야. '너는 철판을 깔았냐? 뭔 빽이 있어서 제대로 안 해. 엎드려.' 무섭구 말구가 어딨어? 선택의 여지가 없지. 야, 너 딱 다섯 대만 맞아라, 그럼 내가 뭐라 그래? '네!' 에무원$_{M1}$ 총은 삼등분이 돼서 쇠 부분만 딱 남아. 그 쇠로 된 총열로 때리는 거야. 그냥 파이프가 아니라 울퉁불퉁하고 날카롭고 그래. 그러니 한 대만 맞아도 피가 튀어.

내가 세 대를 맞고 뻗었는데 그놈들이 나를 보고 맷집이 좋다고 하더라구. 다른 놈들은 한 대만 맞아도 다 뻗는다는 거야. 그걸 세 대를 맞고 피가 터져서 3일 동안 화장실도 못 갔어. '야, 너 대단하다. 세 대를 어떻게 맞냐?' 형이 그러더라구. 아구, 형 아니구 졸병이면 닥치는 대로 쥐어패는 건데. 근데 그날 저녁에 때린 기간병 새끼가 무슨 연고를 갖다주는 거야. 그걸 또 '감사합니다!' 하고 받았네, 지랄. 근데 죽이고 싶도록 밉다가 진짜루 눈물이 찔끔하더라니까. 그러면서두 한편으로는 또 쌍욕이 나와. 내뱉지야 못하지. 혼자 이불 속에서 '개씨발, 죽여버린다' 하면서 잠들었어. 근데 참 사람 마음이 드러운 게 자고 일어나니까 미운 게 없어져. 연고, 그게 뭐라구.

여자들은 그 세계를 몰라. 동물의 왕국이야, 그게. 어떡해, 끗발 없어서 군대 끌려온 놈이. 피할 수도 없고 대들 수도 없구. 그럼 이를 갈면서 버티는 거지. 입대 초기에 그러구 나니까 나중에는 맞는 게 편해지더라구. 여긴 이러구 사는 데다 그러면서 다른 대가리만 굴리는 거야. 그래야 살잖아. 아니면 못 살아. 난 군대가 좋았어.

운전 교육 때 금요일 저녁이면 교육 조교가 외출을 나가거든. 외출 소리만 떨어지면 500원은 만들어 줘야 돼. 조원도 여섯 명에 사촌형 안 내고 나 안 내는데. 난리를 쳐서 긁어모아도 200~300원밖에 안 돼. 그럼 외박 나갔다 들어와서는 월요일에 저녁밥 먹고 모이라는 거야. 연병장 구석 차고에 있는 우리 차 뒤로 오라는 거지. '원산폭격! 김용술 일루 나왓!' 해서는 애들 보는 데서 나를 때리는 거야. 다섯 대 따악 때리구 나면 그 새끼는 가. 나더러 나머지 놈들 때리라는 거야. 그게 숫자가 많고 기수별로 하면 줄빳따가 되고 기수 빳따가 되는 거지. 기수 순서루 줄줄이 패지. 때리는 놈, 맞는 놈이 따로 없지. 그때는 다 그랬어. 그러니 너나없이 애증 같은 동지애가 생겨. 어쩔 수 없이 모두 한 구뎅이에서 지랄을 할 수밖에 없잖아. 맞아, 징그러운 동지애지, 하하하. 그게 있어야 군기가 잡히고 아름다운 전통이 이어진대는 거야.

때리지 않는 놈은 매장이고, 많이 때리는 놈이 인정받는 게 군대야. 내부 고발? 웃기지 말라 그래. 아무리 큰 사고도 부대장 한마디면 부대 전체 입에 쟈크가 좌악 물려지는 게 군대야. 딴소리하는 놈은 흔적도 없이 사라져. 부대장이고 쫄병이고 국방부 시계만 바라보면서 만기 전역까지 사고 안 터지기만 비는 게 군대야. 사고는 나도, 터지지는 말아야 된다 이거지. 오죽하면 꺼꾸로 매달려 있어도 국방부 시계는 돌아간다는 말이 있겠어? 당하고 견디는 수밖에 없다는 얘기야. 맞는 거 견디다 보면 저도 저절로 때리는 놈 되고, 그러다 보면 전역도 하고. 큰 사고 없이 시곗바늘 돌아가기만 기다리는 거야.

제대로 못 바친 날은 교육받으려고 자동차를 타면, 조교가 옆에 따악 타서는 오른쪽 볼때기를 계속 때리는 거야. 다른 놈들도 마찬가지구. 그렇게 터져야지 다음 주에 돈이 많이 나와. 그런데 그 형님한테서는 절대루 안 나와. 그래서 나는 진짜루 돈이 없는 줄 알았어. 근데 나중에 보니까 팬티 속에서 돈이 왕창 나오더라구. 사람이 어뜩케 그러냐? 하하하.

왜 그렇게 배가 고픈가 몰라

밥 먹는 것도 교육이래면서 또 지랄들을 쳐요. 내무반 인원이 60명이면 수저가 스무 개밖에 안 나와. 배식을 해서 쫘악 60명을 앉혀 놓구는 20명한테만 수저를 나눠줘. 그러구서는 하낫, 둘, 셋, 넷, 다섯, 여섯 하면서 스물까지 세고는 수저를 쫘악 걷어. 그러구는 다음 20명한테 쫘악 나눠줘. 먹은 놈들은 식판 반납하고 나가야 돼. 그러니 퇴식구로 가는 동안에도 식판 든 채 손으로 집어먹구 들구 마시구 할 거 아냐. 그런 놈들은 또 맞는 거지. 수저를 씻구 어쩌구가 어딨어? 그대루 주는 거지. 그렇게 나눠주구는 또 하낫, 둘, 셋, 넷, 다섯, 여섯 하면서 20을 세구서는 또 싹 다 걷어서 다음 조. 그 시간이 5초나 걸릴까? 처음에는 국물 한 번에 밥 한 숟갈 겨우 떠먹고 뺏겨. 당연히 가면서 퍼먹지. 그러면 기간병들이 몽댕이로 후려치는 거야. 나는 향도니까 보통 내무반장이랑 같이 먹어서 그 지랄은 잘 안 했지.

전방 교육 마치구 후방 교육 들어가서는 배고파서 못 사는 거야. 봉급 나온 걸루 티켓을 끊어. 봉급이 110원인가 20원인가 했어. 국수 한 그릇에 15원인가 20원인데, 그걸 티켓을 끊어가지구 피엑스 가서 사먹지. 나는 많이 안 먹었어.

특박은 돈이야. 야, 특박 보내줄 테니 갈 놈 나와라 하면 줄줄이 서울 놈들만 나와. 특박은 들어올 때 돈 가져오라는 뜻이거든. 돈 가져와서 중대장, 소대장, 기간병들한테 나눠줘야 돼. 주는 거 봐서 잘 내는 놈은 계속 나가구 못 가져오는 놈은 은터지구 못 나가는 거구. 근데 서울 놈들은 매주 나가겠대는 거야. 바칠 돈을 만들 수 있대는 거지. 군대서는 돈 없으면 내내 얻어터지는 거야. 매냐 돈이냐, 그게 군대야. 호남 놈들이 못됐다고들 하는데 돈이 없어서 그런 거야. 운전 교육 조장 놈이 호남 산골 놈인데, 돈 안 준다고 아랫놈들을 무지하게 뚜들겨 팼더랬어. 나두 전라도지만 그놈 때문에 전라도 놈들을 싫어하게 됐지.

특박을 10여 명씩을 보내거든. 그럼 그 특박 나간 놈 밥을 안 타 먹을 수가 있나? 군복 위에 붙였다 띠었다 하는 딱지가 있어. 우리는 7기로 파란 딱지구 8기는 노란 딱지야. 색깔에 따라 기수가 달라. 밥을 기수별로 순서대로 주거든. 8기 특박 나가는 놈한테 딱지를 달라 그래. 나는 조장이니까 그런 정보도 잘 듣고 알려도 주고 그러지. 8기 먹는 시간에 내 딱지 위에다 노란 딱지 딱 붙이고는 먼저 밥을 타먹어. 그러구는 식판 내고 노란 딱지 떼고 빼애앵 달려서 다시 줄을 서는 거야. 그래두 돌아서면 배가 고파. 왜 그렇게 배가 고픈가 몰라. 음식이 부족하지는 않은 거 같은데 어쨌든 배가 고팠어. 훈련소 밥은 엉망이지만 후방 교육 받을 때랑 자대 배치 받고는 밥이 그래도 괜찮았거든. 짬밥에 이력두 나구. 근데 돌아서면 배고프고 배고프고 그랬어.

토요일이면 대민 지원을 나가. 농사나 주민들 일 도와주는 거지. 주로 농사일인데, 내가 농사 한 번을 안 해보고 군대를 갔잖아. 근데 충청도 놈 하나가 자꾸 나가자구 쏙싹거려. 잘 얻어먹는다 그거지. 일 못해도 되니까 자기만 따라다니래는 거야. 그놈은 머슴 살다 온 놈이거든. 농사 꾼들도 우리 속을 다 알아. 먹으려고 나온 놈들이라는 거를 아는 거지. 그러니 금방 아침 먹고 나왔는데도 일단 커다란 양푼에다가 밥을 산처럼 가득 채워서 줘. 그걸 앉은 자리에서 다 먹어. 누런색 우굴쭈굴한 시골 양푼 있잖아. 거기에 꾹꾹 눌러서 고봉밥을 줘. 그 밥에다 김치하구 된장찌개가 다야. 근데 그렇게 꿀맛이야. 한 놈두 남기는 놈이 없어. 그걸 다 처먹고는 뒤로 자빠져서 입을 벌리고 헥헥대구들 헐떡거리는 거야. 그럼 노인네가 '30분만 눈들 붙이세유' 하구 나가. 자는 놈두 있겠지만 늘어져 있는 거지. 조금 있다 '30분 됐습니다' 하면 다 일어나는데, 어느새 배가 꺼져 있어. 그게 다 얼루 가냐구, 하하하.

대민 지원 나가면 20명이 한 집으로 가. 이번 주에 이 집이면 다음 주에 다른 집이지. 모 심을 때 논에 들어가면 양쪽 끝에서 줄을 잡아. 그러고는 그 줄에 맞춰 줄줄이 모를 심는 거야. 한 번에 너댓 포기씩 집어서 심으라는데, 나는 그걸 세구 앉았을 거 아냐 안 해봤으니까. 근데 그 충청도 놈이 무지무지 잘 심어. 내가 한두 번이나 심을라고 하면 그놈은 내 옆에서 벌써 다 심고 내 꺼 심어주는 거야. 그놈은 맨날 대민 지원 나가기만 기다려. 배 터지게 먹으니 너무 좋은 거지. 자기 실력 자랑하는 것도 좋구. 대민 지원 나가서도 돈을 벌어 와야 돼. 원래 4시면 끝나거든. 그 뒤는 다른 일 해주고 돈을 버는 거야. 포크레인 같은 장비를 가지고 나가면 돈을 많이 벌어. 그렇게 벌어 와서 바치는 거야. 안 바치면 못 나가고 바치면 잘나가고. 못 배운 놈도 요령 있구 눈치가 있으면 잘살 수 있다는 걸 가르쳐준 게 군대야. 처세술을 군대에서 배운 거지.

훈련소에서 6주 교육받고 운전 교육 8주 받으면 졸업이야. 마지막 대민 지원 나가는 일요일 날 소대장이 오늘은 마음껏 먹어도 좋다 그러구 내보내. 대민 나가면 술이 나오지만 보통 때는 한 잔씩 먹거든. 근데 마음껏 먹으라는 거야. 농민들도 그걸 알고 마지막 날은 술을 많이 준비해줘. 해마다 하니까 아는 거지. 농주니까 금방 알딸딸해져. 복귀하면 다들 나가떨어지지. 근데 그날 저녁에 피씨엑스가 걸리는 거야. 기합이지, 비상은 아니구. 이 새끼들이 심하게 풀렸다 이거야. 그럼 오밤중에 꾸벅꾸벅 졸면서 기합받고 원산폭격 하구. 올라가 내려가 올라가 내려가. 바닥하고 마루를 수백 번 오르락내리락하는 거야. 침상에서 받는 기합만두 종류가 오만 가지야. 요즘은 편해졌다더만. 그러니까 요즘은 그렇게 자살이니 사고가 많은 거야.

요즘 또 **22사단 총기 사고** 때문에 난리드만. 그게 다 요즘 애들이 약해서 그래. 하나나 둘만 낳아서 오냐오냐하고 키우고 어려움 견디는 걸 안 가르치니까, 조금만 힘들어도 그렇게 뻗치는 거야. 옛날에는 맞아 죽는 놈이나 실수로 나는 사고가 많았지 자살이나 총기 사고 사망은 적었어.

유신 헌법 찬반 투표를 군대에서 했어. 투표 날짜가 되면 무슨 교육입네 해서 모아서는 투표를 어떻게 하라고 말을 해. 딱 찍어서 뭐를 찍어라 그렇게는 안 하지만 그 소리가 그 소리야. 중대장이 너희들이 제대로 안 찍으면 내가 골치 아프니까 잘 찍어라 그런 소리도 하고. 근데 그걸 거역을 못해. 투표 날 중대장이 입구에 따악 앉아 있어. 만에 하나 시키는 거랑 반대로 찍은 놈은 남은 군대 생활이 어려워. 그때는 몰랐는데, 나중에 보니 아는 수가 있더라구. 투표함에 용지를 넣으면 그 안에서 한 장씩 차곡차곡 쌓이도록 돼 있다는 거야. 사

2014년 6월 21일 오후 8시경, 강원도 고성군에 있는 22사단 지오피(남북간 군사 분계선 주변 철책선)에서 총기 난사와 무장 탈영 사건이 발생했다. 이 사고로 5명이 사망하고 5명이 부상했으며 범인은 생포됐다. 범인이 미리 써놓은 유서에는 집단 따돌림과 괴롭힘을 호소하는 내용이 적혀 있었다. 연이어 7월 27일 같은 22사단 관심 사병인 모 이병의 자살 사망 사건도 일어났다.

람 들어가는 순서는 자동으로 체크되잖아. 그러니 투표함 까면 누가 반대표인지 정확히 아는 거지. 도대체 어떻게 반대한 놈을 알고 볶아대나 궁금했는데. 유신 찬반 투표 때 선임병이 투표를 안 하더라구. 나중에 보니 열여덟에 군대 자원해서 투표권이 없는 거야. 투표권이 만 스무 살부터였어. 소원 수리라는 게 있었어. 민원 사항을 써내라는 거지. 쓰라고 말만 하지 그걸 썼다가는 그놈이랑 그 소대나 중대는 난리가 나는 거야. 그런 놈은 두고두고 견딜 수가 없어.

그만큼 삥땅을 많이 치는 거지

전주 35사단 운전병으로 자대 배치가 떨어졌어. 원래는 사촌형님하고 논산 훈련소로 배치됐는데, 손을 써서 나를 글루 돌린 거야. 배다른 형님이 좋은 데로 빼준다구 장담을 했거든. 사촌형님은 논산으로 갔고. 이제야 혹을 뗀 거야. 논산보다는 전주가 편하지. 전주에 있는 77병원이라는 작은 국군병원으로 배치하면서 35사단에서 파견 나오는 걸로 한 거야. 근데 몇 개월 있다 작은 병원들이 없어지면서 77병원도 없어지고, 광주 통합병원으로 들어간 거야.

운전병 생활이야 편하지. 차 끌고 물건 수령 가면 피복이니 기름이니 늘 빼돌려. 운전대에 가만 앉아 있으면 담당이 피복들을 차에 실을 거잖아. 그러면 운전석 뒤로 난 구멍으로 손을 집어넣어 뽑아. 훔쳐서 팔기도 하고, 입기도 하고, 애들 나눠주기도 하고. 1종은 먹는 거, 2종이 피복, 3종은 기름, 4종은 의료, 5종이 병기, 6종은 시체, 그렇게 돼. 3종 수령 간다 하면 기름 받으러 간다는 소리야. 병원 사무가 기름 수령을 가면 한 번에 도라무통 스물네 개를 받아와. 근데 네 개는 빈 통이야. 그 네 개는 배급하는 3종계 놈들이 처먹는 거야. 병원 사무가 바치는 거지. 스무 통을 이리저리 남기구 숨겨서 선임 하사 주고 수송관 주고. 지들두 살아야 하거든. 안 주면 모가지 짤려서 사무를 당장 바꿔. 그렇게 모아놓은 기름을 스무 도라무씩 밖으로 빼돌려 팔아서는 돈으로 싹 나눠먹어.

운전병은 짚차 뒤에 스페어 깡 하나를 항상 달고 다녀. 스페어 바퀴랑 같이 달고 다니는 네모난 통 있잖아. 참모 모시고 어딜 가면 기름을 타잖아. 그걸 좀 넉넉히 주거든. 그럼 남은 기름 빼서 스페어 깡에 담아놔. 일주일이면 한 통 정도 모여. 그걸 파는 거지. 그런 것만 취급하는 놈이 있었어. 3종계 놈들은 무지 많이 팔아먹지. 광주 전역 부대들에서 거기로 기름 받으러 오니까, 띠어먹을 게 무지 많지. 우리 부대는 병원이라서 기름을 많이 썼어. 그러니 많이 빼먹는 거야. 운전병은 바치는 게 적은데 행정 보는 애들은 무지 많아. 그만큼 삥땅을 많이 치는 거지.

죽은 놈이 별 자식이래는데

시체가 나오면 화장해서 차로 부모한테 가져다주기도 했어. 시체는 주로 맞아죽어서 나오는 거야. 특히 505보안대에서 많이 나왔어. 그때는 반공법이 아주 무서웠고, 간첩이니 조작 간첩이니 많았잖아. 진짜인지 가짜인지 그때는 모르지. 신문에 발표하는 대로 그런가 부다 했지. 수십 년 지나서야 진상이 어떻고 명예 회복이 저떻고 하면서, 조작 간첩 사건이래는 거고. 다들 아파 죽었다고 해도 시체 보면 알아. 그래도 아무 말도 못하는 거구. 그런가 보다 해야지. 부모한테 가는 유골함은 6종 선임하사가 붙어. 우리는 자동차로 태워다만 주고. 운전병들은 동네 보이면 차 세우고 더 안 갈라 그래. 부모들이 울고불고, 여차하면 맞기도 하거든. 나 있는 수송부 바로 옆에 영안실이 있었어. 영안실에 시체가 있으면 꼭 보초를 세워. 없을 때 서기도 하는데 그럴 때면 보초 서러 가서 시체 놓는 자리에 누워서 자기도 했어. 시체 있을 때는 그 옆에 음식 차려놓은 걸 '죄송합니다' 하면서 먹기도 하고.

한번은 시체 하나가 들어왔는데, 다음날 헬리콥터들이 무지하게 오는 거야. 다들 별자리야. 그날 별이 수십 개가 떴어. 죽은 놈이 별 자식이래는데, 맞아 죽은 거야. 처음에는 수군수군 소란스러웠어. 병원장이니 부대장이니 다 짤리겠구나 했어. 신문 기자도 오고 난리였지. 근데 그러다가 덮어지더라구. 못 밝혀.

김훈 중위 사건도 결국 못 밝히잖아. 그게 98년에 났어? 그 아버지가 예비역 중장이잖아. 별이 세 개야, 세 개. 장군 출신 아버지가 지금까지 계속 싸우는데도 못 밝히잖아. 그러니 70년대 초에는 말하나 마나지. 별이 수

1998년 2월 24일, 판문점 인근 비무장지대 경비 초소에서 의문의 총상을 입고 사망한 김훈 중위(당시 25세의 사망 사건. 군대는 자살이라고 결론지었지만 살인이 틀림없는 대표적인 군대 의문사 사건이다.

십 개가 떴는데 결국 덮어지더라구. 처음에는 시신이 퍼릇퍼릇하니까 맞아 죽은 거다 하면서 소문이 돌더니 며칠 있다 싹 조용해졌어. 함구령이 떨어진 거지. 그때가 그렇게 무서웠어. 이놈의 정권 하는 소리만 해도 쥐도 새도 모르게 없어지던 시대야. 어느 놈이 잡아갔는지도 몰라.

탈영했다는 놈들 병신이야

내가 군대에서 쫄병 운이 없었어. 작은 병원들이 큰 병원으로 합병되니까 다른 데서 온 운전병들이 모였을 거잖아. 티오는 열세 개인데 모이다 보니 스물다섯 명이 된 거야. 티오가 넘치니까 쫄병이 안 들어오지. 그러니 나는 만년 쫄병이고, 기간병들도 제일 낮은 놈들만 남은 거야. 기간병들이 우리하고 10개월 차이라서 진급도 안 돼. 군대 생활 25개월까지 쫄병을 한 명두 못 받아봤어. 쫄병이 할 일을 25개월짜리들이 다 하는 거지. 26개월 만에 쫄병 세 놈을 딱 받았는데, 야 그놈들이 그르케 이쁘구 고마운 거야. 그러니 모시는 거지. 줄빠따를 때리는데 내 밑에 놈을 때리지를 못하는 거야. 열 놈, 스무 놈이나 돼야 때리는 맛이 있는데 세 놈은 때려 봤자지. 그렇다고 안 때리면 안 돼. 그게 군대 질서야. 줄빠따는 부대장이랑 알아도 다 묵인하고 모르는 척해, 사고만 안 나면.

빠따가 폭력이기야 하지만, 군대 안에서 폭력이나 기합은 개인적으로

어쩔 수가 없어. 그렇게 해서 규율이 잡혀야 집단이나 조직이 제대로 움직여. 지금은 풀어놓고 밥 마음대로 먹지 공부하지. 그게 무슨 군대야. 인권? 그러니 자살을 하지. 편하니까. 그때는 자유 시간에도 선임이 시키면 무조건 하는 식인데 지금은 그렇지 않대매. 나는 배고프고 매 맞고 해서 탈영한 놈들 병신이라고 생각해. 어떻게 해서든 꾀를 내서 요령껏 먹고 재미있게 지내고, 다들 지 하기 나름이야. 다들 그렇게 저렇게 군대 생활을 하는 거지, 왜 자살을 하고 탈영을 하고 그러냐고.

　군대 얘기에 안 빠지는 게 축구 얘기잖아. 주로 훈련소에서 기간병들이 체력 단련을 내세워 시키지. 근데 사실은 기간병들이 지들 재미로 시킨다고 봐. 이기면 한잔하고 기분 좋지만, 지면 기합에 빵빵이에 고생이거든. 그러니 악착같이 안 할 수가 없어. 심판이라구 있지만 반칙이니 뭐니 난리야. 그냥 훈련의 연장인데 군대 갔다 온 놈들이 너무 과장해서 떠벌리는 거지. 다들 꼴 넣었다는 놈만 있어.

군대는 요령껏 하면 재미있어

나는 군생활이 즐거웠어. 자대 떨어지고는 특박도 자주 나오고 위에 바치는 것도 좀 줄었고. 나이가 많고 결혼도 했으니 대접해주는 거지. 광주 통합병원 있을 때 집사람이 군산에 있어서 특박을 자주 나왔어. 군산서 배다른 형님이 색시들 데리고 음식이랑 술장사를 했거든. 형님 집 바로 옆에 택시 회사가 있어서 음식 장사가 잘돼. 근처에 미군 부대랑 기지촌도 있어서 양색시들한테 월세방도 주고 하숙도 쳤고. 색시 장사는 안 했을 거야. 집사람이 큰딸 데리고 아예 형님 집으로 들어가 살면서 도와주고 있었어. 부대랑 가깝기도 하니까. 근데 군인은 위수 지역이라는 게 있어. 광주에서 군 생활하는 군인들은 외박 나와서도 전라남도를 벗어나면 안 돼. 군산이 전북이니까 원칙으로는 위수 지역을 벗어나는 거잖아. 근데 경계 넘어갈 때 집사람 보러 간다 그러면 헌병들이 아무 말 않고 보내줬어. 집사람은 군산으로 오기 전에도 편지도 보내고 면회도 오고 그랬어. 아내로서 흠잡을 데 없는 사람이었어. 내가 못된 놈이지.

고참 되고 나서는 저녁에 나갔다 온다 하구 철조망으로 나가. 그러고는 색시집 가서 술 먹고 하룻밤 자고 와. 개구멍으로 들락거리는 거지. 주로 혼자 나가. 동기끼리는 술 먹어도 쫄병하구는 안 해. 군대 주변에는 술집, 색시집에 여관들도 많잖아. 철조망으로 몰래 나가는 건 공식 외박이 아니야. 일요일에 글루 나가서 놀다가 월요일 아침에 출근 버스타고 들어오기도 했어. 중대장들이 알아도 놔둬, 말년 되고는. 군대는 요령껏 하면 재미있어.

같이 군대 간 사촌형님이 논산으로 자대 배치 받았잖아. 매일 저녁 때리더래. 그러다간 죽겠더래. 그래서 월남을 자원했어. 빠따 맞다 죽느니 차라리 총알 맞아 죽는 게 낫겠대는 거지. 월남 파병을 처음에는 차출했는데, 나중에는 서로 자원을 했어. 돈을 많이 주니까. 나는 월남 자원을 안 했어. 한국 군대 생활도 재미있고 좋은데 뭐 하러 전쟁터를 가? 돈 벌러 많이들 가기는 했지. 사촌형도 돈 많이 벌어왔어. 월남 일등병 월급이 만 원이었어. 여기보다 무지 쎈 거지. 1년 있었는데도 제대하면서 40~50만 원을 만들어 왔다더라구. 오디오니 카메라니 그런 걸로 요령을 많이 부린 거지. 근데 고엽제 때문인지 마흔다섯에 죽었어. 나는 떠돌 때니까 어떻게 죽었는지 자세히 몰라. 정신병들도 많이 생겼다구 하더라구. 일빵빵 보병 애들은 고엽제나 정신병이 많대. 몰랐다가 나중에 증세가 심해지는 거지. 그 양반은 운전병이어서 다행히 힘들지도 않고 돈을 많이 벌어왔어. 군대 갈 때 그 양반은 애가 둘이었어.

1차 인터뷰는 군대 생활에서 멈췄다. 맞장구쳐가며 이야기를 끄집어내고 웃으면서 재미있게 들었다. 그렇지만 한쪽에서는 다른 생각이 들었다. 돈과 삥땅과 조직적 도둑질, 기가 막히게 좋은 맷집, 물 만난 고기처럼 군대 생활이 좋았다는 말, 줄빠따와 기수빠따에 이어 살인까지 이르는 폭력, 외박과 성매매, 얼마 전 일어난 총기 사고의 원인이 애들이 너무 편하고 약하게 자란 탓이라는 생각……. 그 시절 군대를 잘 견디고 즐기고 나온 게 다행스럽다. 특권층이 아니라면 누가 피할 수 있을까? 다치거나 병을 얻지 않고 무사히 제대하기만을 바란다. 자식을 군대에 보낸 엄마인 나도 마찬가지였다.

인터뷰는 대개 가죽 수선도 하고 살기도 하는 공간에서 진행됐다. 일터를 비울 수 없기 때문이다. 가로 1.5미터 세로 3미터 정도의 공간이다. 여느 동네에 흔한 지상 3층에 지하 1층짜리 상가 주택 건물이다. 건물 바로 앞에 가죽 수선집과 옷 수선집 광고판이 서 있다. 지하로 향하는 계단을 내려가면 깔끔하게 진열된 구두와 가방 등 가죽 제품들이 먼저 보인다.

계단을 내려가면서 나는 늘 '계세요'나 '저 왔어요' 하고 소리 내 알린다. 계단을 다 내려가 오른쪽으로 돌면 통로 왼쪽으로 옷수선집이 먼저 있다. 지하 공간을 둘로 나눠서 옷 수선집과 가죽 수선집이 있다. 옷 수선집 언니들하고 인사도 나누고 찐옥수수나 주전부리를 얻어먹기도 한다. 김용술이 없을 때는 언니들에게 볼일을 부탁하기도 한다.

가죽 수선집은 훨씬 좁고 안쪽이다. 가게문을 들어서면 오른쪽으로 짤순이가 있고 그 아래 바닥에 하수구가 뚫려 있다. 지하여서 그 하수구는 펌프로 외부 하수구에 연결돼 있단다. 오른쪽 구석에는 수도와 싱크대와 가스버너가 있고, 단단하게 매단 선반에는 각종 세제와 기구들이 놓여있다. 싱크대가 있는 벽에 창문이 나 있다. 운동화를 빨고 간단히 식사를 준비하고 설거지까지 하는 공간이다. 출입문의 왼쪽에는 양편으로 가죽 수선을 하는 작업대와 미싱과 기구들이 있고, 그 위로 오만 가지 색의 실타래들에서 나온

실들이 미싱에 연결돼 있다. 왼쪽 작업대 한쪽에는 세상을 들여다 보고 소통도 하는 작은 컴퓨터와 자판이 놓여 있다. 작업용 의자는 작업대 앞이나 밑이 제자리다. 여름이면 선풍기가 그쯤 어디에 놓이거나 벽에 걸리고, 겨울이면 선풍기형 난방기가 바닥에 놓인다.

좌우 작업대 사이 1미터 정도의 통로 끝에 방이 있다. 자는 곳이다. 방에는 늘 이불과 전기 장판이 깔려 있고, 가게를 향한 벽에는 텔레비전이 있다. 작업하는 동안 늘 시사 프로그램이나 교육방송을 즐겨 보고 듣는단다. 화끈한 성격이나 작지 않은 체구로 봐서는 좁게 느껴지겠다 싶지만, 나라면 '족하다' 여길 듯하다. 김용술이 먹고 자고 밥을 버는 공간이다. 김용술이 쓰는 온갖 물건들이 오밀조밀하고 빽빽하고 가지런하게 들어앉아 있는 모습을 보며, 정리에 젬병인 나는 김용술이 '기술자'라는 사실을 새삼 느낀다. 이 공간의 칸막이와 작업대와 선반과 방은 김용술이 직접 만들었다.

2차 인터뷰를 하려고 가게에 들어서자 자리를 정해줬다. "신발 벗고 방으로 들어가. 잡아먹지 않을 테니 걱정 말고". "누가 잡아먹게 놔두나?" 이불을 한쪽으로 밀고 방에 들여놓은 목욕용 의자에 앉아 가게 쪽을 봤고, 앉은 자리 바로 앞에 놓인 조금 높은 플라스틱 의자 위에 녹음용 핸드폰과 메모지와 필기구 등을 놓았다. 김용술은 가게에 앉아 수선을 하거나 인터뷰에 집중했다. 2차 인터뷰를 시작하기 전에 조금 전 티브이에 나왔다며 강정마을 이야기를 먼저 꺼냈다. 마침 2014년 6·4 지방 선거 직전이어서 정치와 선거 이야기로 이어졌다. 정치적 견해가 많이 다른 70세 남성과 58세 여성이 정치, 특히 선거를 놓고 한바탕 토론을 했다. 섣부르게 접근하면 관계가 어그러질 수 있다. 되도록 말과 생각을 듣거나 물으며 내 이야기를 줄이려고 했다. 성공하지는 못했지만.

결과적으로 돈 달라는 이야기로 들려

김용술 제주도 강정 해군 기지를 반대하는 사람들 말이야. 내 생각에는 결과적으로 돈 달라는 이야기로 들려. 지금은 어떻게 할 수 없잖아. 방송 보니 공사 전에 주민 의견 수렴을 제대로 안 했고, 나중에도 해군 기지 공사라는 걸 숨기려고 했더라구. 근데 그렇다고 지금 와서 어떡해? 환경이니 뭐니로 반대해봤자 공사가 많이 진행됐고 원래대로 할 수는 없잖아. 최 선생은 어떻게 생각해?

최현숙 복원이 어렵다는 문제는 있지요. 근데 그게 대한민국이 아니라 미군 해군 기지인 거예요. 미군이 동아시아 군사 기지를 강정에 만들겠다는 건데, 왜 대한민국이 바다와 생명을 내주느냐고요.

김용술 그래? 미군 기지야? 그건 몰랐네. 그렇더라도 나라면 피해 보상이라도 제대로 해라 그럴 거 같아. 나쁘다는 게 아니고 어쩔 수 없으면 나 살 궁리를 해야 현명하지. 생태니 평화니 주장하는 사람들 보면 나같이 무식한 사람이 보기에는 결국 (손으로 동전 모양을 만들며) 이거 더 달라는 말로 들려. 그걸 감추고 평화니 뭐니 내세운다 이거지. 저렇게 진행된 공사를 뒤로 물릴 수는 없는 거잖아. 보상이나 받고 떠나야지 별 수 있어?

최현숙 지금까지 싸우는 사람들은 돈 문제는 아니라고 봐요. 지금까지 싸우는 사람들 중에는 보상받을 일 없는 사람들도 많구요. 평화와 생태 관점에서 절대로 들어서지 말아야 한다는 확신을 갖고 다른 지역에서 온 사람들도 많거든요. 보상은 고사하고 반대 운동하다가 맞은 벌금이 3억 원을 넘었거든요.

김용술 그건 그러네. 근데 싸워봤자 이길 수가 없는 싸움이잖아.

최현숙 당장은 약자가 지겠죠. 한국한테 미국이 이기고, 시민한테는 국가가 이길 거예요. 그렇지만 이 싸움에서 지더라도 같은 일이 반복되지 않게 하려면 필요한 싸움이죠. 밀양 송전탑이나 평택 미군 기지 문제를 봐도 중간에 타협하고 물러나면 그렇게 계속 밀어붙일 거라고요. 저렇게 반대 해도 정부가 계속 밀어붙이면 결국 밀려난다. 이렇게 되죠. 질 것을 알면서도 싸워요. 그렇다고 그 싸움이 의미 없다고 할 수는 없지요.

김용술 맞어. 내가 종일 여기서 혼자 일하면서 뉴스나 시사 프로를 많이 보거든. 그래도 요즘은 전보다는 많이 나아졌다고 생각해. 그렇게 무서운 시대는 아니잖아.

최현숙 정치적 의사 표현은 조금 나아졌지요. 전처럼 쥐도 새도 모르게 살해당하거나 시신도 못 찾은 경우는 안 보이니까요. 그렇지만 그런 변화도 많은 사람들의 희생 덕분에 얻은 성과지요. 피로 얻은 민주주의라고 하잖아요. 그렇게 인생 전체를 걸고 국가에 맞서 싸우는 걸 누가 얼마나 할 수 있겠냐고요? 절대 다수의 사람들은 포기할 수밖에 없어요. 성과도 예상할 수 없고 희생과 고난은 빤히 보이고.

김용술 맞어. 우리 아버지도 그렇게 당하고 뺏기고는 포기하고 사느라고 술만 자시다 돌아가신 거야. 싸워도 인생 다 걸리고, 안 싸워도 인생 망가지고. 내가 만일 교육을 많이 받았으면, 내 승질로 보면 박정희나 전두환 때 이미 죽었을 거야. 근데 이상도 좋지만 나는 현실적인 판단이 필요하다고 생각해. 국책 사업들을 밀어붙이는 건 국익을 위해서지.

나는 잘 모르지만 아마 보수일 거야. 김대중하구 노무현도 진보라고 봐. 북한까지 갔다왔잖아. 세상은 가진 자가 이기는 거야. 그러니 없는 사람들은 똘똘 뭉쳐야 돼. 정치하는 놈들 투표할 때나 찾아오지 투표 끝나면 입이나 뻐끔하는 놈이 있어? 진보니 보수니 다 국민을 입에 달고 살면서 국민을 팔아먹는데, 지네가 가난한 사람들을 뭘 알아? 특히 진보, 제발 좀 우리 걱정하지 말고 지네 걱정이나 하라 그래. 맨날 지네들끼리 싸우구 찢어지구.

별루 도움 안 되는 얘기지만 정치권에 별 괴상망측한 죄를 지은 놈들 많더만. 이번 선거 후보자들 중에 30프로가 범죄 경력이 있대. 내가 버스 운전하러 안성에 가 있을 때 선거가 있었어. 후보를 잘 모르니까 사람들한테 물어봤어. 그랬더니 후보가 하나는 깡패 출신이고 하나는 행정 출신이래. 그래서 나는 보수니까 행정 출신을 찍었어. 근데 깡패 출신이 되더라구, 범죄도 많이 저지른 놈인데. 그게 정치구, 선거야.

통진당 이석기 보도 보니까 알오R.O.라는 조직에서 똑똑한 놈들 데려다 시키는 대로 하게 키웠다고 하더라구. 하는 짓들이 유병언이나 전도관, 그런 사이비 종교 집단이나 조폭 집단 하는 거랑 똑같아. 이번 세월호 사건은 사회 구조의 병폐라고 봐. 박근혜 대통령이 말하는 관피아나 공무원들의 안이한 생각, 그게 제일 문제야. 공무원들 개조 안 하고는 안 돼. 공무원만 되면 철밥통이잖아. 처신만 잘하고, 위에 잘 바치고, 크게 걸리지만 않으면 끄떡없잖아. 대한민국은 유병언이 같은 사이비 교주가 나라를 쥐고 흔드는 그런 구조야. 박태선이 세운 전도관이나 문선명이 세운 통일교, 그게 다 유병언이 구원파랑 비슷한 거지. 내가 결혼 전에 전도관에 다녔구, 애들 엄마도 거기 어린이부 교사랬잖아. 그때 박태선이가 신앙촌을 만들었어. 거기가 뿌리가 돼서 우리나라 사이비 종교들이 모두 나왔다고 봐. 나중에 제정신 들어서 보면 그게 다 완전 사기꾼 집단이야. 근데 공무원들 하는 짓이 그거랑 도낀개낀이라니까.

남편들 월급을 통장으로 넣어주면서 여성 상위 시대가 된 거야

나 어릴 때는 여자가 다닐 직장이 없었어. 벌어먹을 만한 직업이라고 할

게 없었지. 아닌 말로 직업여성 하면 몸 파는 애들을 말하는 거였잖아. 특출난 여자 아니면 기껏해야 미쓰 때 비서밖에 없었어. 근데 비서 해봐야 남자들한테 못된 짓만 당했잖아. 그때는 여자가 천대받았지. 모든 실권을 남자가 쥐고 있었고. 지금은 여자가 먼저고 엘리트도 더 많아. 여성 상위 시대가 된 게 내가 보기에는 남편들 봉급을 통째로 통장으로 넣어줄 때부터야. 집안 실권을 여자들한테 준 거지. 술 한잔할래도 여자한테 용돈 받아야 하고. 그게 70년대 중반에 확 퍼졌을 거야. 기업들보다 공무원들이 먼저 한 거 같애. 거기서 여성 상위가 시작된 거야.

최현숙 월급 통장 이야기는 참 재미있고 일리도 있네요. 그렇지만 그건 가정 안에서 벌어지는 일이고 전체 사회를 설명하기는 어려워요. 특별한 여성들만 그렇지 지금도 통계로는 여성이 하위인 게 분명하죠.

김용술 직장이나 사회는 그렇기는 하지. 워낙에 사회가 그렇게 굳어졌으니까. 그래도 월급 통장을 여자가 갖고 있으니까 여성 위주가 된 거야.

맞고 사는 남자도 많대. 아, 명품 가방이니 그런 걸로 문제되는 사람들 봐. 죄다 여자들이잖아. 여자도 돈 많으면 상위가 되는 거야. 남자냐 여자냐보다 돈이 많으냐 없느냐가 더 문제라고 봐. 돈이 주인인 세상이잖아, 언제부턴가.

강정 이야기가 사회적 사안으로 이어졌다. 사회 문제에 대한 의견을 갖게 된 경험과 맥락을 자세히 듣고 싶었다. 언젠가부터 김용술은 나를 진보로 봤다. 사회 문제를 이야기하면 김용술은 '나같이 무식한', '별로 도움이 안 되는 얘기지만', '이건 내 생각이니까 들어봐' 같은 말을 먼저 했다. 판단이 다르다고 전제한 뒤 대화한 덕에 감정이 실린 논쟁보다는 서로 이해하는 대화가 됐다. '내가 많이 배웠다면 벌써 맞아 죽었을 거다'라는 대목에서 저항은 배운 사람들 몫이라고 생각하는 듯했다. 못 배우고 가난한 사람들은 저항이나 사회

참여보다는 생존 자체가 더 중요하다는 생각과 자기 방어다. 나는 그 판단이 옳다고 생각한다. 북한을 다녀온 사람을 진보에 연결하는 태도는 보수 정치 세력들의 전략이 잘 먹힌 탓이다. 세월호 참사의 원인을 공무원 사회의 부패로 지적하면서도 대통령이나 정치 지도자들을 비판하지 않았다. 자기 계급에 기반하지 않고 재벌이나 정치 지도자들의 눈높이로 세상을 보고 있다.

용돈 하라고 돈 꽂아주고, 사람 사는 게 다 그렇게 돌아가

군대에서 35개월 23일을 살고 73년도 3월 말에 나왔어. 나야 운전도 하고 양복 기술도 있으니 제대한 뒤 걱정은 없지. 제대 전에 사회 면허 1종을 땄어. 군대 면허로는 사회에서 운전을 못해. 군산 큰형님이 택시 회사를 소개해줘서 택시 운전을 했어. 집사람도 형님네 식당 일을 계속하고. 어려서 살던 해망동에 다시 방을 얻어 딸하고 셋이서 살림을 냈어. 거기서 택시 운전을 10개월 정도 했어.

당시는 새나라(한국 지엠의 전신)에서 나온 택시는 다 들어가고 신진에서 나온 코로나 택시가 뽀대나게 달릴 때거든. 택시도 적어서 수입이 좋을 때야. 택시 하면서 미군 부대랑 기지촌 덕을 많이 봤지. 캬바레 앞에 택시 대놓고 있으면 미군들하고 양색시들이 바글바글해. 그때는 통금이 있었잖아. 새벽 4시부터 밤 11시 반까지 이틀을 운전하고 다음날 하루를 꼬박 쉬면, 월급이 4만 5000원 나와. 거기에 매일 사납금 내고 남는 일당은 인 마이 포켓이지. 보통 봉급쟁이보다 벌이가 훨씬 좋았지. 2만 5000원, 3만 원이 보통 사람들 월급이었어. 택시 기본 요금이 90원이었어. 하루 입금액이 6000~7000원이고. 나 들어갈 때 지리도 모르고 처음이니까 하루에 6000원만 내세요 하드라구. 내가 군대 가서 배운 게 눈치잖아. 모르는 척 모질라는 척하면서 어떤 날은 5000원도 내고 5500원도 내고 그랬어. 그러구는 하루에 만 원 정도를 꼬박꼬박 챙기는 거지. 하루는 차주가 '슬슬 끌고 다녀도 7000원 입금하고 최소한 하루에 5000~6000원은 더 가져가겠다. 니들 너무 한다' 그러는 거야. 근데 내가 7000원을 내면 다른 기사들이 난리를 쳐. 밥 먹으러 기사식당 가면 고참 기사가 오늘 입금은 얼마다 하고 말해줘. 날씨따라 요일따라 조금씩 달라져. 그걸 안 지키고 더 입금하면 기사들한테 미움을 사지.

그때는 전주, 이리, 군산이 교통이 안 좋아서 총알 택시가 많았어. 군산하구 이리 사이에 하나, 이리하구 전주 사이에 하나씩 교통경찰이 서 있으면서 속도 위반 벌금 대신 삥을 뜯어. 그때는 다 그랬어. 악랄하기로 소문난 교통이 한 놈 있었어. 이리 기사 하나가 사촌형이 검찰청에 있었는데, 그 교통 옷을 벳긴다고 작심을 했어. 그러구는 일부러 그놈 앞을 쌩 하고 달린 거야. 당연히 걸렸지. 빳빳한 지폐루 500원을 주니까 얼씨구나 하고 좋아하더래. 그때 이순신 그려진 500원짜리 종이 돈이 막 나왔거든. 기사가 백지 하나를 주면서 여기에 싸인 하나만 해 달라, 사납금 못 내는 이유를 설명해야 한다 그런 거야. 그니까 그놈이 '에이 새끼야' 하면서 500원을 도로 던지더래. 싸움이 붙구, 결국 그 교통 새끼 옷을 벗겼어.

신참 교통들이 있어. 걔네는 잘 잡지도 않아. 우리랑 서로 인사도 하고 잘되냐고도 하고. 그런 신참 교통들은 알아서 눈감아주고, 그러면 용돈 하라고 주머니에 돈 꽂아주고 그랬어. 사람 사는 게 다 그렇게 돌아가고, 그게 처세술이야. 안 그랬으면 있는 거마저 뺏기는 거야. 배운 놈들 가진 놈들이 뒤로 더 지랄을 치며 세상 사는 거 아냐? 밑바닥 인생일수록 세상 물정에 더 빠삭해져야 살아남는 거야.

나는 지리를 모르니 손님이 가자는 대로 가. 다른 기사들은 길 안 좋으면 안 가. 그때는 새마을운동 한다고 파헤쳐서 길이 엉망인 데가 많았어. 길만 뚫어놨지 바닥을 다지지 않은 거지. 멀쩡해 보여도 잘못하면 차가 빠져서 못 나와. 다섯이 타든 셋이 타든 한 팀으로 태우고. 다른 사람들은 한 명씩 여러 팀으로 합승을 시켰거든. 그렇게 벌어서 월급은 집에 주고, 일당 꼬불친 거는 술 처먹고, 캬바레 가고, 기집질하고. 그래도 10개월을 하니 50만 원이 모였어. 집사람은 기집질하는 걸 몰랐지. 일당 만 원도 모르고. 그때 정말 못된 짓 많이 했네. 늦게사 성의 희열을 알아서 돈만 있으면 계집질이었어. 유부녀나 처녀들이 아니고 술집에 몸 파는 애들 데리고 노는 거야. 허무하고 말 게 어딨어? 오히려 책임이 없으니까 편하지. 술집 기지바들이랑 하룻밤 풋사랑은 했을망정, 따로 길게 만나고 살림 차리고 그런 거는 없었어. 나중에 집사람이랑 이혼할 때랑 그다음에는 살림도 차려봤지만. 캬바레서 만난 여자들이랑도 여관은 뻔질나게 드나들었는데, 길게 연애하고 그런 거는 없었어.

속초서 양복점을 크게 늘렸어

그러구 사는데 어머니가 '이놈아, 좋은 기술 두구 왜 하필 그 위험한 운전을 하냐' 그러셨어. 양복 기술 얘기지. 나는 어머니 말은 순종했어. 둘째 딸이 갓난쟁이 때야. 그래서 식구들 데리고 속초로 다시 들어가서 돈 50만 원으로 양복점을 냈어. 상호가 '뉴서울 양복점'이야. 가게 얻어서 보증금 없이 10만 원으로 1년 깔세 내고, 미싱 사고, 기지(양복 천) 걸고, 그게 25만 원 들더라구. 가게 수리니 뭐니 전부 35만 원으로 땡이야. 택시 기사 벌이가 그렇게 좋았어. 지금 하려면 몇 천만 원 들어가지.

금호동에서 양복점을 하다가 75~76년도에 속초 시내에 있는 양복점을 인수했어. 변두리 있다가 크게 늘린 거지. 그게 '서파 양복점'이야. 있던 이름을 그대로 썼어. 나중에 보니 충무로에 '서파 양복점'이라고 오래되고 유명한 양복점이 있더라구. 여적지도 그 자리에 있을걸, 아마. 나는 주로 예식하는 신랑들 상대로 코로나 자동차를 서비스로 대주면서 양복 주문받는 식으로 사업을 늘렸어. 영동방송에 광고까지 하면서 잘나가던 때야.

내가 공부를 좀더 했으면 생각한 거는 양복점 할 때야. 양복점을 하다보니까 영어도 읽을 줄을 알아야겠더라구. 그래서 독학도들이 많이 보던 《중앙통신 강의록》을 사서 혼자 공부했어. 근데 영어하고 수학은 혼자 못하겠더라구. 기초가 없으니 도무지 진도를 못 나가는 거지. 그게 책자루 돼서 우편으로 오는 통신 교재였어. 독학하던 사람들은 다 그걸 했지. 책을 주문하면 보내줘. 나는 검정고시를 보거나 학교를 더 다닐려고 한 게 아니지. 그냥 모질란 배움을 채우려고 한 거야. 근데 머리에 여엉 들어오질 않아서 길게 못했어. 지금처럼 라디오니 티브이니 동영상이니로 했으면 나도 벌써 대학까지 마쳤지. 영어 발음 혀 꼬부라지는 거를 그림으로 그려놨는데, 그걸 어떻게 따라 해? 그래도 그때 지랄하고 붙잡고 공부한 거 때문에 알파벳도 다 알고 간단한 단어는 대강 읽어.

막내가 에이치아이디 왕초를 죽인 거야

양복점을 시내에 내느라고, 아버지랑 지은 그 집을 팔아먹었어. 그 얘기를 하려면 우리 가족 얘기가 나와야 돼. 금호동에서 속초 시내 큰길로 나가려니까 돈이 좀 모질랐어. 기지바들은 모두 시집가고 어머니는 서울 와서 누나네 있고. 막내 남동생만 방 하나에서 잠만 자고, 나머지는 전부 세를 줬댔어. 근데 그러다가 막내가 사고를 쳐서 사람 하나를 죽이는 일이 터졌어. 그 사건 날 때는 내가 군대에 있었지.

최 선생도 알지 모르지만 에이치아이디라고 있잖아. 실제로 북쪽에 넘어가는 애들은 범죄자나 감옥 갈 애들을 주로 썼다는 말도 있더라구. 사면해준다면서 가족한테도 못 알리게 하고 비밀로 보내는 거지. 그러다가 가서 죽으면 그만이고 살아 돌아오면 한 번 더 갔다 와라 하는 거지. 그러다가 두 번 세 번 다녀오면 이중간첩 아니냐면서 잡아가고 죽이고. 근데 그 북파하는 애들 교육시키는 기간병들이 따로 있을 거잖아. 아무데서나 자기 직업 이야기를 못해. 비밀 조직인 거지.

에이치아이디 부대가 속초항 바닷가에 있었어. 배도 있어야 되니까. 본부는 속초 위 간성에 있고, 육지 훈련은 설악산서 하고. 우리 집 있던 동네에 에이치아이디 부대 사람들이 많았어. 588이 우리 동네 아래로 가까웠거든. 근데 교육 다 끝나고 바로 며칠 뒤가 이북으로 넘어가는 날이다 하면, 그전에 특박을 나와. 조를 짜서 나오고, 기간병 하나가 감시병으로 붙어. 그러구는 하고 싶은 거 다 하게 해줘. 술 먹고 여자랑 자고, 먹고 싶은 거 다 먹고. 마지막 소원이라며 다 들어주는 거야. 대신 사고만 안 치면 돼. 감시 겸 따라붙은 기간병이 쫓아다니면서 돈을 다 내줘.

금호동에 낸 양복점 바로 옆이 전파사였는데, 그 전파사 친구 놈이 교육을 시키는 하사관이었어. 걔들 특박 나가면 얘한테 연락이 와. 우리 애들 특박 나가니까 싸움 나지 않게 조심해주라 하고. 한 세 놈만 가게에 오면 물건이 왕창 없어져. 한 놈이 사는 척하고 주인 붙들고 있고, 나머지 놈들은 주워 담는 거야. 그러면 모르는 척하고 보내놓고는 그 하사관 친구한테 전화를 해. 어떻게 어떻게 생긴 놈들이 가게에 왔다 갔는데 뭐뭐뭐가 없어졌다 말하는 거지. 인상 착의를 대면 다 알아. 그럼 그 하사관이 걔네들 불러서 '너네 어제 어디어디 갔지? 거기 내 친구 가게인데 가져간 거 내놔라' 하는 거지. 그러면 또 두말도 않고 다 내놔. 걔네들이 또 그런 의리는 있거든. 특박 나온 밤이면 당연히 588을 가야지. 588 그게, 서울 청량리에만 있는 게 아니고 속초 금호동에도 있었어. 번지수는 588이 아닐텐데 **청량리 588**을 따서 그렇게 부르는 거겠지. 그 588을 돌아서 산중턱 너머 우리 집으로 올라가는 길이 있었어. 588 옆에는 막걸리 파는 술도가가 하나 있고. 소매상이나 술집에서 주문하면 자전거로 갖다주는 술 도매상이지. 막내친구가 그 술도가에서 일을 했어. 그러니 또래들이 거기서 자주 모여 놀다가 장사 끝나면 우리집으로 오는 거야. 어른도 없고 하니 술을 더마시기도 하고, 놀다 자고 가기도 하고. 나는군대 있을 때지.

청량리역 근처 성매매 집창촌 지역이다. 실제 주소는 서울시 동대문구 전농2동 620~624번지이며 한때 588번 버스가 지나가던 노선이어서 생긴 이름이라는 말도 있다. 청량리역은 한국전쟁 때 경원선 종점이었다. 강원도 철원, 화천, 양구 등 동부전선 격전지로 떠나는 군인들을 상대로 만들어졌다. 서울시가 2012년 12월 10일 만든 '청량리4구역 재정비촉진계획 변경안'에 따라 지금은 초고층 주상 복합 건물들이 들어섰다.

하루는 막내가 친구들이랑 그 집에서 술을 취하도록 먹고 우리집으로 오다가 에이치아이디 왕초 한 놈을 만난 거야. 그놈은 588 일대를 쭈물럭쭈물럭하는 놈이었어. 포악하고 무서운 놈인 거지. 북에 갔다 온놈인지 갈 놈이었는지는 모르겠어. 588에서 살다시피 했대. 동생 친구너댓 놈이 술 먹고 올라오다가 그놈이랑 만난 거야. 걔네들은 어떤 놈인지도 모른 거야. 동생 친구 중 작달막해서 별명이 꼽추라는 놈이 있는데, 그놈이 같이 걷다가 뒤쳐져서 안 보이더래. 막내가 내려가서 보니까그 왕초 놈한테 꼽추가 맞고 있는 거야. 말린다고 달려들었다가 오히려두들겨 맞은 거지. 동생이 열일곱인가 여덟일 때야. 이놈이 술도 취했겠다 화딱지가 나니까 맞다 말고 바로 옆 색싯집 부엌으로 들어가서, 칼을 집어 들고 나와 찔렀어. 근데 죽은 거야. 놀래 가지구 일단 숨었나봐.

경찰두 경찰이지만 그 에이치아이디 대원들이 동생을 찾는다구 온 동네를 뒤집어. 색시들이며 동네 사람들이 동생 있는 데를 안 가르쳐준 거야. 그 왕초란 놈이 원체 개망나니니까 다들 속으로는 잘 죽었다 한 거지. 경찰들도 그 새끼 땜에 맨날 싸움 나서 속을 썩었으니, 속으로들 잘 죽었다 하는 거야. 경찰에서도 동생 이름이랑 주소를 알면서도 안 가르쳐 줬어. 알려주면 살인날 게 뻔하니까. 오죽하면 경찰들이 수소문해서 동생을 찾아내서는 이러고 있으면 죽는다면서 유치장에다 숨겨놓았겠어. 친구네서 자고 있는데 경찰이 사복 입고 몰래 와서 살려면 조용히 따라와라 해서 데려간 거야. 유치장에 있어야 그놈들이 동생을 더 못 찾을 거잖아. 인상 착으니 해서 에이치아이디 놈들도 죽인 놈이 누군지는 대강 알 거 아냐. 눈에 띄기만 했으면 뼈도 못 추리고 죽는 거지.

그렇게 해서 목숨은 살려놓고 결국 재판을 해서 7년을 받았어. 그때 서울 어머니한테는 거짓말을 했지. 친구들하구 어울려 가출해서 어디를 갔는지 소식이 없다고. 나도 제대하고 와서야 들었어. 동생이 강릉교도소에 있을 때야. 내가 속초 와서 양복점 할 때도 어머니는 항상 그 집은 막내 몫이다. 집 나간 놈이 언젠가는 돌아올 거다 그렇게 말했어. 나도 그렇게 여기고 있었고. 그러다가 나중에 양복점 늘리면서 어머니한테, 나중에 막내 오면 집값을 걔한테 줄 테니 지금 이걸 팝시다 해서 판 거야. 그걸 팔고 다른 돈 합해서 속초 시내에 양복점을 낸 거지.

나도 에이치아이디한테 당할 뻔했어

그전에 나도 걔네들한테 당할 뻔한 적이 있어. 결혼 전에도 술집 가면 기지바들이 진짜 줄줄이 붙어댔어. 그때는 스탠드바 나오기 전에 방석

집이 있었고, 더 화려한 걸로 맥주집도 있고 그랬어. 나는 단골 손님이지. 돈 번 거 다 글루 들어간 거야. 호기심이고 집착이겠지. 여자만 보면 건들려고 그런 거야. 사랑은 없고 육체적인 성욕만 있는 거지. 대시는 적극적으로 하지만 싫다는 여자는 절대 안 건드려. 그건 내 철칙이야. 젊어서 술집 가면 양복점 사장이지, 돈 잘 쓰지, 인물 좋지, 하자가 없는 거야. 그러니 벗겨 먹을려구 붙는 거지. 그때만 해도 좋아서 오는 줄 알았어.

한번은 갔더니 남자 둘이 기지바들 끼고 앉아 술을 먹구 있더라구. 내가 들어가니까 거기 앉아 있던 기지바 하나가 쫄쫄 와서는 내 귀에 대고 에치아이디야 그래. 혹시라도 시비 붙을까봐 얼른 가라고 했는데 이 기지바가 안 가구 밍기적거리는 거야. 내 옆에 찰싹 붙어서. 그 새끼들이 슬그머니 나가서는 나를 나오라고 부르는 거야. 주인 불러서 시키는 거지. 내가 무슨 죄가 있어? 기지바한테 가라 그래도 안 간 건데. 안 나가고 앉아 있었어. 밖에서 기다리다 안 나오니까 한 놈이 쓰윽 들어와서 나오라고 또 그러구 가더라구. 나가면 어떻게 되는 거 아니까 나는 안 나갔지. 그때 그 기지바가 자기 방으로 얼른 숨어라 이거야. 일단 기지바 방으루 숨었어. 술집 2층에 기지바 방이 있었거든. 근데 아까 그놈이 또 나오라고 소리치면서 들어오는데, 그 기지바가 벌써 나갔는데요 그러네. 걔네가 문 앞에서 지키고 있었는데 나갔다는 게 말이 돼? 그러니 그놈들이 내가 홀에 없는 거를 보고는, 여기저기를 뒤지는 거야. 근데 나도 머리가 나쁜 놈이 아니거든. 그때 그 기지바가 나더러 그래. 왜 그 자크로 쭉 닫는 비닐 옷장, 그래 비키니 옷장! 그때는 다들 그걸 썼어. 나도 떠돌이 때 그거 많이 썼지. 그 기지바가 나더러 지 비키니 옷장 안으로 숨으랬는데, 난 좀 찜찜하더라구. 그래서 방문 뒤로 숨었어. 문을 안쪽으로 밀어 열면 방 귀퉁이에 삼각형으로 공간이 생기잖아. 거기 딱 붙어서 숨은 거야. 기지바가 그놈들보다 먼저 들어와서 그걸 안 거야. 그러니 그놈들이 들어서니까 일부러 문짝 앞에 서서는 없다고 잡아떼는 거지. 그놈들이 옷장부터 뒤지더라구. 그러니 기지바가 '없잖아, 없대니까, 아까 나갔다니까' 하면서 문짝 앞에 서 있는 거지. 한 놈이 이 새끼 튀었다고 하면서 옥상으로 뛰쳐 올라가더라구. 그 동네 집들은 옥상에 올라가면 조금만 뛰어도 옆집 옥상으로 건너갈 수 있게 붙어 있었어. 그러니 당연히 옥상 타고 튀었다고 생각하는 거지. 그러구서는 지네들끼리 이 옥상 저 옥상 이 골목 저 골목을 뒤지는 거야. 그러니 내가 그 방을 나올 수가 없잖아. 그날 밤 핑계 김에 그 기지바 데꾸 잤지, 하하하.

속초서, 안성서 도박도 좀 했어

그때 내가 참 지랄 옘병을 다 했어. 도박하는 애들을 타짜라 그래. 내가 또 그걸 해봤거든. 새벽까지 치느라 오전 늦게 양복점을 열면 '여어 서파 사장, 엊저녁에 얼마 잃었다면서요' 하고 한 놈이 지나가. 벌써 소문이 쫘악 깔린 거지. 그러다 보면 또 다른 놈이 와서 '사장님, 내가 찾아줄게요. 두 배로 찾아준다구요' 그러고 가. 조금 있으면 다른 놈이 와서 '사장님, 절대 저 놈들한테 속지 마세요. 그놈들이 모두 한패입니다' 그러구 알려줘. 노름하는 데를 하우스방이라 그래. 거기 노상 붙어 있는 놈들은 다 한패로 보면 돼. 지들만 아는 은어로 말을 해. 나 같은 사장이니 뭐니 하는 꾼 아닌 사람들은 들어도 몰라. 일상 대화야. '짜장면 몇 개 시켜라', '속이 안 좋아서 우동이다', '오늘은 니가 사라' 하는, 그게 다 다른 뜻이 있는 거야. 그러면서두 지네끼리 쌈질도 하고 돈을 따고 잃고 하면서 패거리 아닌 척하는 거지. 그렇게 밀어주고 잃어주고 하면서 나 같은 쑥맥을 벳겨 먹는 거야. 나중에 지들끼리 돈을 나눠갖구. 거기서 내가 노름이라는 게 이런 거구나 하고 알았어. 나는 도박까지 간 거는 아니야. 좀 해보다 무서워서 얼른 털었어. 나는 중독되고 그런 건 없어. 술이구 담배구 도박이구.

나중에 95년경에 안성서 버스 운전할 때도 기사들이랑 좀 했어. 택시 때도 마찬가지구. 기사들이 많이 해. 버스 제일 먼저 일 끝나는 놈이 휴게실에다 카드 판을 벌여. 첫 마감이 11시 10분이고 12시 안에 모두 끝나. 그러면 차례차례 들어와서 끼는 거야. 삥땅 친 돈으로 하기도 하고 따로 판돈을 챙겨오기도 하고. 진짜 꾼들은 전국을 다니면서 버스 기사 신입으로 들어가는 거야. 전문 타짜들이지. 운전은 대강만 하구 카드로 하루 저녁에 몇 백씩 버는 거지. 물 흐려지면 다른 버스 회사로 옮기구.

노름판을 보면 하우스장이 있어서 여관이든 누구 집이든 그때그때 물색해서 장소를 알려줘. 정해놓고 하면 더 위험해. 하우스방 한 사람 회비가 500만 원이라구 하면 보통 여섯이니까 3000만 원이잖아. 그걸 하우스장이 일단 챙기지. 거기다 삥땅 뜯는 게 보통 100만 원에 10만 원에서 15만 원이야. 근데 하우스장이 그렇게 1000만 원을 걷었다 하면 진짜 그놈 주머니로는 일이백 정도 들어가. 우선 진 놈들한테 한 놈당 50에서 100씩을 개평을 줘. 그러구 경찰관한테 300~400을 주고, 경찰 연락 맡은 끄나풀한테도 얼마씩 줘. 경찰관도 더 높은 놈한테 또 바쳐야 하고. 이게 돌아가는 고리야. 그렇게 해야 단속 있는 날 미리 다 연락 오고. 만에 하나 걸려도 쉽게 나오고 그런 거야. 경찰한테도 잘 멕이고, 진 놈들한테도 개평을 잘 줘야 사고가 없어. 그게 다 보험이지. 세상이 다 그러구 돌아가.

맞춤 양복점이 사라지기 시작했어

하여튼 양복점 넓히고도 장사는 잘됐어. 근데 주인이 해마다 가게 세를 꼽빼기로 올리는 거야. 첫 해에 1년 깔세가 25만 원이었는데 1년 지나니까 50만 원을 달래. 그때는 아무 말도 안 하고 줬어. 깔세는 1년치를 선불하는 거야. 다음 해에는 100만 원을 달래서 80만 원인가로 타협을 봤어. 그다음 해에는 150을 달래. 그래서 내가 '내년에는 300 달래겠네' 그랬더니 '그건 그때 가서 보면 안다'는 거야. 그래서 내가 야 이 도둑놈아 하고 싸우고는 이사를 가든지 할 생각을 했어. 그때가 반도패션(LG패션의 전신) 나오구 맞춤 양복점들이 사라지기 시작할 때야. 기성복이 잘 나오고 싸니까 맞춤복이 사양길이 된 거지. 그래도 양복점 해서 돈을 좀 벌었어. 돈을 집사람한테 안 맡기고 내가 관리를 했어. 집사람도 불만이 없었고. 불만 말하고 콩이니 팥이니 따지고 그런 스타일이 아냐. 현모양처, 순종적인 여자였어. 내가 나쁜 놈이었지.

가겟세도 그렇고, 건물주랑 싸움도 했고, 맞춤복은 사양길이고. 그래서 이사하는 김에 양복점 때려치우고 집사람이랑 같이 양품점을 냈어. 여자들 기성복을 서울서 떼다가 파는 거야. 그 핑계로 서울 오면 맨날 술 먹고, 춤추러 가고, 하룻저녁 기집질하고. 어딜 가나 그 버릇을 못 고쳐. 근데 양품점이 재고 때문에 힘들더라구. 재고를 바꿔주기는 해. 바꾸러 가면 재고만 바꿔? 몇 개래도 더 사게 되잖아. 이상하게 재고 나는 집옷은 계속 재고가 나. 그러니 재고 물량이 쌓이는 거야. 그때는 땡처리구 없었어. 그러다가 속초 중앙극장을 헐고 그 자리에 백화점식 상가 건물 큰 게 들어섰어. 극장은 쪼그만해지고. 오픈에 맞춰 양품점이 들어간 거지. 임대료가 비쌌어. 옛말에 처음 들어간 놈 망하고 나중 들어간 놈 흥한다고, 선택이 너무 빨랐어. 결국 처분을 하게 됐어. 돈을 많이 잃었지. 78~79년도 즈음이야. 애는 셋 낳았을 때지. 70년, 73년, 77년 그래.

그러구는 우리 식구 살던 춘천 살림집을 개조해서 찻집을 내구, 뒤에다 비밀 비디오방을 낸 거야. 불법 섹스 비디오지. 찻집은 차도 팔고 술도 팔고 하는 집이야. 아가씨는 처형 딸이랑 걔 친구 하나를 데려다 놨어. 그때 서울 종로, 청계천, 세운상가, 그런데서 몰래 테이프를 사다가 트는 비디오방이 유행하고 난리였어. 여러 비밀 루트를 간첩 접선하듯이 옮겨가면서 몰래 만나서 사는 거야. 한 번 상영에 무조건 2만 원이었다가 나중에는 3만 원으로 올렸지. 열이 보든 혼자 보든 무조건 한 번 틀면 3만 원이 나오는 거지. 그룹으루 오기도 하고. 보러 오는 사람은 모두 남자고 여자는 거의 없어. 테이프 하나가 10만 원, 최신 오리지날 비싼 거는 20~30만 원 그랬어. 속초서 나보다 먼저 하든 놈들이 있었어. 테이프를 몇 번 틀면 새로운 거 보여줘야 돼. 그러니 테이프 사느라고 돈 들고, 사러 서울 와서 술 먹고, 캬바레 가고, 기집질하느라 돈 들고. 아구우, 돈을 모으려면 버는 거보다 나가는 거를 잘 관리를 해야 하는데 그걸 못하는 거야 내가, 평생을. 나를 아는 사람은 내가 굶어 죽어도 저놈은 배 터져 죽었다고 할 정도로 재주가 좋았거든. 어디 사막에 내놓아도 먹구산다는 거지. 근데 씀씀이를 엉망으로 한 거야.

섹스 비디오방 그게 16밀리 영상으로 서울서 시작했어. 그때도 모집책이 있어서 열 명, 스무 명을 일단 모아. 그러구는 영사기 가진 놈에게 연락해서는 여관이든 창고든 사무실이든 빌리는 거지. 볼 사람들을 미리 다 모이게 해. 딱 시간 맞춰서 영사기 가진 놈이 와서 트는 거야. 완전 첩보 작전이야. 한 사람당 만 원이었어.

그때 비디오는 스토리가 많았어. 지금하고는 다르지. 지금은 섹스 장면만 나오잖아. 그때는 안 그랬어. 예를 들면 엄마가 아들을 너무 이뻐하면서 키워. 그러다가 아들이 크면서 등치가 좋아지고 성기도 커지고 하면, 아들에게 성욕을 품는 거야. 근친상간이지. 그렇게 스토리가 있고 섹스 장면이 있는 거지. 동네에서 도둑들이 집단으로 동네 여자들이랑 모여서 한다든가. 내가 성을 늦게 알았다고 했잖아. 얌전한 고양이가 뭐 어쩐다고, 뒤늦게 빠져서 헤어나지를 못한 거야. 비디오방까지 하니까 맨날 하는 게 그 짓이지.

성욕이나 섹스 이야기를 천박하다구 욕하는 건, 다 위선이야

사실 섹스 비디오들이 성생활에 도움이 됐다고 생각해, 나는. 체위랑 애무 그런 걸 교육한 거야. 속초에서 돌아다닌 에피소드가 생각나네. 배 타서 돈을 번 어부가 있어. 부인이 돈을 알뜰살뜰 모아서 속초에 기가 막힌 모텔을 만들었어. 손님들한테 비디오를 보여주고 다방 티켓 아가씨들 소개도 해주고. 그렇게 해서 여관들이 돈을 벌던 때야. 그 여자는 순진한 여자야. 근데 그때는 비디오를 방에 틀어주려면 카운터에서 쩍을 꽂아야 해서 카운터 텔레비전에도 비디오가 나오는 거야. 여자는 그걸 보면서 섹스를 알아간 거지. 그런데 남편은 모처럼 와서 해도 저만 싸고 금방 끝나는 거야. 그래서 누구한테 물어보니까 티켓 아가씨를 대주고 교육을 시켜라 그러드래. 그래서 티켓 아가씨한테 돈을 줘서 남편한테 붙인 거야. 좀 나아졌으려니 하고 마누라가 해보니까 똑같더래는 거야. 일일이 요구하기가 좀 그랬대. 바람피우냐고 의심할 것도 같고. 그래서 손님한테 비디오 틀어주는 일을 남편한테 슬쩍 부탁했대. 별 생각 없이 틀어주고는 남편도 카운터 방에서 보더래는 거야. 한 번 보구 마는 게 아니구 손님 없어도 자꾸 보더래. 여자가 똑똑한 거지. 그러면서 남자가 점점 달라지고 잘하더래는 거야. 그래서 성공했다는 에피소드가 속초에서 한참 이슈가 됐어. 여차하면 그 여자도 바람날 뻔했지. 나는 그런 섹스 비디오를 성인들도 못 보게 하는 건 문제라고 생각해. 법으로 막아놓고 음지에서 몰래 비싸게 돌게 하느니 열어놓는 게 낫다는 거야.

성폭력자들이 왜 생기는지 나는 알아. 전에 책을 봤거든. 독일 사람들이 유대인들 죽일 때를 배경으로 한 책이야. 책 이름이 '여관방'이야. 유대인들을 무대에 올려놓고 성관계를 하게 하고 독일 장교들이나 군인들은 관람을 하는 거지. 무대에서 한쪽은 여자가 남자를 목을 졸라 죽이며 성관계를 하고, 다른 한쪽은 남자가 여자 목을 조이며 성관계를 하는 거야. 관객들한테 어떤 변화가 일어나는지를 조사하고 연구하는, 뭐 그런 거지. 그 연구를 직접 한 여자 장교가 썼는데 아주 적나라하게 나와. 목을 졸리면 여자는 자궁이 무지무지하게 수축되고 남자는 성기가 팽창돼. 목 졸려서 죽기 직전에 상대는 희열이 최고가 될 꺼잖아. 그래서 남자들이 성폭행을 하면서 목을 졸라 죽이는 거야, 그 희열 때문에. 그리구 한 번 해보면 너무 희열이 크니까 또 하고 싶을 거 아냐. 그러니 상습범이 되는 거지. 심지어 잡혀갔다 나오구서두 또 하는 거야. 전자 팔찌니 뭐니 그런 게 소용이 없는 거지. 일본 영화, 제목은 생각이 안 나네. 그거도 보면 남녀 주인공 둘이 계속 더 자극적인 거를 찾는 거야. 그러다가 목을 조르면서 하는 희열을 서로 알게 되지. 결국 삽입한 채로 서로 목을 조르다가 둘 다 동시에 죽지. 나중에 경찰이 와서 붙은 몸을 아무리 떼어낼려고 해도 안 떨어지는 거야. 그래서 결국 그대로 묻었대나 어쨌대나. 충분히 있을 수 있는 얘기라고 생각해. 성욕이라는 건 자꾸 새로운 거, 자극이 쎈 거를 찾게 돼 있거든. 일본 소설 보면 그런 장면들이 많이 나와. 내 생각에는 그걸 아는 남자들이 그 희열을 참지 못해서 성폭행을 하면서 여자를 죽인다고 봐. 재범이 높은 것도 그렇고. 일본 잡지책 보면 성관계를 할 때 등 위에다가 돌 같은 거를 지고 하기도 하더라구. 통증을 느끼면서 쾌감이 는다는 거지. 통증하고 쾌감이 서로 상승 작용을 한다는 거야. 남자들이 사정하면서 느끼는 쾌감은 후련함이나 시원함, 그런 거지. 여자랑 남자는 100프로 달라요. 책을 읽어보면 여자는 삽입에서 오는 쾌감이 아니라 속삭이는 말이나 부드러운 손길, 체취 같은 것에서 흥분을 느끼더라구. 여자는 몸 전체가 성감대잖아. 남자는 거기에만 성감대가 있거든. 그러니 지 하고 싶은 대로 빨리 넣으려고만 하고 빨리 사정하고, 그래서 문제야. 여자들을 만족을 못 시켜. 그러다가 여자가 어떤 외간 남자를 만나서 그 남자의 부드러운 손길이나 말이나 애무를 잘 받고 쾌감의 절정을 알았다 그러면, 이제 남편하고는 하고 싶지가 않지. 그러니 여자는 바람나면 끝인 거야. 남자는 바람나도 돌아오거든.

최현숙 그 말은 지네만 바람피우고 여자는 바람을 못 피우게 하려고 남자들이 만든 말 같네요. 하하하. 요즘은 결혼 생활과 외도를 잘 관리하는 여자들도 많아요. 결혼이 성관계나 애정만으로 유지되는 건 아니니까요. 자식이나 경제적 이유가 좌우하지요. 가난한 사람들에게 가족이 해체되는 경우가 더 많아요. 싫은데 관계를 유지하면서 챙길 이득이 없으니까요.

김용술 돈 벌어오는 놈, 섹스해주는 놈 따로 두는 거지. 그건 돈 잘 버는 남자랑 사는 여자나 그렇고, 하하하. 이혼하거나 혼자 사는 노인들 보면 가난한 사람들이 훨씬 많더라구. 기대할 게 없으니까 자식들도 더 안 찾아오고. 하여튼 비디오방 하면서는 버는 건 짭짤했는데, 밑천도 많이 들어가고 벌금도 많이 냈지. 법원에도 끌려다니구. 그러다가 서울로 아예 이사를 가자고 하고 내가 먼저 왔어. 그걸로 우선 먹고살고 있어라 하고 집사람한테 비디오방을 맡기고 혼자 서울을 온 거야. 그게 내 큰 실수였어. 여자도 성욕이 있어서 그런 비디오를 자꾸 보면 바람이 날 수 있다는 거를 아예 생각을 못한 거야. 최 선생이 이런 얘기를 편하게 할 수 있게 해주니까 하는 얘기인데, 나는 사람이구 동물이구 성욕이 아주 중요하다고 봐. 성욕이나 섹스 이야기를 천박하다구 욕하는 건, 다 위선이야.

그때만 해도 여자들 성에 대해 아무것도 몰랐어

서울 와서는 마천동에 있는 배다른 형님네서 막내 남동생하고 셋이 방앗간 하던 형님네 가게 앞에서 야채 장사를 했어. 막내가 빵살이 끝나고 서울로 왔어. 삐까뻔쩍하게 잘됐지. 우리가 잘되니까 옆에 쌀집도 따라하더라구. 노인네가 아들 데려다놓고 우리 하는 그대로 좇아하는 거야. 우리가 왜 잘했냐면 도매상하는 젊은 놈 하나를 잘 물었어. 오이를 하루에 50짝 100짝을 소화하니까, 그놈도 우리를 밀어준 거야. 예를 들어 보통 열 개 100원으루 도매 나가는 거를 우리한테만 열한 개, 열두 개로 준 거야. 그 덕에 우리도 점점 많이 소화를 해주구. 아, 근데 그 새끼가 갑자기 죽어버렸네. 경동시장하고 청량리 야채시장 사이에 횡단보도가 있었어. 4차선이었나 6차선이었나? 새벽에 횡단보도 아닌 데서 무단 횡단을 하다 총알택시한테 콱 치여서 즉사해버린 거야. 우리는 걔랑만 거래했는데 끈 떨어진 뭐가 된 거지. 다른 도매상을 잡아도 걔랑 할 때처럼 잘되지도 않고 매상도 팍팍 떨어지더라구.

　야채 장사할 때 막내가 자주 속초를 들락날락했는데, 한번은 형수가 좀 이상합니다 그래. 춤을 추러 다닌다는 거야. 나도 춤을 췄지만 니가 배우면 이혼이다 그랬거든. 남자는 그냥 춤추는 건데 여자는 춤바람이 나는 거야. 아버지 산소도 속초에 있고 해서 나도 한 달에 한 번씩은 속초를 갔어. 속초 갔을 때 집사람 친구가 하는 스탠드바에 집사람을 데리고 갔어. 그러다 음악이 나오길래 춤을 추자고 했지. 고고를 추다가 지루박 스텝을 밟으니까, 아 이게 밟는 거야. 거기서는 뭐라 못하고 집에 와서 어디서 배웠냐 하니까 안 배웠대. 목소리를 높여서 다그치니까 하필 속초서도 제일 못된 놈한테 배운 거야. '미친년아, 아무리 선생이 없다고 그 개 같은 놈한테 배웠냐? 당장 그만둬' 하며 싸우구는, 안 하겠다는 답을 듣고 나는 다음날 서울로 왔어. 크게 싸우구 뭐 때리구는 없었어. 근데 다음에 동생이 또 다녀오더니 지 친구하고 바람이 났다는 거야.

내가 두구두구 잘못했다고 생각하는 게 바로 그거야. 나는 그때만 해도 여자들 성에 대해 아무것도 몰랐어. 사정만 하면 그만이고 여자가 어떤지는 전혀 생각을 안 한 거야. 한번은 속초 가서 집사람하고 성관계를 하는데 이 여자가 뭔가 많이 달라진 게 느껴져. 아주 적극적이고 신음 소리나 반응도 아주 달라. 근데 그때는 그것도 몰랐어. 여자는 나이가 들면서 더 하고 싶고, 잘하고 싶고 그런 거더라고. 그때 알았으면 안 헤어졌을 거 같아. 그때도 집사람이 설사 바람을 폈어도 이혼까지 갈 생각은 아니었어. 이혼은 나중에 내가 바람피우느라고 하자 그런 거야. 집사람은 자기 바람피운 걸 내가 안다는 거를 몰랐어. 나중에 생각해 보니 집사람 바람난 게 내 책임이더라 그 말이지. 지금 만나는 강 여사하고 성관계를 하면서 여자의 욕구나 오르가즘, 그런 거를 알게 됐어. 집사람 바람난 게 왜 내 책임이냐? 여자들은 서른이나 마흔이 제일 많이 알고 많이 하고 싶고 그럴 때거든. 그런데다가 그 비디오방을 하니 사고가 안 날 수 없지. 이런 얘기 한다고 욕하지 마! 그때만 해도 집사람이랑 해도 애무도 하고 아래 거기도 빨아주고 하는데…….

최현숙 선생님 장점 중 하나는 성에 솔직한 거예요. 아주 훌륭하시네. 여자랑 섹스할 때 핵심은 상대 여성의 클리토리스를 성실하게 애무해주는 거라고 봐요. 여자의 성기는 질이 아니고 클리토리스라고 생각해요.

사람마다 다르지만. 클리토리스를 입으로 애무하는 걸 꺼림칙하게 생각해서 그런지 남자들이 그걸 배우는 게 쉽지가 않지요. 여자들끼리는 그걸 잘 아니까 서로 원하는 걸 잘 해주는 거지요.

김용술 맞아. 거기를 애무하면서 보니까 집사람 질이 빨개 가지구 벌렁벌렁 하고 그러는 거야. 그렇게만 만들어놓고는 그냥 삽입하고 들락날락하다가 혼자 사정하고 끝낸 거야. 여자를 건드려서 불만 질러놓고 나는 서울을 오는 거잖아. 그게 집사람을 바람나게 한 거야. 어릴 때부터 지대로 된 성교육을 해줘야 돼. 어릴 때 자위하면서 못된 짓이라는 생각 때문에 고민이 컸댔잖아. 죄책감이나 나쁜 짓, 섹스 하면 제일 먼저 드는 마음이었거든. 그러니 여자들 성욕은 생각도 못하지.

패쓰보트만 챙겨 혼자 또 서울로

겸사겸사 다시 속초로 들어갔어. 그러구는 당구장을 냈어. 비디오방은 당구장 내기 조금 전에 그만뒀고. 그때 누나 시동생, 나로 하면 사돈 되는 사람이지. 그 사람이 건물을 새로 지었는데, 그걸 좀 싸게 얻어서 당구장을 하느라고 집사람 친구한테서 250만 원을 빌렸어.

그러기 전에, 누나가 나보고 '너는 왜 뭘 해도 안 되냐? 무당한테 좀 물어보자' 하더라구. '아이구 이 양반아, 무당한테 물어봐야 뻔하지, 재수가 없어 안 된다고 할 테고, 재수 돌아오게 굿하라구 할 테구' 그랬어 내가. 결국 점을 봤어. 누나 말하고 엄마 말은 잘 듣거든. 남자 무당인데 그놈이 당신은 뭘 해도 안 되니 푸닥거리를 하래. 뻔한 소리인 줄 알면서도 했어, 하하하. 그러느라 빚을 250만 원을 낸 거구. 근데 내가 당구를 아는 것도 아니고, 제대로 안 되더라구. 잠깐 하구 접었어. 빚은 고대로 남구, 내 돈 집어넣은 거는 다 까먹은 거야. 이래저래 몇 년을 속초에 있었어. 남자는 돈을 안 벌면 벌 때보다 더 써요. 놀 시간이 더 많으니까. 그러다가 도저히 안 되겠어서 **패스보트** Passport만 챙겨 혼자 또 서울로 올라온 거야.

좁은 의미로는 외국을 여행할 수 있는 자격을 증명하는 서류고, 넓은 의미로는 국내외 모든 곳을 여행할 수 있는 자격을 증명하는 서류. 장노년 세대는 주로 남성들이 많이 쓰던 장지갑을 패스보트라고 불렀다.

내가 잘생겼고 말빨도 좀 서구 그랬거든

85년 6월 5일에 딱 돈 50을 가지고 서울을 왔어. 다 들어먹고 그거 남은 거야. 날짜를 정확히 기억해. 서울 오자마자 뭐 해먹을 거 없나 해서 가락시장을 갔어. 그때 용산 야채시장이 없어지면서 그 용산 장사꾼들이 가락시장으로 오기로 돼 있었어. 근데 안 오는 거야. 그 구석진 허허벌판에서 무슨 장사를 하느냐면서 안 들어오는 거지. 그러니 새로 지은 시장 건물들이 텅텅 비어 있었어. 별 뜨쟁이들이 다 모여서 땅바닥에다 좌판을 펴고 있더라구. 한 사람을 붙잡고 '장사 잘돼요?' 하고 물으니 '무슨 장사요? 자리나 하나 잡을려고 하는 거지' 그래. 6월 16일에 용산서 장사하던 사람들이 여기로 오기로 돼 있는데, 그때 가면 이 좌판을 비켜줘야 하고, 그러려면 우리한테 노점 자리라도 하나씩 줄 거래. 나도 그때부터 양파 두어 자루 갖다놓고 장사 핑계로 놀았어. 근처에서 맨날 술이나 먹고 놀구.

그러다 6월 16일이 되니까 정말 난리가 나대. 좌판들 싸악 쓸어 치우고, 건물에 도매 장사들 들어차고, 그 큰 시장에 물건들이 트럭으로 줄줄이 들어오고, 경매 붙여서 실어 나가고, 갑자기 커다란 진짜 경매 시장으로 바뀌는 거야. 그러니 거기서 좌판 폈다 밀려난 사람들이 시장 주차장으로 좌판을 옮기구는, 아닌 말루 그 투쟁이라는 거를 하는 거야. 한 500명 정도 됐어. 원래는 1000명 정도 됐는데 반이 남은 거야. 주차장에서 장사가 될 리가 없지. 그때 내가 여자들 힘이 얼마나 강한지를 알았어. 남자들은 맨날 술 처먹고 놀고 쌈박질이나 하고.

하루는 시장 사무실에서 나와서는 대표가 누구요 하는데, 대표가 어딨어? 날더러 대표를 하래는 거야. 늦게왔지만, 내가 잘생겼구 말빨도 좀 서구 그랬거든. 영어 단어 좀 읽구 어쩌구 하는 걸루 사람들이 가방끈이 좀 있는 걸루 본 거지, 하하하. 《중앙통신 강의록》으루 독학한 게 빛을 본 거야. 국민학교만 나왔다는 소리도 안 했지만 중학교 다녔다는 소리도 안 했어. 내가 또 치사하게 그런 거 가지구 거짓말은 안 해요. 그저 뭐라고 하든지 입 다물고 웃고만 있는 거지, 하하하. 쌈닭 아줌마로 여자 대표도 하나 뽑았어. 사무실서 대표 오라면 둘이 가는 거지. 근데 사무실을 가봤자 다른 이야기는 없어. 치워라, 언제까지 나가라, 안 그러면 자기네가 싹 치우겠다, 구류시키겠다, 그 얘기밖에는 없어. 우리쪽 명분은 우리가 키운 시장이다, 그거야. 오래된 사람은 1년 정도 장사를 한 거야. 나는 몰랐지만 다른 사람들 얘기가 그래. 당신들은 장사 안 된다고 안 들어올 때 우리가 들어와서 장사 터 닦고 시장 만들어놓은 거다, 그런데 이제 장사 좀 되니까 나가라는 거는 말이 안 된다, 보상을 해라, 이게 우리 명분이야. 말이 되든 안 되든 하여튼 그거야, 하하하. 그러다가 어느 날 최후통첩을 하는 거야. 내일까지 그대로 있으면 사람을 다 들어내겠다. 그 소리를 듣고 와서 말깨나 하는 사람들을 모아놓고 의논을 했지. 근데 남자들은 다 나가야 된다는 거고, 여자들은 싸우고 끌려가더라도 있어야 한다는 거야. 여자들이 아주 질기더라구.

그러고 있는데 어떤 양복쟁이 노인 하나가 어슬렁어슬렁 오더니 아니 왜들 그러느냐고 물어. 얘기를 쭈욱 해줬더니 우리 시장으로 오면 장사

할 데가 있으니 그리로 오라고 그리는 기야. 자기가 자양시장 회장이래. 자양시장이 원래 뜨내기 좌판들로 시작해서 시장이 만들어졌대. 얼마 전까지 영화배우 김희갑이 땅 주인이다가 그걸 판 거야. 그리구 새 주인이 거기에 커다랗게 상가를 지어서 공장하고 회사 사무실들이 들어왔대. 그러니 좌판들이 다 쫓겨난 거지. 장사가 잘되다가 쫓겨나니까 멀리 안 가고 신작로 건너편 주택가 골목에다가 노점들을 벌인 거야. 아, 근데 그 노점 골목들이 골목시장이 되면서 장사판이 좋아진 거야. 그러니 우리를 보고 그 상가 1층이나 주차장에서 장사를 하래. 간부 몇이 가서 보니까 장사가 되겠어. 그래서 한 사람당 3만 5000원씩 내서 가건물을 짓고 칸 나눠서 주차장에서 장사를 하기로 했어. 상인회장이라는 사람이 하래니까 믿은 거지. 전에 용접하던 사람이 있었어. 그 사람이 가건물 공사를 맡겠다고 해서 250명 정도 돈을 모아서 그 용접한테 일을 맡겼어. 직접 가서 보고 할 사람들만 돈을 모은 거야. 3만 5000 곱하기 250 해봤자 1000만 원도 안 되는 거지만, 그래도 그때 돈으로 큰 거지. 그 자리에서 용접이 안 되니까 다른 데서 준비를 다 해서 밤에 한꺼번에 실어 와서 설치를 했어. 그때도 내가 회장을 했어. 주차장에다 설치하고 포장 씌우는 거는 두어 시간이면 끝나더라구.

아침 되니까 동네 사람들이 놀랠 거 아냐. 밤새 커다란 시장 하나가 생긴 거니까. 근데 알고 보니 그 사람은 상인회장이고 그 건물에 들어선 공장 사장들 대표인 번영회 회장이 따로 있는 거야. 공장 사람들이야 시장이 잘되거나 말거나 아무 상관이 없지. 단지 그 건물 사람들이 쓸 주차장에 시장이 들어선 거는 큰 문제잖아. 그러니 놀래 가지구 난리를 치는 거지. 누가 이렇게 하라 그랬냐 그러면서. 그래서 그 회장 이름을 댔지. 그랬더니 그 회장은 상인회장이고 자기는 건물에 들어선 공장하고 회사들 대표하는 입주자들 회장이다, 그 주차장은 사무실 사람들만 쓸 거다, 그러니 나가라 그러는 거야. 우리는 돈을 잔뜩 들여서 해놨는데 나가라니 말이 안 되잖아. 그걸 85년 7월 중순에 들어갔는데 가을까지 견뎠어. 장사가 잘되면 더 버티는데 그 앞에 골목시장이 너무 잘됐어. 신작로 건너에 골목 노점 시장이 있으니까 동네 사람들이 다 글루 가지. 그래서 11월 즈음에 도저히 못 견디겠다고 말하고 나는 나왔어. 다른 사람들도 다 그러구 끝났을 거야.

돼지호박 5500원어치로 다시 시작했어

그때 내가 그 싸움하러 다니면서 청량리시장을 알게 됐어. 그래서 마장동 터미널 근처 시장 바닥으로 들어가서, 니야까 하나 끌고 다니면서 장사를 시작했어. 처음에는 **마장동터미널**, 경동시장 건너 오스카극장 옆 어디에 자리를 잡아서 주로 야채나 생선으로 시작을 했지. 어디든 적당한 장소만 있으면 세워놓구 하다가 형편 봐서 다른 데로 옮기고 하는 거지. 그럭저

마장시외버스터미널은 서울특별시 동대문구 용두동에 있던 시외버스 터미널이다. 본래 용두동시외버스정류장이었으나 많은 사람들이 마장동시외버스터미널, 동마장시외버스터미널 등으로 불렸다. 1968년에 건설됐고, 1980년 터미널 이전을 추진해오다 1989년 9월 1일에 신축된 동서울종합터미널과 상봉터미널로 운행 노선을 모두 이전하면서 이 터미널은 폐지됐다.

럭 터를 잡고 한군데서 여러 날 장사를 하고 있는데, 갑자기 어느 날 아침에 전라도 해남 사람들이 거기를 차지하고 있는 거야. 그러고는 밤에도 아예 그 자리에서 자면서 자리를 안 떠나. 주변 얘기를 들어보니 해남 짜식 하나가 원래 그 근처서 장사를 했대. 근데 자리가 좋으니까 아예 고향 친구들을 다 불러올린 거야. 사내놈들만 아니라 처자식들까지 다 데꾸들 온 거지. 그러구서는 아예 자리를 잡으려고 밤에도 돌아가면서 거기서 자는 거야. 내가 웬만해서는 그런 꼬라지를 보고 물러나지를

않는데, 어떻게 해볼 수가 없더라고. 난 혼자고 개네들은 스무 명이 넘는 패거리인데, 싸워봤자고 버텨봤자지. 그래서 에라 젠장 너네 먹어라 하고는 도보 장사를 시작했어. 참 고생 많았지. 오스카극장 옆에 니야까 보관소가 있었거든. 니야까로 과일도 떼고 야채도 떼고 해서 동네 돌아다니며 파는 거야. 도보 장사라 그래, 걸어 다니면서 판다 해서.

아는 사람도 없고 만나는 놈들도 나같이 그렇고 그런 놈들이었지. 그러다가 젊은 놈인데 친구 비슷하게 얘기하는 놈이 생겼어. 그놈이 술 한 잔 같이하고는 자기 집에 가자는 거야. 오밤중에 갔어. 집이라고 방문 자물쇠를 따는데, 껌껌한 방에 쬐끄만 아들놈이 눈에서 빛이 번쩍번쩍 나면서 나오는 거야. 아구야, 무섭대. 사람 눈에서 그런 빛이 나는 걸 처음 봤어. 대여섯 살이나 된 아이인데, 엄마는 없어. 먹고살아야 하니까 꼬맹이를 방에 가두고 문을 잠그고 다니는 거야. 내가 왜 애를 가둬놓냐고 물으니까 하도 말썽을 부려서 어쩔 수 없대는 거야. 고아원에 맡겨도 사고 쳐서 데려가라더래.

그놈이 하루는 내 도보 장사를 따라다닌다고 해서 같이했어. 오전에 물건 받아놓고 느지막히 점심 먹으면서 반주 삼아 한잔하면 이미 취하기 시작하지. 동네 야채 장사는 4시에서 6시 사이가 피크야. 주부들이 저녁밥 준비하러 나오고 직장 다니는 여자들도 그때나 서둘러 퇴근하니까. 장사 다 끝나고 저녁 먹으면서 또 한잔했지. 그놈까지 있으니 많이 먹었지. 종로서 신설동까지 둘이서 니야까를 타고 끌고 하며 술 취한 채 온 거야. 근데 신설동까지 기억이 나고 그다음은 없어. 신설동에서 필름이 끊어졌어. 깨보니까 청량리 588 길바닥이야. 그 새끼는 없고. 제일 먼저 주머니 뒤져보니까 돈이 하나도 없네. 동전 하나가 안 나와. 내가 속초서 갖고 온 50만 원 중에서 이리저리 쓰고 남은 돈 35만 원 정도를 은행에 안 넣구 몸에 지니고 있었거든. 그거랑 장사한 돈이랑 다 없어진 거야. 패스보트까지 없어졌어. 그러니 눈깔이 뒤집어지지. 니야까는 보관소에 있더라구. 588에서 마장동 니야까 보관소가 멀지도 않아. 뛰면 몇 분 안 걸려.

아무리 생각해도 어떻게 된 건지 기억이 안 나. 내가 자던 방이 그날그날 돈 내는 일수방인데 돈이 없으니 거기도 못 가지. 나는 외상도 못 해. 다른 놈 같으면 다음날 준다고 그러기라도 할 텐데, 나는 그런 성격이 못돼. 근데 그놈은 보통 오후 1시나 돼야 나왔거든. 내가 깬 거는 새벽 4~5시고. 그래서 시장 바닥서 그냥 그놈을 기다렸어. 그놈이 오길래 아무 기억이 없지만 일단 멱살부터 잡았지. 야이 개새꺄, 내 돈 내놔 했더니 무슨 소리냐는 거야. 내가 술 취해서 난리를 치길래 자기는 그냥 집으로 갔다는 거야. 그래서 야이 새꺄, 죽지 않을려면 개소리 말고 있는 대로 내놔 하구 털었는데 7000원이 나오더라구. 뺏었지. 방구석에 있던 다섯 살배기 눈깔 생각이 퍼뜩 나더라구. 그래도 별 수 없어. 더 있었으면 더 뺏었어.

그걸 가지고 늦게사 도매 시장을 가니까 물건 실을 게 없어. 비가 조록조록 오는 장마철이었는데, 한쪽에 돼지호박이 안 팔리구 쌓였더라구. 비오면 호박전 많이 해먹잖아. 그걸 5500원에 50짝을 실었어. 한 짝에 110원 꼴이지. 비 때문인지 떨이라서 그런지 평상시보다 좀 쌌어. 한 짝에 스물 몇 개야. 그걸 니야까에 싣고, 마장동시장 나와서 588 거쳐 신설동이며 종로 뒷골목을 비 맞고 다니면서 팔아서 그날 2만 8000원을 만들었어. 일수방 아까워서 니야까에서 자면서 2만 8000원을 키우면서 다시 살아온 거야, 지금까지. 제일 싸구려 돼지호박 5500원 어치로 완전 밑바닥에 굴러떨어진 인생을 다시 일으켜 세운 거야. 그때만 해도 처자식 서울로 불러올릴 일념으로 정신 차리구 모은 거지. 유별나게 바람이 센 모퉁이가 있지. 그걸 지나오면 또 달라져.

나는 잡초야. 어디디 집어던져니도, 이떤 구뎅이에 떨어져도, 내 힘으로 악착같이 다시 일어나. 자생력이 내 인생 철학이라면 철학이야. 끈질긴 생명력. 그러니 나이 칠십에 지금 내 꼴이 이래도 뭐든지 다시 시작할 수 있을 거 같아. 여자든 돈이든. 나는 그 잡초 근성이 성욕하고도 연관된 걸로 봐. 군대서도 어쨌든 내 깜냥으로 눈치껏 굴어서 신나게 지냈어. 나같이 못 배우고 없는 놈이 어디 가서 향도를 하고 조장이니 내무반장을 하겠냐고. 물 만난 고기였지. 못 배운 놈 무시하는 게 없어서, 난 군대가 좋았어. 근데 돈을 못 모아. 모았다가 또 한 구뎅이에다 탁 떨어버리는 거지, 하하하.

방값 주기 아까우니까 니야까에서 잤어. 니야까꾼들 가는 국숫집에서 150원짜리 국수를 먹고. 그 식당에서는 막걸리 한 잔 먹으면 돼지 꼬리는 마음대로 주워먹게 해. 돼지 꼬리가 지금은 콜라겐이 많다고 비싼데, 그때는 꽁자야. 니야까에서 일주일을 잤어. 어떡허든 돈을 모아야겠다 싶었지. 지금 동대문 있는 창신동 거기, 색시집이 쪼로록 있고 호텔도 있고 장난감이랑 문구 도매상이 많은 골목이 있어. 거기를 10시나 11시에 가면 박스가 무지 많이 나와 있어. 그래서 한번은 니야까에다 그 박스를 실었어. 어디다 파는지도 모르고 일단 실어다 놓은 거지. 그니야까를 한쪽에 세워두고는 한숨 자고 일어났더니 그 박스만 누가 싹 가져가버린 거야. 니야까는 안 가져가고 박스만 홀라당 가져간 거야. 니야까는 가져가봤자 금방 잡혀. 보관소에서 니야까에 표시를 다 해놓거든, 하하하. 니야까 훔치다 걸리면 도둑놈으로 된통 걸리지. 일반 니야까였으면 가져갔을 거야. 그렇게 한 번 당하구는 박스는 안 주웠어. 아마 그 박스를 팔아먹었으면 박스 줍는 걸루 빠졌을지도 몰라, 하하하. 요즘도 박스 줍는 노인네들 보면 그 생각이 난대니까. 더 힘든 어떤 노인네가 훔쳐갔나 보다 그러구 웃는다니까.

뭐든 팔아먹고 사는 건데 몸 파는 게 잘못이야?

그렇게 바닥까지 갔을 때는 여자도 안 붙고 하니까 588을 자주 갔지. 바로 옆이었어.

최현숙 청량리 588 이야기 해주세요. 저도 청량리나 용산, 영등포에 있는 성매매 집결지에 가보기는 했지만, 그 여성들 사는 모습을 직접 보거나 함께 있지는 못했거든요. 거리 풍경도 좋고, 그 여성들에 관한 기억도 좋고, 선생님이 받은 느낌이나 생각들 그런 거요.

김용술 거기도 사람 사는 동네니까 특별히 다를 거는 없어. 588 인근이야 주택가는 아니고 가게들이 많지. 음식점이나 다방이 많고, 여관도 있고. 여관보다 더 허름한 여인숙도 있었어. 아가씨들 방으로 가지 않고 여관으로 데리고 나오기도 했나 봐. 그 기지바들 많이 가는 미용실이나 약국에, 목욕탕하구 세탁소도 있고, 포장마차니 작은 구멍가게들은 곳곳에 있지. 비디오방도 있구. 뜬금없이 교회도 있더라구. 거기를 누가 다닐라나 궁금했어. 시커먼 통나무 전봇대가 있었나? 하여튼 그 전봇대에 전당포나 조루증 치료 광고 같은 게 붙어 있었지. 그러구 보니 벽에 다닥다닥 붙어 있던 영화 포스터가 생각난다. 근처에 동시 상영하는 영화관들도 많았어. 경동시장 옆에 오스카극장이 있었고 청량리 미주상가 지하에 미주극장이 있었지. 맞다. 제기극장도 있고, 답십리극장 포스터도 봤어. 깝깝해서 극장은 잘 안 가는데, 동시 상영 영화를 좀 보기는 했지. 〈예스마담〉이니 〈젖소 부인 바람났네〉니 성인물들을 많이 한 거 같아. 비디오방이 늘어나면서 극장들이 장사가 힘들어졌지. 지금은 그 비디오방도 거의 없잖아. 인터넷으루 많이 보니까. 씨지브이니 그런 대형 극장이나 살아남지. 참 세상이 무섭게 변해. 그때랑 지금이 얼마나 달르냐구. 이렇게 바뀔 거를 상상이나 했겠어. 물을 수퍼에서 사먹다니,

이게 사람 사는 거 맞아? 그 청량리 588도 싹 밀어버리고 지금은 초고층 빌딩이 들어섰다며. 그 여자들이 다 어디로 갔겠어? 직업을 바꾸기는 힘들었을 걸. 어디선가 비슷하게 먹고살겠지.

어려서 동두천에서 양색씨들 볼 때는 좀 안 좋다는 생각만 들었지. 나이들어서는 느낌이 달라지더라구. 안됐기도 하고, 뭐든 팔아 먹고사는 건데, 가진 거 배운 거 없이 몸 하나밖에 없는 여자가 몸 팔아 먹고사는 게 잘못이야? 나는 남자니까 돈 내고 사는 거지만, 내가 그 여자들보다 낫구 말구가 없는 거지. 사연을 들으면 불쌍한 여자가 많아. 부모 형제들이 자기가 거기서 몸 팔고 있는 거를 뻔히 알면서두 모르는 척을 한대. 보내주는 돈만 따복따복 받아 챙기구, 어디 회사 다니는 걸루 아는 것처럼 자기 앞에서두 대놓구 말한대. 그 여자들 방? 사람 둘 들어가면 꽉 차는 넓이지. 침대가 있기도 하구, 핑크색이나 주황색 카텐에 밝은 색이나 만화 그림 같은 벽지들 많이 하구. 담배들이야 거의 다 피구, 술이나 약에 쩔은 애들도 많아. 괴로운 거지, 그러고 사는 게. 남들 눈두 눈이지만 자기 스스로 싫겠지.

에라, 먹구 떨어져라, 다 약쟁이한테 주고

혼자 서울 와서 니야까 장사 하고 고생하니까, 누나가 그렇게 혼자 나와서 고생하지 말고 100만 원을 줄 테니 식구들 불러올려서 같이 뭐를 해봐라 그러시더라고. 알았습니다 했지. 나는 누나 말을 잘 듣거든. 니야까 장사루 센베 과자도 해봤네. 그때가 88올림픽을 앞두고 있어서 단속이 점점 심해졌어. 86년부터 도보 장사를 했는데 88년에는 거의 못하게 된 거야. 근데 누나가 100만 원을 준다니 나야까 장사를 안 해도 되잖아. 그때는 터미널이 상봉으로 일부 옮겨가고, 또 누구는 반대한다고 소송을 내고 어쩌고 시끄러웠어. 마장동 터미널 근처가 장사가 줄고 가게가 좀 싸게 났어. 길 옆에 창고 비슷한 가게를 보증금 없이 깔세 100만 원에 1년을 쓰기로 했어. 그걸 얻기 전에 집사람을 불러서 가게를 보여주면서 찐빵집을 하자 얘기를 했지. 속초서 찐빵집 하는 걸 봤거든. 집사람은 속초에서 화장품 외판을 하고 있었어. 그걸 그만두려면 인수자가 나와야 하잖아. 나도 가게 하던 사람 내보내고 준비하는 데 몇 개월은 걸릴 거고. 방 만들고 가게 설비하는 걸 혼자 해야 했거든. 그쪽 장사 정리해서 애들 데리고 와라 하고 보냈어. 방도 세 칸을 만들었지. 딸 둘, 아들 하나, 부부, 그렇게 세 개를 만든 거야. 4개월 정도 걸렸어. 10월에 와서 보게 하고 2월에 찐빵집을 오픈할려고 날을 받아놨어. 그러구는 날 맞춰서 오라고 편지를 띄웠는데 아무 연락이 없네. 오픈 날이 됐는데도 오지도 않고 연락도 없는 거야. 그러니 나 혼자서 찐빵집이 되겠냐구? 국수도 혼자서는 못해. 어머니가 서울 누나네 살던 때인데, 찐빵집 오픈 날에 왔다가 주저앉아버린 거야. 집사람이 없으니까 엄마 보기에도 아들 혼자서는 못하겠다 싶었던 거지. 그때는 편지뿐이 더 있어?

아무리 편지를 해도 답이 없더니 4월 10일이 됐는데 집사람이 혼자 왔어. 애들이고 살림이고 없이 몸만 온 거야. 이사를 못 온다는 거야. 밤새도록 싸웠어. 여기서는 교육상으로도 그렇고 할 일이 못 된다는 거야. 애들 데리고 살려면 속초 그 집이 좋다는 거야. 애들 핑계를 대더라구. 그때가 큰놈이 열여덟, 제일 작은 애는 열 살 좀 넘고 그랬거든. 밤새 싸우고 다음날 아침에 간다니 뭐 어떡해? 애들 밥해야 하고 학교 보내야 한다는데. 그러니 어머니가 터미널까지 데려다주면서 얘기를 했대. 어머니 보기에 밤새 싸워도 내 목소리만 나고 그 사람 목소리는 안 나니 속을 모르는 거잖아. 그래서 속초 가거든 서울로 못 오는 이유를 편지로 상세하게 써서 보내라 했대. 그래도 아무 편지도 연락도 없었어. 그런데다 엄마는 또 자꾸 아프네. 어머니가 전부터 소화 계통이 안 좋았어. 조금만 신경쓰고 어쩌고 하면 속이 꽉 막혀서 소화가 안 되는 병이야. 홧병이 난 거 같아. 점점 심해지고 잡수지를 못해. 형님한테 연락을 했지. 형님이 이노무 새끼, 어머니 모셔다가 이 꼬라지를 만들었냐 하면서 화를 내더라구. 아니, 내가 어머니한테 오시라고 한 거도 아니고, 당신이 오셨다가 안 가시는 거잖아. 결국 형님이 어머니를 모시고 갔어. 혼자 찐빵집을 하는데, 혼자 되냐고? 찐빵하고 국수를 혼자서는 못하지. 지금이야 음식도 잘하지만 그때는 못했지. 그러니 장사는 제대로 안 하고 혼자 술만 처먹는 거야. 터미널 근처가 술집이니 기집들이니 널렸잖아. 장사는 뒷전이고 맨날 술이야 계집이야 하고 사는 거지.

그 둘레가 다 술집, 방석집이야. 터미널에서 쪼끔 가면 청량리역이니 그렇잖아. 근데 우리 가게서 두 번짼가 세 번째 옆에 술집 기지바가 어머니 계실 때부터 우리 집을 자주 들락거리더니, 어머니 가시니까 슬렁슬렁 와서 밥도 해주고 들러붙네. 하하하. 나도 필요하기도 하고. 해서 같이 찻집 하자 한 거야. 젊은 여자야. 스물대여섯에 아들 하나가 있었어. 나는 벌써 마흔 중반이잖아. 그 여자 집이 경기도 이천이야. 그 집을 같이 가서 그 엄마한테 장모님 하며 그 지랄하다 그 여자랑 살게 된 거지. 내가 부인이랑 애들 셋 있는 거를 그 여자도 다 알았어. 그 여자랑 같이한 찻집이 꽤 잘됐어. 근데 알고 보니 아구야, 이게 아편쟁이네. 처음에는 전혀 몰랐는데 조금씩 조심성이 줄면서 알게 하더니 나중에는 아예 대놓고 하는 거야. 나는 약을 전혀 모르거든, 해본 적도 없고. 약이니 술이니 중독은 아주 질색이야. 그때나 나중에나 내가 술은 아주 좋아하는데, 우리는 중독 그런 거 하고는 거리가 멀어요. 딱 마음 작정을 하면 안 하거든. 수십 년 피워온 담배도 몇 년 전에 딱 끊었어. 섹스도 그래. 성욕이야 많고 이쁜 여자 보면 딱 서지만, 여자가 싫다고 하면 딱 스톱이야. 남자들 성욕은 억제가 안 된다는 거 다 거짓말이고 핑계야. 하여튼 그래서 에라 너 먹구 떨어져라 하고 있는 찻집이랑 뭐랑 다 약쟁이한테 주고, 나만 혼자 도망 나온 거야. 빈 몸으로 나온 거지.

내 허락도 없이 집을 팔았어

나는 주머니에 돈 한푼 없어도 어디가도 혼자 살 수 있다, 그 주의야. 다시 니야까 빌려서 장사를 하면서 1년이나 지났는데 어머니가 찾아왔어. 니 마누라가 집을 팔아야 한다며 니 도장을 받으러 왔더라 하시는 거야. 그래서 내가 아니 장사 같이하자고 할 때는 못한다고 딱 잡아떼더니 무슨 소리냐 했지. 그 집이 어떻게 된 집이냐면, 원래 형님 집이었어. 근데 나 속초 살 때 형이 아예 서울로 이사를 가면서 나더러 그 집을 85만 원에 사라 그랬어. 당장 목돈이 없고 형도 돈이 급한 게 아니고 해서, 한 달에 10만 원 씩 여덟 달 너머를 내서 그 집을 샀어. 근데 형이니까 명의 변경을 안 한 거지. 그러다가 집사람이 팔려고 내놨고 작자가 나섰으니 집 명의자 도장이 필요할 꺼 아냐. 그래서 형님한테 가서 싸인해주슈 한 거야. 근데 형님이 이걸 해주고 내가 용술이한테 무슨 욕을 먹고 무슨 변을 당하냐? 용술이를 데리고 오든지 용술이 도장을 찍어 오든지 해야 내가 도장을 찍어준다 하고 잡아뗀 거지.

그때는 벌써 집사람 마음이 넘어가 있을 때야. 동생 말로 지 친구하고 붙었다구 하더라구. 나중에 내가 이혼하고 나니까 동생이 잘했다면서 얘기해준 거야. 동사무소에서 일하는 놈이었어. 집 없는 서민들 임대 아파트를 주던 초기였어. 규정도 조사도 좀 날라리였던 때지. 동사무소 직원이니까 정보도 빠르고 손을 쓸 수 있었나봐. 집이 없어야 한다는 걸 알고 집을 팔 생각을 한 거야. 거기다가 집 파는 걸 반대할 수 없었던 게, 내가 속초에다 빚을 만들어 놓고 서울을 왔잖아. 당구장 내느라고 집사람 친구한테 250만 원을 빌린 거를 아직 못 갚았거든. 마누라가 그걸 갚아야 하니까 팔아야 한대는 거야. 그 집을 540만 원에 팔기로 계약을 다 하고 중도금도 받았더라구. 동네 사람한테 팔았대. 이사갈 전셋집도 정해뒀고. 화가 나기는 했지. 애들 때문에 그 집에서 살아야 하고, 그래서 서울도 못 온다고 해놓고, 이제 와서 내 허락도 없이 집을 팔고서는 도장을 찍으라는 소리잖아. 어머니가 도장 찍어주래서 내가 화를 냈더니, 그 양반이 '야 이놈아, 니가 진 빚을 갚아야지 그럼 어쩌겠냐' 그러시드라고. 원래부터 어머니가 좋아해서 그 여자랑 결혼이 된 거구, 나중에도 어머니는 집사람을 좋아했어. 바람난 거는 그때는 모르셨겠지. 며느리를 믿은 거야. 흉잡을 데가 없는 현모양처 스타일이었거든.

자식들하고 애들 엄마한테 어쨌든 용서를 빌러 가야 하는데

최현숙 부인의 외도가 이혼의 첫째 이유인 거예요?

김용술 그건 아니야. 내가 내 눈으로 본 거도 아니고 하니, 의심하는 티만 내면서 화내고 싸우기만 했어. 바람을 폈더래도 아주 끝낼 생각은 아니었어. 아편쟁이 다음에 만난 강 여사라는 여자가 있어. 그 여자랑 동거하면서 결혼할 생각까지 했거든. 집사람은 이혼을 안 할려고 했는데 내가 억지로 한 거야. 소송까지는 안 갔고, 합의를 한 거지. 재산 분할할게 뭐 있어? 아이들은 지 엄마가 키우고 서류 정리만 한 거지. 그때 애엄마가 살던 집이 전세였어. 전세 얼만지는 묻지도 않았어. 540만 원에 팔아서 250 빚 갚고 나면 290 남았을 거잖아. 그걸 더 불렸는지 어쨌는지 물어보지도 않구 다 주고 끝낸 거야. 큰딸이 스무 살 즈음이고 작은딸이 열일곱, 막내 아들이 열넷일 때야.

강 여사랑은 니야까 장사하면서 만났어. 방 얻어서 동거하면서 같이 노점도 했어. 애들 엄마랑 이혼 되구는 강 여사랑 인천으로 방을 옮겼어. 내가 인천 어느 공장에 취직이 돼서 잡일 겸 수위를 했거든. 강 여사가 딸이 셋이나 있어서 자유롭지가 않았어. 혼인 신고를 안 하고 얼마 안 가서 헤어졌어. 나는 성관계를 몇 번 하면 여자한테 흥미가 없어져. 거기다가 재혼하는 사람들 혼인 신고가 좀 복잡하더라고. 애들 호적 정리랑 성姓 때문에. 강 여사랑 살림할 때가 91년도나 92년도일 거야. 그러구는 종로5가 삼촌네 당구 재료상에서 일을 봐주게 됐어.

강 여사랑 살 때도, 내 애들이 있으니 봉급 절반은 내 애들한테 쓰겠다 그랬어. 생활비 빼고는 다 모아서 속초 가서 주고 오고 하며 생활을 한 거야. 이혼하구서두 속초 집 가면 애들 엄마랑 잠자리도 하고 그랬어. 이중 생활을 한 거지. 내가 올라가면 여자는 못 이기는 척하고. 글쎄, 집사람은 내가 돌아오기를 기다렸을라나……

큰기지바가 어느 날 아침에 아버지가 여기를 왜 오냐고 따지는 거야. 망치로 뒷통수를 맞는 느낌이었어. 내가 자존심이 무지하게 쩌거든. 나는 나대로 애비 노릇한다고 노력하는데 그런 말을 들으니 화가 나지. 그리구 다른 남자가 있었는지는 모르지만, 엄마가 무슨 말을 했으니 딸이 그 말을 했을 거라는 생각도 들더라구. 그날 집을 나오고서는 속초 집을 다시 안 갔어. 처음에는 화만 났는데 두고두고 처량한 마음에 배신감도 들고 밉기도 하고, 뭐라 말할 수 없이 복잡하고 참 그랬어……. 작은기지바는 별말이 없었어. 아들은 어렸지.

3, 4년 뒤 아들이 대학 입학하면서 원서 세 개를 써서 찾아왔어. 안성

서 버스 운전 할 때인데, 아버지라고 찾아온 거니 반갑고 고마웠지. 이혼하고도 속초 집 찾아간 게 애들 엄마보다는 새끼들 때문이었잖아. 발끊은 거도 자식들에 대한 자격지심이고, 애비 노릇 못한다는. 근데 지가 애비라고 찾아왔으니…… 애 앞에서야 숨겼지만 눈물이 왈칵 나더라구. 건국대, 수원 아주대, 또 하나 어디, 그렇게 세 군데를 지원한 거야. 그때는 차가 있었거든. 애를 태워서 마지막으로 수원 아주대를 데리고 가서 서류를 냈어. 그러고는 동대문 가서 양복이랑 구두를 다 세트로 사서 입히고, 안성 내 방으로 데리고 갔지. 너무 늦어서 하루 재워서 보내려고. 근데 그 늦은 시간에 속초를 가야겠다는 거야. 시험 준비를 해야 한대. 다른 것도 아니고 공부 때문에 간다는데 어떡해. 그래서 그 야밤에 애를 태우구 속초까지 간 거야. 아파트로 이사를 했더라구. 주소는 모르지. 그놈이 가자는 대로 운전만 한 거야. 아파트 단지를 들어갔는데 내리겠다고 하길래 내려주고는……그걸로 끝이야, 그놈이랑은. 잘 가라느니 기다리라느니 말도 없이 그냥 내려서는 어디로 들어간 거야. 나는 그래도 애비니까 들어가서 엄마한테 말해서 잠깐이라도 들어오라고 할 줄 알고 한참을 기다렸어. 근데 아무 연락도 없고 나오지도 않아. 한겨울 새벽 2~3시나 됐을 때지. 전에 큰딸한테 당한 거도 생각나서, 자식 놓고 마음 써봐야 이렇게 당하기만 하는 거구나 싶고.

근데 또 무슨 마음이 드는 줄 알아? 그 일이 그렇게 섭섭하면서두, 그때 아들한테 용돈 좀 두둑히 안 준 게 또 그렇게 두구두구 걸려. 그러구 안 나올 줄 알았으면 밉더라두 줬지. 당연히 줬지…… 자식이 뭔지……. 나중에 누나랑 쏘주 한잔 먹으며 그 얘기를 했어. 그러구는 얼마 있다 아들이 건국대 합격됐다고 광진구 노룬산시장에서 미장원 하는 둘째 여동생네를 왔더래. 지가 다닐 학교랑도 가까우니까 겸사겸사 온 거야. 근데 마침 누나도 거기 있다가 조카를 본 거지. 그 자리에서 누나가 야단을 쳤대. 전에 아버지한테 그렇게 했다고. 밤늦게 그 먼 곳까지 데려다주는데 잠깐이라도 들어왔다 가시라든가 한마디가 없었냐고. 근데 그놈이 확 일어나서 나가버리더래. 그러고는 걔랑도 끝이 된 거야.

애들 한창 클 때 내가 서울서 많이 있느라고 애들을 못 챙겼지. 내가 할 말이 없어. 그래도 애들 어려서 같이 강원도 살 때는 잘했어. 애들한테만큼은 내가 잘했어. 때려본 일도 없고. 양복점 하면서는 애들 옷도 전부 내 손으로 만들어 입혔어. 코떼기만 한 것들 일일이 치수 재서 맞춤복으로 재봉질하고 다림질하고. 그걸 입혀서 거울 앞에 세우고는 거울 속에서 서로 눈 맞추며 웃은 기억을 애들은 다 잊었겠지? 나는 다 기억이 나는데……걔들은 내가 잘못한 거만 기억하겠지……(흐느끼며 눈물을 손등으로 훔친다).

떨어져 있을 때가 주로 애들이 사춘기고 아버지가 필요할 때였으니까 많이 미안하지. 그래도 그때도 경제적 책임은 하느라고 최대한 했어. 마천동 장사할 때도 한 달에 한 번 이상은 어떻게든 돈 꼬불쳐 가서 주고 오구 주고 오구. 돼지호박 5500원 어치로 다시 시작해서 니야까에서 자면서도, 자식새끼들 서울 불러올 일념으로 니야까에서 자고 국수로 끼니 때우며 악착같이 살았고. 이혼하고도 가서 주고 오구. 근데 큰기지바 그 소리 듣고는 부모니까 헛짓이어도 별수없는 건데 오히려 원망을 듣는구나 싶더라구. 이젠 명분이 없으니 줄 수도 없고 갈 수도 없고. 그렇게 시간이 흐른 거야. 아들 만난 거가 95년 대학 들어갈 때니까 20년 세월이야. 큰딸 그런 거는 그것보다 3년쯤 전이고.

나 살아온 거를 생각해보면 제일 후회되는 게 자식들하고 애들 엄마한테 잘못한 거야. 어쨌든 용서를 빌러 가야 하는데. 어려서 애들 입학할 때는 애들 엄마가 갔지. 그래도 졸업식에는 꼭 갔고 운동회도 따라갔어. 자상한 편은 못 됐어도 애들한테 잘했어. 자가용도 있고 양복점

하는 잘나가는 집 아이들이었지. 어려서 기억은 좋을 거 같아. 며느리 바람난 거로 대판 싸울 때 딱 한 번 집사람 귀싸대기를 때린 적은 있어. 지네도 이제 마흔 줄에 들었어. 큰딸이 마흔다섯이야. 누나 얘기가 애들이 마흔 넘으면 이젠 용서가 될 텐데 안 찾아온다며 섭섭해하시더라구. 내가 먼저 해야지. 한 놈 한 놈한테 몇 백이라도 쥐어주고 나와야지 생각하니까 최소한 돈 1000만 원은 있어야겠더라구. 그러느라구 자꾸 늦어져. 막내 아들놈이 서른여덟이야, 77년생. 다들 결혼도 하고 자식들도 있겠지. 애들이 더 나이 먹으면 어떻게 될지. 애들 얘기는……그만합시다. 그 얘기만 하면 여엉……(다시 운다).

최현숙 용서고 뭐고 그럴 거 없이 한번 만나기 시작하면 마음이 풀릴 거예요. 나이든 아버지가 안쓰러워 자기를 돌아보게 될 거구요. 돈 만든다고 자꾸 늦추지 말고 그냥 만나도 좋을 텐데요.

김용술 이 추한 꼴을 보일 수는 없어. 모가지에 힘 딱 주고, 300~400씩이라도 주면서 말해야지. 내가 잘못했다. 미안하다. 마지막으로 알고 시신 기증 서류에 도장만 찍어주고, 마음 편안하게 살아라. 또 만날지 영원히 못 만날지는 모르겠다. 그렇게 가오도 좀 살리고 쿨하게 하고 나오고 싶은 거야. 누구는 돈이 문제가 아니라지만 남자는 돈 없이는 쪽팔리는 거야. 나는 쪽팔리는 게 제일 싫어. 더구나 자식한테는. 더 늦기 전에 시신 기증하는 거나 좀 알아봐줘. 인터넷이나 전화로 하는 거 말고, 나랑 직접 가서 신청을 끝내놓자고. 내가 딱 죽었을 때 수소문해서 자식한테 연락을 한다더라고. 신청서도 접수해놓고 자식들한테도 확실히 해놓으면, 그놈들도 거절은 안 하겠지. 꼭 해주슈. 그거 하고 나면 애들한테 갈 거 같아. 나 죽었다구 슬퍼할 사람 하나 없는 사람이야, 나는. 관이구 꽃이구 장례구, 그런 거 다 무슨 소용이야. 죽으면 끝인데…….

애들 엄마는 좋은 사람이야. 교양도 있고 현모양처야. 그 사람을 힘

잡으면 내가 나쁜 놈이지. 내 생각으로는 재혼을 안 했을 거 같아. 했으면 애들을 어떻게 봤겠어? 지금이야 그렇지만 20~30년 전에는 달랐잖아. 내가 역마살이 끼어서 돌아다니느라고 가정을 망가뜨린 거지. 나한테 애정이 있었는지는 모르겠어. 섹스 비디오방 때문에 잠깐 실수를 했더래도, 그것도 다 내 잘못이지. 그것도 잠깐 그러고 말았을 거라고 생각해. 아예 잘못된 데로 빠질 여자가 아니야. 끝까지 애들 엄마 노릇을 잘했을 거야.

자식에 대한 거는……말로는 표현을 할 수 없어. 쉰 중반까지만 해도 그놈들이 날 배신했다고 여겼는데 예순 넘으면서 달라지더라구. 내가 다 잘못한 거지. 어렸을 때 옷 만들어 입힌 거랑 놀러 다닌 거랑 사진이 많았는데……애들 엄마가 다 찢어버렸겠지……. 삐까뻔쩍하게 자가용에 태우고 설악산 개천으로 많이 놀러 다녔어. 청초호에 쌍다리라구 있어. 그 아래에 늘 물이 넘치게 많아서 홀떡 벗고 수영하며 놀았어. 청호동에서 갯배 타면 집사람 친정 동네니까 거기도 많이 갔지. 아구 이젠 진짜 다른 이야기합시다.

낙태랑 정관 수술을 나라가 발 벗고 나섰잖아

셋 말고 다른 자식은 없어. 막내 낳고 예비군 훈련 갔다가 정관 수술을 해버렸지. 79년쯤일 거야. 그 수술 받으면 훈련 안 받고 집에 보내줬거든. 여자들도 좋아했어. 안심이 되니까. 내가 수술 안 했으면 대한민국에 애새끼들 무지 많이 뿌려놨을 거야. 속초 학사평 마을에 예비군 훈련소가 있었어. 지금은 재벌들 콘도랑 리조트랑 펜션, 골프장으로 아주 삐까뻔쩍해졌어. 속초가 그쪽으로 발달이 됐더라구. 그때는 넓은 모래벌판이라서 학사평이라구 불렀겠지. 히히벌판이었어. 막내 낳고도 임신이 돼서 집사람이 낙태 수술을 몇 번 했어. 그래서 해버린 거야. 여자가 자꾸 애 띠면 몸이 많이 상하잖아. 남자들은 정력 떨어진다고 싫어했는데, 나는 신경 안 썼어. 괜히 하는 소리지. 그때 안 했으면 지금 난리났겠지.

예비군 훈련 가면 조교가 출석 부르고 나서 교관이 와서 제일 먼저 하는 얘기가 그거야. 교육받기 싫은 사람은 가서 정관 수술 하면 열외. 그러면 우루루 나와서 수술받고 먼저 가. 아프고 말 것도 없어. 병원까지 안 가고 훈련소 옆에 보건소 버스에서 했던 거 같아. 아주 간단해. 며칠 아프지도 않아. 약간 불편한 정도지. 정부에서는 라디오랑 티브이에 계속 하나만 낳아서 잘 기르자고 떠들구. 영화관 가면 그 광고부터 나오고, 어딜 가나 그 광고판 보이고.

군대에서는 포경 수술을 했어. 나도 군대서 했지. 그거는 며칠 아퍼. 걷기도 힘들고. 내가 주로 병원서 근무했잖아. 쫄병 때는 못해. 훈련이 많아서. 고참 되면 운전도 없고 밥 먹고 노니까 그때 하지. 위생병 애들이 연습 삼아 하는 거야. 공짜는 아니야. 돈도 주고, 빵 같은 먹을 거를 주로 주고. 나가서 하면 돈이 많이 드니까 거기서 하지. 군대서도 암묵적으로 장려했어. 높은 놈들도 거기 와서 한다더라구.

편집증이 심한 괴상한 여자였어

93~94년도 즈음인데 한번은 캬바레에서 부킹해서 여자랑 춤을 추게 됐어. 여자가 쪼끄만하고 예쁘장하고 말 잘하고. 두 번째 만나서 성관계를 하구 그 뒤로 몇 번을 더 만났어. 그때 당구 재료상 일을 했어. 초크, 당구대, 당구공 그런 거. 그 여자가 돈 얼마나 버냐 물어. 별루 없다 하

니, 자기가 오도바이 쎈타에 악세사리 대주는 거를 알아볼 테니까 자기 집 근처로 오래는 거야. 내 돈은 하나도 안 든대. 그 여자 이름이 김영호 야. 남자 이름이라서 기억이 나나 봐. 나중에 보니 편집증이 심한 괴상한 여자였어. 처음에야 몰랐지. 하여튼 나는 인기 좋은 거가 문제야. 그러니 맨날 여자한테 말리지, 하하하. 하여튼 그래서 그 일을 하게 됐어.

나는 지금이라도, 여자에 대해서만은 자신 있다고 생각해. 외모도 그렇고. 실제로 그동안에도 여자들이 지들 좋아서 지네가 먼저 붙은 게 많아. 그게 내 약점이라면 큰 약점인 거지. 여자 때문에 인생이 말렸으니까. 그렇다고 내가 여자한테 술 한잔 얻어먹은 적이 없어. 여자 붙는 남자들이 제비족으로 나가잖아. 근데 나는 여자 등치고 사는 거는 아직까지 생각해본 적이 없어. 여자 만나면 돈은 무조건 내가 써. 돈 있는 여자 만나도 마찬가지야. 남자 자존심 문제지. 그게 여자에 대한 서비스고 존중이야. 그래야 또 리드를 할 수 있고.

틈틈이 뻑하면 놀러 다녔고 춤추러도 무지 다녔지. 춤 하면 할 말이 많지. 김영호 그 여자랑도 많이 다녔고. 혼자서 캬바레 가서 부킹해서 놀기도 하고, 댄서 불러서 춤추다가 2차 데리고 나가기도 하고. 속초서 양복점 할 때부터 캬바레를 들락거렸어. 제대하자마자 70년대 초중반에 배웠어. 70년대 초반부터 전국적으로 춤바람 열풍이 분 거 같아. 특히 남편들 중동 가서 돈 벌어 보내면 여편네들이 그 돈으로 춤바람 났네 어쨌네 사고도 많고 가정도 많이 깨졌지. 신문 기사가 기억나. 남편이 싸우디를 갔는데 여자가 춤바람이 나고 외간 남자랑 바람을 피고 했대. 무슨 미움을 샀는지 그걸 누가 중동에 있는 남편한테 편지로 알린 거야. 남편이 와서 부인이랑 그 남자를 칼로 찔렀는데, 남편은 기소 유예로 풀려나고 두 사람은 징역을 살았다는 기사였어.

춤바람 하면 사촌형님 얘기가 재미나. 나랑 입대 같이한 사촌형이 월남에를 갔다 그랬잖아. 거기서 번 돈이랑 해서 쌍방울 메리야스 매장을 크게 했어. 70년대 중반에 쌍방울 매장이 아주 잘 벌었거든. 마누라는 형 제대하고 얼마 있다 암으로 죽었어. 그 형이 춤바람이 아주 단단히 들었어. 하루는 카바레서 만난 댄서랑 2차를 갔대. 여자가 너무 이쁘고 몸도 좋더래. 나이는 들어 보이는데 싸구려 티도 안 나고 고상하더래는 거야. 살살 꼬셔서 얘기를 시켰더니 사연을 풀어놓더래. 이혼한 전 남편이 외교관이어서 맨날 외국으로만 돌고, 여자랑 애들은 한국에 있었지.

젊어서는 몰랐는데 서른, 마흔 먹으니까 성욕이 문제더래. 외교관 부인이니 삐까번쩍하게 얼마나 잘살았겠어? 친구들도 모두 부러워하고. 근데 여자가 맨날 기운이 없고 우울증세가 있는 거지. 그러다 친구들이 춤이나 배우러 다니자 그러더래. 처음에는 싫다 그러다 결국 친구들 따라서 춤을 배웠어. 근데 여자가 너무 이쁘고 몸도 잘 빠지고 하니까 모든 남자들이 여왕처럼 모시는 거지. 인기가 최고인 거야. 근데 친구가 고자질을 했는지 시댁에서 춤바람을 알게 되고 결국 남편까지 알게 됐대. 남편이 들어와서 한바탕 부부싸움이 났는데, 여자가 단박에 이혼을 하자 그랬대. 한번 다른 세상을 알고 나니까 그전처럼은 못살겠지. 이혼을 하면서 재산도 많이 받았대. 둘 있는 애들도 주고 나왔고. 근데 이혼이니 재산 분할이니 그런 걸 말을 안 하고 캬바레를 다녀야 하는데 어떡하다 말을 한 거야. 제비들은 한 사람만 알게 돼도 금방 쫙악 퍼지거든. 그런 여자는 제비들 밥이지 밥. 이리 뜯기고 저리 뜯기고 해서 돈이 다 날아간 거야. 그러니 사모님이 금세 이년아 저년아가 돼버린 거야. 그렇게 다 뜯기고 그래서 댄서 해서 먹고살게 됐다는 거야. 아무리 많이 배웠대도 마흔 넘은 여자가 취직할 데가 없었잖아.

그래, 그 김영호 얘기를 하다 말았지. 그 여자가 그 오도바이 악세사리는 내 돈이 필요가 없대. 물건은 외상으로 떼다가 갖다주고 나중에 수금하면 그 자리에서 내 몫이 나온다는 거지. 내 돈 들어가는 게 없잖아. 그래서 종로5가 삼촌 당구장 건물 옥상에서 살다가 정리하고 그 여자 사는 동네로 갔어. 그 여자가 순복음교회를 다니는데 교인 하나가 그 악세사리 가게를 하더라구. 같은 지역이고 잘 아니까 나를 소개해준 거지. 그래서 물건 떼서 원래 거래처에도 주고 내가 거래처를 개발도 하면서 일을 했어. 당구장 재료보다는 좀 낫더라구. 여자랑 관계도 계속했고.

그러다가 한 1년쯤 지났는데 새벽에 여자가 막 난리를 치면서 온 거

야. 자기 남편이 목매달아 죽었대는 거야. 방문 어디다 목을 맸대. 그때
만 해도 남자가 무슨 힘든 게 있어서 죽었나보다 했어. 근데 알고 보니
그 여자도 오랫동안 정신과 약을 먹었드라고. 처녀 때부터 서울대병원
을 다니면서 계속 먹었대. 나중에 안 거야. 남편 죽고 좀 지나서 엉뚱한
소리를 하는 거야. 아니 세상에, 남편을 내가 죽였다구 다그치는 거야.
약 기운인지 뭔지. 겁이 확 나더라구. 아니다 싶어서 속으로 떼버릴 작정
을 했지. 그래서 대형 버스 운전면허를 내서, 여자 몰래 살짝 안성으로
도망가서 버스 운전을 했어. 아, 근데 어느 날 밤에 여자가 찾아왔네. 머
리도 좋아. 내 이삿짐 싣고 간 용달 운전수를 찾아내서 오밤중에 그 용
달을 타고 거기까지 찾아왔어. 그래 놓고는 나더러 그 용달비도 주라는
거야. 그렇게 한번 찾아오고는 그다음에는 수시로 오는 거야. 밤에 몰래
오기도 하고. 혹시 딴 여자가 있나 해서 말도 않고 와서는 문밖에서 살
피다 살그머니 문을 열어보는 거야. 갈수록 히스테리가 나오더라구.

그러다가 그 버스 회사가 망해서 나도 정리하고 다시 서울로 왔어. 그
러고는 중량교 지나 태릉 쪽 아파트 단지에 세탁소 하나 나온 거를 인수
했어. 전에 내 돈 2000만 원 떼먹은 놈이 있었거든. 그놈이 소개를 해준
거야. 근데 세탁소가 그렇게 힘들어. 사람들 출근하기 전 이른 아침에
'세타아악, 세타아악' 하면서 아파트를 돌아다녀서 일감을 걷어. 세탁하
고 아이롱이 많지. 줄 때는 와서 가져가기도 하고 내가 가져다주기도 하
고. 근데 내가 받을 때 없던 얼룩이 묻었다고 지랄들을 하는 거야. 세탁
소 앉은자리에서 손님이 가져오고 가져가면 그런 일이 없어. 근데 내가
걷어오는 세탁물들에서 꼭 사고가 나네. 그러니 나도 검사를 하면서 받
거든. 근데 그 이른 시간에 남의 집 현관문 열어놓고 꼼꼼히 살필 수가
없잖아. 그런데 찾아가면서는 하나하나 보다가 불만을 말하는 거야. 아
유, 세탁소 그게 골치 아파요. 지금도 세탁소 하는 사람 보면 용해.

그 여자 집이 세탁소 근처 1키로 거리였어. 근데 밤에 살짝 와서 몰래 보고 말도 안 하고 가. 어떤 때는 들어와서 그거도 하고. 나는 점점 무서운 거야. 갈수록 집착이 커져. 내 말 한마디 눈길 하나를 따지고 드는 거야. 딴 여자를 쳐다봤대나 뭐래나, 아유. 그때서야 남편이 왜 죽었는지 이해가 가더라구. 나도 죽구 싶은 생각이 들더라니까. 집착 정도가 아니라 완전 병적 히스테리야. 그때는 차가 있으니 놀러를 많이 다녔지. 시간만 나면 놀러가는 거야. 한번은 내가 운전을 하고 같이 어디를 가는데 갑자기 운전대를 잡고는 같이 죽자는 거야. 조용하다가 돌발적으로 말이야. 내가 확 깨더라구. 왜 죽자는 건지 물어도 답도 없고. 이유를 알아야 다독이든 말든 하지. 밤에 몰래 세탁소를 그대로 놔두고 혼자 도망을 나와 버렸어. 물건 받아온 거랑 기계랑 다 놓고 몸만 빠져나온 거야. 그 소개한 친구한테는 니가 정리 좀 하라고 말은 했지. 그 여자한테는 절대 말하지 말라고 입을 막아놓구.

　세탁소에서 도망 나오고는 끝이 났거든. 근데 2000년인가 지금 만나는 강 여사랑 강화도로 6인승 밴을 타고 놀러가는데 경찰관이 검문하는 거야. 무슨 일이냐 물었더니 내가 기소 중지로 수배 중이라는 거야. 뭐로 수배가 됐느냐고 물으니까 그 김영호 이야기를 하는 거야. 그 여자가 나를 돈 2500만 원을 띠어먹고 도망갔다고 고소를 한 거야. 그래서 경찰차 타고 안성으로 갔어. 여자 주소지가 안성이었나 봐. 군대 기피라고 이틀인가 있어 보고는, 팔자에 없는 유치장 신세를 진 거지.

　토요일이어서 유치장에 있다 월요일에 평택 법원으로 갔더니 김영호가 와 있어. 소름이 쫘악 솟더라구. 판사 앞에서 내가 저 여자한테 커피한 잔이라도 얻어먹었으면 성을 간다 그랬더니 여자가 증인이니 증거니하면서 횡설수설이야. 판사가 들어도 기가 찬 거야. 제정신이 아닌 거를 안 거지. 판사가 죄도 없는 사람을 고소했느냐고 야단치더라구. 하도 기가 막혀서 그 여자를 꺼꾸로 걸려고 법원 앞 법률 사무소에 가서 물어봤어. 그러면서 이 여자가 처녀 때부터 정신병 약을 먹었다는 얘기를 했어. 사무장인가 하는 사람이 그런 여자를 무고죄로 걸어봤자 정신병이라고 판명 나면 아무것도 할 게 없대는 거야. 감옥살이도 못 시키고 손해 배상도 못 받고. 나만 변호사비니 돈 들어가고 시간 쓰고 한대는 거지. 그러구 말았지.

그러구 또 몇 년 지나서 2007년 5월인가 아현동 살 때 법원에서 편지가 날아왔네. 이번에는 그 여자가 나를 민사로 고소를 한 거야. 그래서 또 법률 사무소 가서 뭐 써내고 하느라 100만 원 정도 들었어. 재판 날짜에 오래서 갔지. 재판관이 돈 빌려갔느냐고 묻길래 아니라고 했지. '뭘 안 가져가? 여기 증거가 다 있는데, 갚어', 그러고는 가래. 2500만 원인데 거기에 이자니 해서 많이 더 붙었어. 판사 놈이 그 지랄을 하면서 나한테 뭐 더 말을 하지도 않고 할 말 있으면 변호사 사서 하래. 북부 검찰청에를 가서 물어봤어. 10년 딱 돼서 공소 시효 지나기 직전에 또 재판을 넣은 거더라구. 그러구 보니 그 여자가 정신병 때문에 별소리 별짓을 다하고 같이 죽자 할 때, 하도 돈돈돈 하면서 괴롭히길래 내가 종잇장에다 써준 게 있었어. 아구야, 그 종잇장을 갖고 있더라니까. 진짜 소름 끼쳐. 내가 후배한테 빌려줬다 못 받았다는 그 2000만 원 있잖아. 그거 받으면 너 주마 그랬던 거 같아. 받을 가능성이 없는 돈이니까 나도 그 말을 하구 그걸 써준 거지. 거기다가 그 후배한테 니가 증인을 서라 그 말도 했었고. 그걸 증거니 증인이니 하며 디미는 거야. 내가 그 자초지종을 다 밝히려면 변호사를 사서 재판에 대응을 해야 된대는 거야. 근데 변호사 착수금이 600만 원이래. 내가 거기다 그 돈을 왜 들여? 하도 기가 차서 '아직도 이쁘구만', 그러구 나왔어. 이쁘긴 아주 이뻐, 그 여자가.

최현숙 아이구야, 그러구 당하면서두 그 자리에서 이쁜 게 보이고 '이쁘구만' 소리가 나와요? 하하하.

김용술 아, 이쁜 건 이쁜 거지, 하하하. 내가 그렇게 철이 없어요. 나는 여자한테 밥 한끼 얻어먹은 적이 없어. 근데 내가 여자 돈 2500만 원을 먹어? 말도 안 되지. 그러구 그냥 와버렸어. 재판이구 대응이구두 놔뒀어. 그러구는 이제까지 없어. 혹시라도 그 여자가 또 쫓아오나 싶어서 한동안은 걱정이 되더라니까. 아현동 바로 저기 위에서 가게 할 때지. 근데 그러구는 안 나타났어. 그래도 10년 되면 법원서 뭐가 또 날라올지 모르지. 아구, 진절머리가 나. 여자 조심해야지. 집착에 정신병이야. 질겨, 아주 끈질겨.

그 돈으로 땅을 사났다면

내가 딱 한 번 남의 돈을 고의로 띠어먹은 일이 있었어. 93년인가 94년쯤에 그 편집증 여자 만나고 도망 다니고 할 때 제기동 캬바레에 있는 춤 선생을 하나 알게 됐어. 나보다 두어 살 많은 여자야. 거기서 춤도 배우고 놀러도 다니고 그랬지. 그러다가 그 여자가 계를 하자고 하더라구. 94, 95년에 안성 가기 전이었어. 스무 명이 하는 계야. 월 50씩을 붓는 건데, 그러다가 내가 계를 탔어. 그 곗돈 탄 거 천 하고 나중에 버스 운전으로 번 돈하고 해서, 2000만 원 목돈 생긴 거를 그 후배 빌려줬다 못 받은 거지. 근데 김영호 그 여자한테 시달리느라 다섯 번 남겨놓고 안성으로 오밤중에 도망간 거거든. 그러니 한 달에 50씩 250만 원을 띠어먹었어. 그때도 연락해서 빌려서 내든가 했으면 되는데, 하도 힘드니까 아무도 몰래 도망친 길에 그냥 띠어먹어지더라구. 양심이 많이 찔렸지. 내가 막살아도 도둑질은 안 해봤거든. 군대 때나 택시 하면서 그냥 삥땅

수준이지. 지금이라도 수소문해서 찾아볼까 하는 생각도 많이 했어. 남의 돈 띠어먹은 게 섞여서 그 2000만 원을 띤긴 건지, 하하하.

근데 나한테는 돈이 있으면 안 돼. 모처럼 2000만 원을 만든 거잖아. 물론 띠어먹은 곗돈 250만 원도 들어 있지만 말이야. 그때 마침 안성에 땅이 나왔대길래 나도 좀 누구들처럼 땅이나 사놓자 싶었어. 근데 막상 살랬더니 2400만 원이래. 400만 원을 누구한테 빌릴 데도 없고 해서 그걸 못 사고 은행에다 딱 넣어놨지. 그러다가 서울을 들렀는데 오도바이 악세사리 대줄 때 그 원도매를 하던 놈이 있었어. 나는 중간 도매한테 물건을 받았던 거구. 그 원도매하는 놈이 아주 착했어. 지금도 전화번호를 가지고 있어. 근데 얘가 아이엠에프로 부도 맞아 망하고 힘이 쭈욱 빠져서 겨우겨우 먹고살더라구. 버스 운전은 봉급쟁이니까 아이엠에프라고 해도 힘든 게 없었지. 근데 그놈이 이번에 새로 나온 악세사리가 아주 좋은데, 한번 터지면 대박 나는데……어쩌구 하는 거야. 그래서 얼마면 되냐 했더니 2000만 원이래는 거야. 딱이잖아. 그래서 내가 줄게하구는 빌려준 거야. 내가 그전에도 악세사리 할 때, 걔 덕을 많이 봤거든. 애가 착해. 사기 치는 놈도 아니고 성실해. 그래서 줬어.

근데 그 자식이 성공을 못한 거지. 돈은 다 날리고. 세탁소 소개해줬대는 그놈이 바로 그놈이야. 그 세탁소를 소개하길래 내가 나 돈 없다했어. 있어도 없다고 한 거지. 그냥 와서 하세요. 제가 알아서 할 테니. 그래서 들어가서 하다가 도망나온 거야. 두고두고 푼돈으로 한 1000만 원이나 받았나? 막말로 하면 이자나 겨우 받은 거야. 그러구는 땡 치고만 거야. 그놈은 돈 있으면 지금이라도 들고 올 놈이야. 그렇다구 내가 뭐 그 돈 기다린다는 건 아니구.

기술로 먹고사니까 학력 차별 그런 건 별로 안 느꼈어. 근데 평생 손하구 몸으로 먹고살면서 내가 배움이 없구나 하는 거는 많이 느꼈지. 명

품 가죽제품 수리를 맡았다고 쳐. 배움이 많으면 명품에 대해서 잘 알아
두고, 대화를 잘하면 돈을 훨씬 더 받을 거 같아. 내가 기술은 아주 좋거
든. 근데 머릿속에 들은 게 없어. 지금 스타나 명전사 그런 데서 10만 원
받을 거를 나는 2만 원, 3만 원만 불러. 사무실에서 펜대 굴리는 일에는
평생 취직할 생각을 안 해봤어. 근데 젊을 때는 기술직이 사무직보다 백
배 나았어. 왜냐? 자유롭지, 돈 많이 벌지, 머리 숙일 필요 없지. 공무원
이 철밥통이라고 하지만 공무원들도 기술자, 자영업들을 부러워했어.

근데 보니까, 다 같이 못 배울 때나 기술직이 잘나갔던 거야. 기술이
무지하게 빠르게 발전을 하잖아, 세상도 휙휙 바뀌고. 그걸 쫓아가려면
머리가 있어야 하고 배움이 있어야 하는데, 그걸 못한 거야. 한때 잘나
가던 자영업 기술자들, 양복, 양재, 구두, 이발, 세탁, 그런 거 다 젊어 한
때 잘나갔지 지금은 다 퇴물이잖아. 대학에 박사까지 나오고 빠릿빠릿
한 놈들이 다 컴퓨터로 하고 돈 투자해서 프랜차이즈 하고, 그걸 우리
같은 사람들이 어떻게 쫓아가냐구. 세상 변한 거 보면 완전히 다른 세
상에 있는 거 같아. 인터넷이나 스마트폰 이런 게 상상도 못했던 거거
든. 그저 나대로 내 세상에서 살다 가도, 젊은 놈들은 다른 세상에 산다,
그렇게 생각해야 편해.

최현숙 사신 동안 경제적 형편을 보면 기억나지 않는 어린 시절에는 아
주 잘사셨고, 아버지의 몰락으로 가난한 유년과 청년기를 보내셨어요.
그러다가 '양복'이라는 전문 기술직을 통해 비교적 잘나가던 시절이 속
초에서 이런저런 일을 하면서는 그래도 유지가 됐던 거지요. 근데 가족
들 먹여 살리기 위해 서울을 들락거리며 이런저런 일을 하다가 결국 경
제적으로도 어려워지고 가정적으로도 어려워진 걸로 보여요. 가난을 벗
어나지 못한 이유는 뭐라고 보세요.

김용술 당연히 첫째는 내가 문제야. 돈 벌 때 흥청망청 쓰고, 술과 여자

로 놀고. 나는 그건 인정해. 그걸 인정 안 하면 나쁜 놈이지. 그리구는 배움이 부족했던 거라고 봐. 대한민국이 학벌사회래잖아. 가방끈이 짧은 놈은 벌어먹는 게 반해. 아무리 기술직이었더래도 그게 한물가면 몸으로 때우는 거 말고는 할 게 없어. 못 배웠더래도 물려받은 돈이든 모은 돈이든, 돈을 제대로 쥐어봤으면 달랐겠지. 돈 투자해서 자영업이라도 삐까뻔쩍하게 하다가, 웬만큼 모이면 당연히 부동산 투자를 했겠지. 근데 그 밑돈이 모아지지를 않더라구.

내가 아무리 흥청망청했다 그래도, 없는 놈 흥청망청이 사실 얼마나 되겠어. 배운 놈들, 가진 놈들 흥청망청에 대면 새 발에 피지. 돈이라는 게 어느 정도는 모아져야 모을 맛도 나거든. 그러니 없을 때 못 쓴 거 있을 때나 써보고 싶은 게 심리잖아. 개천에서 용도 나고, 아버지 소 팔아 집 나와서 재벌 된 사람도 있지만, 그건 정말 어쩌다가 하나 있는 경우지. 지금 큰 부자들 다 보면 백이면 아흔아홉은 다 있는 돈에서 시작한 거야, 물려받은 재산에서. 태생이 없는 놈들은 죽었다 깨나도 다 거기서 거기야. 그저 집이나 갖고 자식들 공부나 잘 시키고 그런 거지만, 그게 다 도낀개낀이야. 오죽하면 할아버지 할머니가 부자라야 최고 신랑감 신붓감이라는 말이 나오겠어. 그렇다고 부모 원망하고 그런 건 없어. 남들이야 어떻게 볼지 모르지만, 나는 내 힘껏 열심히 산 거야. 어느 구렁텅이에서도 혼자 힘들여 일어섰고.

나는 초등학교만 나왔어도 배고픈 일은 없어. 요령껏 삥땅을 치든 개같이 벌든, 배가 터지면 터졌지 곯아본 적이 없어. 군대서도 어떻게 되든 돈 만들어서, 밤에 색싯집 나와 술 퍼먹고 놀았는데 무슨 배가 고파. 그래도 인간은 배워야 돼, 무조건. 배움이 있어야 뭐든 깊이 있게 알고, 생각도 깊이 하고, 사람 대하는 것도 잘해. 그래야 돈도 벌고, 번 돈도 늘리고 하는 거야.

세탁소 놓고 나오고는 도망이고 방황이지. 반도 더 미친 여자가 그렇게 집착하면 어딜 가든 쫓아올 거라는 생각이 되더라구. 그럴 때 보면 내가 멍청해. 어떡할지 생각을 못하고 그냥 도망 다닌 거야. 확실한 방법을 안 찾고. 동사무소에 주소 정리도 안 하고, 차 갖고 다니면서 차 안에서 자고 한동안 일도 못했어.

그때 막내 남동생이 화곡동에서 구멍가게를 하고 있었어. 나 사는 꼬라지를 보더니, '뭘 그렇게 그러고 사냐, 여자 하나 소개해줄 테니 같이 뭐라도 해봐라', 그드라고. 동생하고 같이 가서 보는데, 화장을 이쁘게 했더라구. 포장마차도 아니고 수퍼 앞에서 노점 비스무레하게 하는 거였어. 순대도 팔고, 술 달라는 사람 있으면 자리 내준 수퍼에서 술 사다가 순대랑 같이 팔고. 그 여자가 지금 내가 만나는 강 여사야. 동생 소개루 강 여사한테 도전을 시작한 거지. 그때면 어머니랑 형제들 식구들은 다 서울로 왔어. 애들 엄마하고 자식들은 그대로 있고. 그래서 동생 구멍가게 바로 앞에다 지하방을 얻었어. 거기서 강 여사랑 만나고 장사도 도와주고 하다가, 옷 수선집을 냈어. 양재니 재봉 그런 건 내 전공이잖아. 강 여사는 그때 아들 하나에 딸 둘 해서 넷이 같이 살고 있었어. 그러니 강 여사가 내 방을 들랑날랑한 거지. 그러다가 순대 노점이 갑갑하니까 때려치우고는 수선집 일을 같이한 거야. 주로 내가 수선을 하면 강 여사는 마드매(봉제나 수선 작업에서 끝단 정리나 실밥 정리 같은 보조 작업)를 하고. 전에 봉제 공장도 다녔다고 하드라구. 그렇게 둘이 하면서 진짜루 재미있었어. 이 사람은 건드리기만 하면 물이 줄줄줄줄 나와. 삽입만 하면 미치는 거야. 나 만날 때 사별한 지 7년 됐다더라구. 여자 혼자 고생이 많았겠지. 나 만났을 때 큰애가 서른이나 됐을 거야. 내가 강 여사를 알고 나서 성적으로 아주 달라진 거야. 여자들한테 뭘 잘 못했는지를 알게 된 거지. 아닌 말로 나 혼자만 한 거야. 근데 여자도 그렇게 좋아할 수 있다는 걸 그때 처음 알았어.

그러다가 제주도로 야채 떼서 보내는 일을 잡았어. 제주 거래처들 주문을 모아서 서울로 넘기는 업자가 있어. 우리는 그 주문받은 거를 서울서 부쳐주는 거지. 제주뿐 아니라 다른 지방도 많이 보냈어. 야채 가격이 농촌보다도 서울이 싸. 농촌에서 키워서 근처에다 파는 게 아냐. 밭떼기로 해서 일단 다 서울로 올려. 서울 왔다가 지방 시장이니 큰 식당으로 다시 가지. 그러니 지방 가격이 서울보다 비싸지. 그것두 참 웃기는 거 아냐? 고 동네 안에서 사고팔면 가격도 싸고 싱싱할 거잖아.

발전이라는 게 다 좋은 게 아냐. 사람이 아니라 돈이 목적이 돼지. 그러고 보니 나도 그 유통 한쪽 끄트머리에서 먹고산 거네. 하하하. 새벽 1시 깜깜할 때 트럭 몰고 도매시장에 가서 야채를 떼는 거야. 그걸 싣고 공항으로 가서 새벽 6시에 출발하는 제주행 비행기에 부치는 거야. 그러고 사무실 와서 일 정리하면, 12시에서 1시가 퇴근이야. 그럼 집에 와서 자는 거지. 일요일은 쉬고. 그거 하면서 서울 근교 다 놀러 다니고 증말 재미있었어. 한 여자랑 성적으로 더할 수 없이 좋은 거가 제일 컸고, 안정된 월급 생활하니까 뽀대도 났지.

귀신이 붙었대서 푸닥거리를 했어

근데 어느 날부터 옷싹오싹 춥기 시작해. 몸살인가 해서 이불을 몇 개씩 덮어도 추운 거야. 한여름인데. 병원 가도 이상 없대고 과로니까 쉬래. 근데 이상한 게 낮 1시에 춥기 시작해서 저녁 6시까지 그러는 거야.

그러구 나면 괜찮아. 밤에 나가서 물건 떼서 부치고, 일 마치고 돌아와 자려구 하면 또 그러는 거야. 강 여사가 미신을 좀 믿어. 어디 가서 물어보니 귀신 들렸다는 거야. 씨잘데기 없는 소리한다고 난 안 믿는다 그랬어. 근데 계속 그러는 거야. 누나한테 말했더니 가보자는 거야. 그래서 용하다는 데를 갔더니, 거기서도 귀신이 붙었대. 어머니 산소가 경기도 가평군 설악면에 있어. 2002년인가 연초에 돌아가셔서 거기다 모셨거든, 청평 유원지 옆에. 그 여름에 한 번 갔다 왔어. 언제 갔냐고 물어서 날짜를 따져보니까 7월 몇째인가 일요일인데, 청명이더라구. 청명은 온갖 잡귀가 세상 밖으로 나오는 날이래. 그걸 모르고 쉬는 날이니까 갔다 온 거지. 갔다 오고 2~3일 뒤부터 그렇게 아팠구. 엄마 귀신이 붙었대. 알았다구는 하구 왔는데 난 안 믿었어. 그러다 일요일에 제부도를 강 여사랑 놀러 갔어. 안산시에서 제부도루 넘어가는 뚝이 있거든. 그 뚝을 들어갈려는데 갑자기 몸이 휘둘리는 거야. 도저히 운전을 할 수가 없어. 시계를 보니까 1시가 쪼끔 넘었어. 차를 돌려서 근처 병원을 찾아 갔는데 아무 이상 없대. 주사나 맞고 집에 겨우 와서 쉬다가 5~6시 되니까 또 가라앉네.

누나가 푸닥꺼리를 하자는 거야. 450만 원 주고 굿을 했어. 원래는 2000만 원짜리래. 어머니 산소에 나, 강 여사, 무당, 무당이 데꼬 온 박수무당, 그렇게 넷이 갔지. 귀신 들렸다고 때리고 어쩌고는 없고, 음식 채리고 주문 외며 기도하고. 근데 하고 나니까 진짜 멀쩡해. 그래서 돈 값을 하나 보다 했는데 일주일이나 돼서 또 그러네. 그래 다시 무당한테 가서 물었더니, 이번에는 강 여사 남편 귀신이 붙었다는 거야. 강 여사 남편 이야기를 무당한테 안 해서 그 귀신을 못 달랬다는 거지. 그래서 그 남편 무덤에 가서 또 굿을 했어. 전라도 담양이야. 이번에는 200만 원인가 그랬어. 상이구 기도구는 똑같아. 두 번을 연달아 하니 알아서 싸게 해준 거지. 그러구는 증말 희한하게 멀쩡해. 진짜루 귀신같이 낫디라구. 그 뒤로는 어디 가서 귀신 이야기 나오면 나는 그럴 수 있다구 얘기해. 내가 글이나 잘 썼으면 엠비씨_{MBC}에 투고도 하구 알렸을 거야. 그 무당 용하다고. 내가 아무리 얘기해봐야 누가 믿어? 아플 때 사진이나 자료들을 모은 것두 아니고.

제주도에 야채 대주는 걸 그만두고, 같이 포장마차를 했어. 푸닥거리하면서 직장을 못 나갔거든. 그 무당한테 내가 뭘 하면 좋겠냐고 물었지. 미사리 어디 포장마차가 그만둔다더라, 가서 그거 하라고 그러는 거야. 그 무당 소개로 간 거지. 나는 무조건 하겠다고 했어. 믿음이 가잖아, 멀쩡하게 나으니까. 하남시 미사리 가면 데이트 코스랑 모텔들이 많잖아. 강 여사는 펄쩍 뛰는 거야, 자기는 못하겠대. 한동안 강 여사는 놀았어. 애들이 다 컸으니 생활비는 애들이 다 벌잖아. 그러니 내가 생활비를 준 거는 아니고 둘이 쓰는 거만 내가 댄 거지. 둘이 노느라고 많이 썼지만 그래도 한 1000만 원 안 되게 모아놓은 게 있었어. 포장마차 권리금으로 1000을 달라는 걸 깎고 깎아서 800에 인수를 했어. 그 돈 없는 척하느라고 강 여사한테는 누나한테 빌렸다고 했지. 하하. 장사는 잘됐어. 난 손으로 하는 건 다 잘해. 나는 방 빼고 6밴 가지고 다니면서 차에서 자고. 역마살이 뻗친 거지. 6밴이 놀러 다니기도 좋고 숙박비도 안 들어가. 기름값만 있으면 돼. 근데 그놈에 단속이 매일이다시피 나와.

역마살 얘기를 하니까 생각나네. 한번은 군에서 휴가 나와 마장동에 가니까 길거리에 점 보는 사람이 많더라구. 군복 입고 지나가는데 돗자리 핀 할아버지 하나가 빤히 쳐다보다가는 한번 와보라는 거야. 그 앞에 쭈구려 앉았지. 이거저거 물어보더니만, 나더러 단명이래. 그러면서 세 번 장가를 가야 수명을 연장한대. 그때야 그러냐고 하고 말았지. 근데 맞는 거 같애. 애들 엄마에 누구누구 꼽을 것도 없이 여튼 여자들 덕에 명이 연장된 거지.

포장마차 단속 뜨면 도망치고 때려 부수고 쌈질하고 다시 짓고 하면서 하여튼 재미있었어. 그때가 따지자면 아이엠에프 한창일 때지. 근데 그 아이엠에프도 사무실에서 펜대 굴리는 사람들, 대기업이니 뭐 중소기업이라도 다니는 사람들 얘기지, 우리 같은 밑바닥 사람들한테야 별 의미가 없었다고 봐. 평생 대출 한 번 받아본 적도 없고, 이력서 한 번 써본 적이 없어. 그러니 금융권이 어쩌구 정리해고가 어쩌구는 우리랑은 딴 세상 이야기야. 장사가 좀 잘되냐 못되냐는 있겠지만, 그것두 우리같이 싸구려 장사는 오히려 장사가 잘되기도 했어. 비싼 거 먹던 놈들이 우리 꺼 먹는 게 아이엠에프잖아.

나중에는 강 여사도 같이하면서 돈 관리를 했어. 음식은 내가 다 만들었어. 나는 기본적으로 손재주가 있는 거 같아. 평생 손꾸락 움직이는 걸로 먹고살았잖아. 양재, 양복도 그렇고, 포장마차니, 지금 이 가죽 수선도 그렇고. 내가 어디서 음식을 배워본 적이 없거든. 눈대중으로 하는데 다들 맛있대. 놀러 돌아다니면서 온갖 음식을 다 먹어봐서 그런가 봐. 먹어보면 어떻게 양념을 하겠다는 게 나와. 그런데다 강 여사 김치가 너무 맛있어. 손님마다 김치에 환장을 하는 거야. 특히 무를 큼직하게 썰어서 담는 속배기(섞박지), 그걸 먹으러 오는 사람이 많았어. 수제비에다 그 속배기를 먹으면 기가 막혀. 안주는 여러 가지지. 회가 많았어. 새우 날 때 생새우 대하를 많이 썼어. 어항 만들어놓고, 장어, 오징어도 회를 하고. 오징어 두루치기는 양념해서 살짝 볶고, 오징어를 살짝 데쳐서 양념에 무쳐 내기도 하고. 고기도 양념해서 굽고. 하여튼 안주는 다 했어. 칼제비라고 수제비랑 칼국수를 섞어서 끓이는 거도 추울 때는 잘 팔렸지.

무지무지 재미를 본 날이 딱 두 번 있었어. 한번은 비가 무지하게 와서 포장마차가 하나도 안 나왔어. 포장마차 옆에다가 6밴 세워놓고 그 안에서 잤거든. 근데 저녁 9시나 돼서 비가 뚝 끄친 거야. 자다가 사람들 웅성거리는 소리에 깼어. 깨서 보니 비가 끄치고 좀 됐는지 사람들은 많이 나왔는데, 포장마차가 하나도 없잖아. 데이트족들이 어디 먹으러 들어갈 데가 없는 거지. 순간적으로 대박 나겠다 싶더라구. 강 여사도 없고 혼자서. 우매야, 사람들이 밀려드는데 먹은 그릇 치울 시간도 없어. 음식 만들면 시킨 사람이 와서 갖다먹고, 다음 사람이 와서 주문하면서 그전 꺼 치우고, 지네가 설거지도 해주고. 나는 만들기만 해. 새벽 5시까지 장사를 했어. 너무 피곤해서 세어보지도 않고 잤어. 한참 있으니 강 여사가 왔어. 돈 시어봐라 하구 던져줬는데 76만 원인가. 평소에는 십 몇만 원이거든.

또 한 번도 마찬가지루 갑자기 비온 끝이었어. 그때는 둘이 있을 때야. 그때도 70만 원 정도 팔았어. 데이트족이 주고 라이브 가수들 단골이 많았어. 가수들은 밤 1~2시경에 출출하기도 하고 목도 컬컬하니까 와서 한잔씩 하지. 김수희니 누구니 가수들이 단골이야. 근데 지금은 거기 도로가 났어. 팔당댐 옆으로 산 밑에 길을 새로 뚫은 거지. 길 난다는 소문이 나면서 얼른 그걸 내놨지. 조용히 급하게 파느라고 800만 원에 산 걸 450만 원에 팔았어. 그러구두 실제 돈 들어온 거는 250만 원이야. 나중에 받기로 하고 급하게 넘긴 건데 못 받은 거지. 길 난다는 걸 속이고 판 거여서 돈 닦달을 못 하겠더라구. 인수한 놈은 돈 떼먹어 좋다고 했겠지만 결국 금방 치웠겠지. 돈으로는 포장마차 해서 많이 벌었지. 근데 내가 술 먹느라고 반은 깎인 거구. 쉬는 날 둘이 놀러 다니느라고 또 많이 썼구. 그래도 그 장사로 돈을 좀 벌었지.

모든 노인들이 성이 큰 고민일 거야

나는 평생 술하고 성욕이 문제야. 그거 때메 결국 돈을 못 모아. 포장마차 할 때 매일 소주 열 병은 처먹은 거 같아. 술 때문에 강 여사랑 많이 싸웠지. 그래도 나는 중독으로는 안 가. 이젠 많이 줄어서 거의 못 먹지. 가끔 혼자서 막걸리 한 병 사다가 두세 번에 나눠 먹고 그래. 성욕은 아직도 문제야. 그게 관리가 안 돼서 인생이 꼬인 거지. 성병 때문에 고생한 거는 없어. 매독은 걸린 적 없고, 임질은 잠깐씩 걸렸지만 약 먹으면 금방 괜찮아져. 약이 아주 좋잖아. 내가 여자한테 옮긴 적은 없어. 확인되면 안 하고 약 먹고 치료부터 하지. 군에서도 성병은 걸렸지.

올해 강 여사가 예순일곱이야. 남자는 허리 꼬부라져도 지푸라기 하나 집어 들 기운만 있으면 선다는데, 여자는 나이들면 힘들더라구. 그래서 나는 불만이 많아. 욕구를 풀어야 하잖아. 그래두 요즘은 다른 여자한테 가는 일은 없어. 젊었을 때는 가끔 갔지. 남자는 첫째가 성욕이 문제야. 홀애비 3년이면 이가 서 말이고 과부 3년이면 보리쌀이 서 말이래잖아. 그 말이 정말 뼈 있는 말이야. 나는 명언이라고 생각해. 남자는 마누라 없으면 성욕을 돈으로 해결해야 하잖아. 그러구 서방 없는 여자는 돈을 받구 해주는 거구.

최현숙 그 이야기 나오니까 파고다공원 박카스 할머니들 생각나네요. 아무래도 남자 노인보다 여자 노인이 더 가난한 편이라 먹고살려면 충분히 그럴 수 있다고 생각해요.

김용술 나는 거기는 별루더라구. 딱 한 번 가봤어. 종로 3가 1호선에서 5호선으로 가는데 어떤 아줌씨 하나가 잡더라구. 그전에도 한 할머니가 잡길래 아니 그 나이에도 그게 돼 그러구 웃으면서 물어봤어. 그니까 여자가 홱 가버리더라구. 그 양반은 그 말을 어떤 의미로 들었는지 모르지만 욕한 거는 아니었어. 욕하구 할 게 뭐 있어? 그러구 나서 또 어떤 여자가 잡어. 50대는 없어. 환갑은 넘었어, 모두. 못 이기는 척하고 따라갔지. 근데 그 나이 먹어서 몸 파는 여자하고 하느니, 누구 말마따나 차라리 손장난하는 게 훨씬 나. 파고다공원 근처 여관인데, 여관비도 무지무지 싸. 작년에 5000원이야. 노인들이 뭐 1시간밖에 더 있겠어? 그러니 나가면 또 받고 나가면 또 받고 하는 거지. 남자가 사정하면 여자들은 금방 옷 챙겨 입고 나가. 다른 남자 또 잡으러 가는 거지. 거기서 노인들 성병이 많이 퍼진다고 하더라구. 돈도 많이 달라고도 안 해. 그때로 2만 원에 여관비 5000원. 그래서 내가 3만 원을 줬어. 어떤 여자들은 속여서 많이 받는다는 말도 하더라구. 근데 이건 뭐 성관계도 아니구 재미도 하나도 없어. 갈 만한 데가 아니더라구.

최현숙 노인들 만나 성에 대해 물어보면 처음에는 터놓고 얘기를 못하다가 차차 이야기를 하시는데, 특히 남성 노인들은 성적 욕망 자체가 아주 큰 문제더라구요. 여성 노인들은 성욕 자체보다는 만나고 사귀고 대화하고 하는 관계를 향한 욕구가 많구요. 남자분들 중에서도 그런 관계를 우선으로 생각하는 분들도 많이 봤구요.

김용술 맞어. 모든 노인들이 성이 큰 고민일 거라고 봐. 젊은 사람들이 주책 맞다고 할까봐 말을 안 해서 그렇지 본능인 거잖아. 여자는 멘스가 끊어지면 질이 말라. 물이 안 나오는 거지. 강 여사도 성관계가 부드럽지가 않고 아프대. 그런데다 손주들 눈치까지 보인다면서 갈수록 점점 섹스를 안 하려고 해.

최현숙 요즘은 오일이나 젤 같은 게 잘 나오잖아요. 젊은 사람들도 많이들 쓰던데.

김용술 도움은 되지. 근데 그거도 쪼금만 뭐 해서 많이 쓰면 물크덩물크덩하면서 질척거리는 거야. 게다가 여자 질 수축도 힘이 없어지니까 감촉도 안 좋구 재미가 없지. 그러니 자꾸 젊은 여자 생각이 난 거야.

최현숙 그럼 선생님은 지금도 섹스에서 페니스가 느끼는 쾌감과 사정이 가장 중요한 거네요.

김용술 당연하지.

최현숙 그렇지만 나이들어 페니스가 서지 않거나 여자가 삽입을 안 좋아하는 경우, 애무와 키스 같은 스킨십을 해서 서로 몸을 나누고 마음을 느끼는 것도 저는 중요한 성행위라고 생각하거든요. 꼭 삽입을 하고 사정을 하는 게 중요하지 않고.

김용술 맞어, 나도 젊어서는 나 혼자 좋고 나 사정하는 거만 생각했는데, 나이들수록 그런 애무들이 더 좋아지고 많이 하게 돼. 강 여사하고는 98년도부터 해서 올해가 18년째야.

최현숙 두 분은 참 각별하세요. 결혼하지 않은 채 18년을 이어가는 점도 그렇고, 그 연배에도 관계의 핵심이 성적 쾌감이라는 점도 그렇고요.

김용술 헤어질려고도 몇 번이나 했어. 둘다 성질이 불같거든. 근데 첫째 섹스가 맞으니까 싸웠다가도 또 찾고 만나게 되는 거야. 아무래도 강 여사가 좀 숙여주는 편이지. 강 여사는 지금도 에너지는 많아. 근데 오르가즘 느끼는 게 전처럼 잘 안 돼서 짜증이 나는 거야. 그 오르가즘을 모르면 괜찮은데, 아니까 더 짜증스러운 거지. 그러구 아주 좋아는 하면서도 말로는 표현을 안 해. 그게 나는 불만이야. 내가 얘기를 하거든, 얼마나 좋은지도 좀 말하고 어떻게 해달라고도 하면서 여러 가지로 좀 해보자고. 근데 그걸 안 해. 내가 알아서 하면 좋아는 하는데 자기 입으로는 말을 안 해. 그게 나는 불만이야. 그거만 하면 100만 불인데. 여자가 그런 걸 말하면 쌍스럽고 하찔로 볼까봐 말을 안 한다더라구.

내가 강 여사 만나면서 그전에 다른 여자들, 특히 애들 엄마한테 뭘 잘못했는지를 알게 됐어. 집사람이 바람나게 한 원인이 바로 나라는 걸

강 여사 만나면서야 안 거지. 물론 책이나 영화 보고도 알았지만. 혼인 신고는 강 여사가 싫어해. 나두 뭐 안 하는 게 좋고.

근데 성 이야기는 좀 빼는 게 어때? 별의별 소리를 다 해서, 남들이 읽으면 아주 뺄 없는 놈으로 볼 거 같아서 말이야.

최현숙 저는 그런 게 개인의 삶이기도 하지만 시대하고 겹치는 부분이 많다고 생각해요. 선생님은 성에 솔직하신 게 가장 큰 장점이에요. 위선도 과장도 없이 성을 알아나가는 과정과 혼돈, 다양한 성경험의 과정과 느낌과 변화, 성적 욕망이 동기가 된 여자 관계, 그 관계에서 이어진 밥벌이와 살아온 동네, 갈등과 우여곡절의 과정, 시행착오를 통한 깨달음 등등, 정말 중요한 내용이 고스란히 들어 있어요. 솔직한 분이 아니면 이런 구술은 할 수 없거든요.

김용술 맞어. 위선 같은 거랑은 거리가 멀지만, 과장한 거도 없어. 그리구 뭐 나 잘났다 잘했다는 거도 아니고. 성욕 때문에 처자식이랑 헤어지고 인생이 뒤틀렸는데 뭘 잘했다고 하겠어? 근데 정말 나는 내 이야기를 갖고 뭐가 좀 바꼈으면 하는 바램이야. 제발 쉬쉬하지 말고 제대로 된 성교육도 만들고, 몸뿐 아니라 마음으로 사랑하는 거를 가르치고, 여자들의 성도 가르쳐주고, 성욕뿐 아니라 절제하는 것도 가르치고 말이야. 내 입장에서는 평생 제일 중요한 건데 아무도 안 가르쳐주고, 되는 대로 부닥치면서 뒤죽박죽으로 깨지면서 알아간 거야. 결혼이나 자식 낳은 것도 그냥 닥치는 대로 한 거야, 생각이 없이. 그러니 문제가 생겨도 차분히 생각을 하고 답을 찾는 게 아니고, 그저 되는 대로 한 거고. 그게 내 인생의 문제야. 그거 말고는, 큰 죄를 진 거도 없고 남한테 피해준 거도 없어. 나이들어 지금 가난한 거야 내가 만든 거니까, 억울할 것도 챙피할 것도 힘들 것도 없어. 그래, 뭐 잘했다는 게 아니고 이렇다는 거니까 그대로 넣자구. 잘했든 못했든 성욕이 나한테는 살아 있다는 증

거구, 쓰러져도 일어나게 하는 힘이라고 느꼈거든. 뺄 수 없지. 그거 빼면 살아온 얘기가 거의 없기두 하구, 하하하.

포장마차 접고는 그때 번 돈으로 남부순환로 옆에 화물터미널 근처에서 실내 포장마차를 채렸어. 그거 하다가 목동으로 가서 포장마차를 또 재미있게 했지. 인공폭포 있는, 지금 9호선 전철 지나가는 입구에서. 목동 가면 지금도 와서 식당하라 그래. 50대 팔팔할 때였어. 지금도 식당 한번 멋지게 하고 싶은 욕심이 있어. 요즘 자영업이 힘들다지만 나는 내 손으로 다했기 때문에 어떻게 하면 되는지 잘 알아. 체인점들은 그걸 못하지. 자기 손맛으로 하는 게 아니잖아. 그런 거 보면 나두 대단한 놈이야. 손재주가 아주 좋은 거야.

목동서 장사하다가 때려치면서 헤어지자 그랬어. 누구랄 것도 없어. 화다닥 붙었어. 이유? 이 사람하고 나하고는 이건(주먹과 손바닥을 마주 여러 차례 부딪힘) 기가 막히게 잘 맞는데, 성질이 둘 다 불이야. 강가들이 고집이 쎄거든. '안강최'래잖아. 가끔 만나면 탈이 없는데 같이 오래 앉으면 꼭 싸워. 말꼬리 가지고 트집 잡다가 싸움이 되는 거야. 식당 같이할 때는 맨날 싸웠어. 이유야 늘 내 술이지. 손님 오면 주인이 술을 못 먹는 척하고 장사를 해야 하는데, 내가 그게 되나? '사장님, 한잔 합시다' 하면, '그래' 하고는 같이 앉는 거야. 그럼 얘는 처음 술 하나하고 안주 하나만 시키는 거야. 그다음 술이니 안주니 내가 다 대주는 거야. 고기볶음으로 시작해서 계란 후라이니 메뉴에 없는 것까지 만들어다 멕이지. 술장사가 아니고 술대접이야. 미사리서두 술 많이 먹었지. 쏘주로 하루에 열 병은 먹었을 거야. 그거 때문에 많이 싸웠지. 사실은 강 여사가 나보다 술이 더 쎄. 술도 진짜 잘 먹고 놀기도 잘하고, 한량이야 한량. 그래도 강 여사는 장사할 때는 절대 안 먹어.

어느 날 술 때문에 또 한바탕 싸워서 장사하다 말고 '씨발, 가자' 하구 걸어서 오다가, 음주 단속에 걸렸어. 벌금 200만 원 물고 면허 취소되고. 그 김에 헤어지자 그런 거지. 2006년이야. 헤어질려고 포장마차 다 정리하고 돈 계산을 해보니까 남은 돈이 2400만 원이었어. 반반으로 나눴구, 나는 그걸루 방 하나를 얻어 나왔어. 그러구는 주유소를 들어갔어. 그때는 정말 헤어질 작정으로 서로 안 찾았지. 근데 결국 강 여사가 먼저 찾아오드라구. 남자라구 져준 거지. 서로 좋으면 자존심 그런 게 어딨어? 승질은 둘 다 불이어서 헤어지자고 화다닥 때려쳤지만, 아쉬운 거야. 그게 맞기도 하고, 뒷다마 없이 앗싸리한 거를 서로 아는 거지.

머리카락이 찐득찐득 피가 묻어나는 거야

주유소는 아주 지랄 같았어. 휘발유는 나오는 호스가 쪼그만해, 경유는 구멍이 크고. 그러니 경유로 휘발유차에는 주입이 안 돼. 근데 휘발유는 경유차에 쏙 들어가거든. 그걸 절대루 헷갈리면 안 된다구 주의를 단단히 줘. 나이 먹은 사람한테는 더 강조해. 그걸 처음부터 얼마나 강조하는지, 속으로 그게 뭐 어렵다고 저러나 싶었어. 근데 그게 헷갈리더라니까. 그때만 해도 외제차들 들어오면서 휘발유차랑 경유차가 헷갈리는 거야. 나만 그런 게 아니라 주유소 일하는 사람들이 많이 그르드라고. 지금은 어떤 종류를 넣을지 차주가 말하게 하드라고. 그렇게 플랭카드도 써 놓고. 그때는 그렇지가 않았어. 어려울 건 없는데 아차 하면 사고가 나더라구. 잘못한 놈이 물어내는 거야. 일하는 사람 책임이라는 거를 처음부터 분명히 하고 시작해. 그러니 물어내는 거지 어떡해? 변상 많이 해줬지. 한 번 사고 나면 200, 300이 들어가. 근데 세 번을 잘못 넣었어. 한 달 봉급이 150만 원인데 말이야. 3개월인가 4개월에 600만 원 넘게 물어냈어. 받은 거보다 더 토해냈대니까. 그래서 그걸 때려치고 지금 하는 이걸 배운 거야.

이 수선집을 어떻게 하게 됐냐면, 주유소 바로 앞에 운동화 세탁 샵이 하나 생겼어. 가만 보니 저런 거나 하고 살면 좋겠다 싶더라고. 가서 물어봤어. 그게 프랜차이즈더라구. 물건 받아서 본점에 주면 거기서 세탁해서 가져와. 세탁은 본점이 하는 거지. 근데 창업비가 많이 들어. 그런 얘기를 강 여사한테 하니까, 그 사람도 주유소 일이 기가 막히잖아. 술장사는 절대루 안 하기로 했고. 그래 가지구는 강 여사보다 두 살 많은 조카가 수원서 구두 수선을 하니까, 놀러갈 겸 거기를 가보자는 거야. 가서 보니 운동화보다 구두 수선이 나을 거 같아. 나보다는 한 살 어리지. 강 여사가 나보다 세 살 아래거든. 물어봤더니 3000이 들어간대.

《벼룩시장》 보니까 가죽이나 구두 수선 가르쳐주는 데가 있더라고. 한남동 넘어가는 버티고개 옆으로 남산타운 아파트, 5000여 세대 들어선 거기야. 거기를 찾아가서 배우는 걸 물어보니까 150만 원을 달래. 기간은 안 정해져 있어. 배울 사람이 알아서 배울 만큼 배웠다 싶으면 가는 거야. 돈 없다고 했더니 120만 원을 내래. 그래서 한동안을 아침에 가서 늦은 저녁까지 시다를 해주며 배웠어. 밥은 사 먹기도 하고 그 양반 싸온 거를 먹기도 하고. 근데 보니까 배울 게 별로 없어. 단지 칼질 그거를 잘해야 돼. 가방 보니까 아무것도 아냐. 내가 양복을 했잖아. 꼼꼼하게 배워야 하는데 술렁술렁 배운 거지. 선생이 나보다 한 살 어려. 나한테는 동갑이라 그랬거든. 나중에 누구 만나서 물어보니 한 살 어린 놈이더라구. 지가 선생이라고 나이 어린 게 싫었나 부지, 하하하.

하여튼 그래서 샵을 열어야겠다고 하니까 어디가 어떻다 알려주는 거야. 나는 내가 알아보고 결정을 해야지 남이 그러는 거를 안 들어. 그래서 혼자 여기저기 돌아다녔어. 그러다가 5호선 청구역에서 내려서 신금호역으로 가는 고개에 아파트가 많이 들어섰어. 그 근처로 상가 하나를 얻었어. 돈은 있었어. 포장마차 할 때 처음 800만 원을 누나한테 빌렸다고 했잖아. 그거를 매달 이자 들어간다고 하면서 꼬박꼬박 챙겼지. 그거랑 포장마차 접으면서 나눈 돈이 있었잖아.

하여튼 그 신금호에 가게를 얻어서 혼자서 리모델링을 다 했어. 안에 살림방까지 만들고. 싹 다 뜯어고치고 칠하고 선반 달고. 그러구서는 오픈 전날 한잔한 거지. 가르쳐준 스승하고 나보다 먼저 배워서 샵하고 있는 한 사람도 같이. 그 둘이 친구야. 그 친구가 나이 얘기를 알려준 거야. 그렇게 셋이 소주를 한잔한 거야. 한잔이 아니구 1차, 2차, 3차까지 지랄을 하고 처먹었어. 그 사부네 집 약수역 아파트 뒤에서. 우리 집까지 가려면 약수역에서 청구역, 한 정거장 거리야. 다 먹구 헤어져서는 걸어갔어. 설렁설렁 노래도 흥얼거리면서 꺼불꺼불 갔겠지. 가게를 도착해서 문을 딸려고 열쇠를 딱 꽂은 거, 거까지만 생각나. 그다음은 몰라. 뭐로 맞았는지도 몰랐지. 나중에 들으니까 돌이더라구. 수표 1000만 원짜리 하나, 100만 원짜리 일곱, 10만 원짜리 여섯. 1760만 원이야. 정신을 잃었다가 의식이 돌아오면서 나도 모르게 머리를 만졌나봐. 머리카락이 찐득찐득하게 엉켜 있고 피가 묻어나는 거야. 그러니 그때 그 정신에도 여기 있으면 안 되겠다, 큰길로 나가야 한다는 생각이 든 거야. 그 가게가 대로변 뒤로 이면도로에 있었거든. 그래서 질질 끌면서 가고 있는데 저기서 백차가 보이는 거야. 거기까지만 생각나고 또 쓰러진 거야.

깨니까 병원이야. 경찰관들이 이거저거 물어보는데 생각나는 대로 대답을 했지. 나중에 들어보니까 그놈들이 큰길 밑에 아가씨들이 장사하는 찻집이 있는데, 거기다 차를 대놓고 술 먹고 나오는 놈들을 물색하고 있었어. 근데 내가 그 아래서 노래를 흥얼거리면서 휘청휘청 올라가

더래. 그래서 쫓아온 거야. 오밤중에 아무도 없으니까. 퍽치기를 당한 거지. 그놈들 말이 그래. 하여튼 그놈들 잡기 전에는 일단 수표부터 막아야 하잖아. 수표 받은 은행들이 다 기억이 나더라구. 노량진수산시장 앞 은행에서 1000만 원짜리 받았고. 100만 원짜리도 아는 데라서 강 여사가 가서 정지시키고. 10만 원짜리는 정지도 안 돼. 100만 원짜리 이상은 민증 가지고 가면 정지를 해주거든. 근데 이 멍청한 놈들이 100만 원짜리 수표를 바꾸러 온 거야. 1000만 원짜리도 그렇고. 그래서 잡힌 거지. 그때 강 여사가 고생이 많았지. 여기저기 쫓아다니느라고. 돈은 다 찾았어. 10만 원짜리만 빼고 1700만 원을 찾은 거지. 그거 찾으려면 한 500만 원을 위탁해야 돼. 강 여사가 그 돈을 만들어서 위탁을 하고 다 도와준 거야. 찾기는 찾았는데, 그 집에서 도저히 가게를 못하겠는 거야. 희한하게 그 자리만 가면 피 냄새가 나데. 도저히 안 되겠어서 가게를 내놨어. 안 나갈 줄 알았는데 금방 나가더라구. 별로 손해는 안 봤어.

그러구는 성수동 뒷골목에다 가게 겸 방 하나를 얻어서 운동화 세탁이랑 구두 수선을 했는데, 영 뭘 할 기분이 안 나더라구. 1년 넘게 뭉개면서 장사도 엉망으로 하고, 그 돈을 다 까먹었어. 그러구는 이 동네로 이사를 온 거야. 저 아주머니(지하 1층 바로 옆의 옷 수선집 주인)가 이 위에 위에 건물 1층에서 옷 수선집을 하고 있었어. 그러면서 옆에 붙은 쪼그만한 짜투리 공간을 《벼룩시장》에 내논 거지. 내가 그걸 보고 들어온 거야. 그러다가 그 아주머니가 이 지하로 이사 오면서 나도 붙어서 같이 온 거고. 여기 와서는 별로 손해는 안 봤어. 근데 오도바이 사고를 두 번이나 당해서 다치고 돈 들어가고 그랬지. 하나는 자동차가 뒤를 받아서 입원하고, 하나는 서대문고가도로를 눈길에 내려오다가 혼자 넘어져서 다치고. 오도바이 하나 팔 때마다 타고 가는 놈 뒤에다 대고 또 한 놈 죽었구나 한대잖아. 그리구 어느 날 쎈타 문을 안 열어서 보면 쎈타 사장이 사고로 죽은 거래. 쎈타 사람들이 사고로 많이 죽는 거지. 당시에는 일본서 들어오는 750씨씨 봉차라고 있었어. 그게 한참 유행이었지. 그게 수리 들어오면 고쳐서는 한번 타본다고 나갔다가 쌩 하고 날라가서 죽는 거지. 여기 아현동으로 온 게 2009년인가 2008년 말인가? 여기서 5년째야. 위에서는 1년 좀 넘게 했고.

부동산 살 만큼 돈이 모아지지를 않더라구

술 안 먹고 기집질 안 하고 정신 똑바로 차려서 버는 족족 모아 부동산을 샀으면 큰 부자는 아니라도 남부럽지 않게는 살았겠지. 결국 처자식 먹인다구 돈 될 거 찾아 떠돌이로 사느라 돈도 못 모으고 처자식이랑도 다 깨지게 된 거야. 역마살이랑 술, 여자 그런 거도 문제지만, 우리처럼 손발로 먹고사는 사람은 부동산 살 만큼 돈이 모아지지를 않더라구. 내가 부동산 살 생각을 했던 게 그 곗돈 탄 거랑 안성서 운전해서 모은 2000만 원 때잖아. 내가 쉰 됐을 때고 94년인데. 형한테 산 집 팔구서는 내 집은 고사하고 전세방 한 칸을 살아본 적이 없어. 싸구려 월세거나 일수방이지. 지금은 지하 짜투리 구석에 이 꼴이잖아. 이게 보증금 500만 원에 월세 20만 원이야. 물이 들어와서 싸게 줬나봐. 지하래도 가게 위치는 좋지. 근데 요즘은 갈수록 손님이 없네.

옛말에 가난은 나라님도 구제를 못한다 그랬어. 송충이는 솔잎을 먹고살아야 돼. 송충이가 솔잎 안 먹고 쉽게 돈 버는 거 욕심내면, 지 인생도 망치고 나라도 망해. 세상 이치가 그렇거든. 근데 다들 좋은 데만 가려고 하고 중소기업이나 힘든 일은 안 하려고 해. 미개한 나라 사람들 들여와서 그 일을 하게 하고. 근데 아버지 퇴직금으로 먹고 노는 놈들이 많잖아. 청년 실업이 다 그거야.

우리 세대 사람들이 사우디 노가다나 서독 광부나 간호원으로 왜들 갔냐고? 다 먹고살려고 간 거잖아. 배운 게 없는 놈은 뭐라도 해서 먹고 살려고 하는데, 배운 놈들은 맨날 정치인들만 욕하고 그러드라고. 정부에다가 일자리 달라고 난리들이나 치구. 가난이 대물림되는 경우도 있지만, 인도처럼 천민하고 귀족이 정해진 나라가 아니잖아, 우리나라는. 저만 부지런하면 배는 안 고픈 세상이라고 나는 봐. 노력하면 열린 사회라고 봐. 부자가 될 수 있어.

요즘은 뭐 노인들이 청년들 일자리를 뺏는다는 말이 있던데, 그런 거는 아니라고 봐. 어떤 아버지가 자식 것 뺏아가면서 자기 노후 살 궁리를 하겠어. 그리구 노인 일이랑 청년 일이 다른데, 그럴 리가 없지. 요즘은 은퇴니 명예퇴직이니 그런 게 너무 빨라서 일하고 싶어도 일이 없는 노인들이 아주 많아. 갈수록 없는 노인들이 살기가 힘든 세상이 되는 거야. 그래도 자식들 꺼 뺏어서 달라고 하는 노인들은 없다고 봐. 내 주변에는 없어, 차라리 자기네들이 좀 희생을 더 하고 말지.

배운 놈들과 가진 놈들을 보는 김용술의 시선은 여기저기서 모순된다. 상대적으로 가진 놈들에 관해서는 일관성이 있다. 가진 놈은 사는 내내 열심히 추구했고, 잘만 하고 재수만 좋으면 가진 놈이 될 수 있다. 그러나 배운 놈은 중학교를 포기한 뒤로 도달할 수 없는 목표다.

2012년 대통령 선거 때 박근혜 후보가 공약한 '기초 노령 연금 20만 원 지불'이 늦어지거나 액수와 지불 방식이 달라졌다. 가난한 노인들에게 어떻게 생각하냐고 물었다. 나라가 어려우니 별수없다, 세금도 많이 못 내고 살았는데 지금 주는 것(노령 연금 최고액 9만 6000원)만으로도 황송하다, 노령 연금에서 수급비를 빼고 주는 게 당연하다, 국가가 우선이고 다음이 국

민이다, 너네는 일제 시대랑 한국전쟁을 안 겪어봐서 모른다는 답을 많이 들었다. 심지어는 '박근혜 정부', '박근혜 공약'이라는 표현을 두고 대통령한테 박근혜가 뭐냐며 나무라기도 했다. 평생 애써서 세상의 밑바닥에서 힘들게 세상을 떠받쳐 발전된 지금을 만들었으니 복지와 생계 보장은 노인이자 국민의 당연한 권리라고 반론을 펴도 전혀 먹히지 않았다. 부자는 자기 노력으로 된 것이고, 없는 사람들은 주는 대로 감사히 받는 게 세상 이치고 처세술이라고 한다. 국민 기초 수급비를 받고 있는 분, 여성 노인, 교회에 다니는 분일수록 그런 말씀들이 많았다. 비교적 싼 월세 임대 아파트에 사는 사람들은 국가가 먹여주고 집까지 준다고 말했다. 국가란 무엇인가 빈곤 노인 현장에 있는 내게 풀리지 않는 의문이다.

잘난 것도 없지만 챙피할 것도 없어

2011년에 내가 이 근처 성당에서 영세를 받았어. 요즘 친구가 없잖아. 잘나갈 때야 많았지만 이렇게 되니 개미 새끼 한 마리 연락이 없어. 외로워서 성당을 다닌 건데, 거기도 돈 없으면 섞이지를 못하더라구. 가게에 완전히 묶여 있어야 하니까 사람들이랑 어울리기가 어려워. 게다가 무슨 사제단(천주교정의구현전국사제단) 그거 때문에 챙피해서 안 나가. 종교는 종교야. 왜 정치에 끼어서 난리냐구. 그리구 성당은 너무 차가워. 교회가 나아. 성당에서 소개해준 일면식도 없는 사람이 대부를 한 거야. 아는 사람 없다고 했더니 성당에서 연결을 해주더라구. 그 뒤로도 대부가 계속 나오라고 전화도 하고 문자도 하지. 한번은 제주도 관광이라며 가자 해서 따라갔어. 근데 관광이 아니고 그게 천주교 뭐만 찾아다니는 성지 순례, 그거더라구. 거기 가서 수녀 비석이니 그런 데만 가는 거야. 15만 원을 내고 성당서 나머지 반을 대준 거야. 아무리 그래도 그렇지. 그게 무슨 관광이야? 세뇌시키려고 간 거지.

지금도 혼자서 온갖 생각을 다 해. 아가씨를 어디로 꼬시러 갈까? 먹고 자는 게 해결되고 혼자 되면 그 생각만 자꾸 나. 요즘이야 생각만 하구 가지는 않지. 지금도 내가 철이 안 든 거 같아, 하하하. 처자식한테는 죄가 많고 나쁜 놈이지. 그거 말고는 음주 단속이나 포장마차 단속, 그런 거에는 걸려봤어도, 범죄로 깜빵 살고 그런 건 없어. 인생에서 뭘 추구하고 깊이 생각하고, 그런 게 없었어. 배움이 없어서 그래. 그저 손으로 하는 기술로 나 잘난 맛에 하고 싶은 대로 산 거야. 요즘은 인생을 의미 없이 살았다는 반성이 들어. 훨훨 자유롭게 원 없이 살았지. 누구한테 손 벌리지도 않고. 참, 누나한테는 좀 갖다 썼네, 하하. 구차한 생활은 안 했어. 떵떵거리고 살지는 않았지만 구차하지는 않았어.

인생관에 대해서는 할 말이 없어. 남한테 해 안 끼치고 사는 게 원칙이라면 원칙인데, 살고 보니 제일 가까운 사람들한테 제일 큰 죄를 지었더라구. 그거랑 곗돈 250만 원 떼어먹은 거 말고는 다른 죄는 없어. 못사는 걸로 챙피하고 그런 것도 없어. 내가 못사는 게 남한테 무슨 죄야? 배운 놈들 가진 놈들은 도둑질 많이 하면서도 위선적으로 폼 잡으며 살잖아. 나는 위선을 부린 적도 없고, 내 손발로 땀 흘려서 살았어. 술이랑 성욕 때문에 많이 헤맸지만, 아닌 척 위선 떨지도 않았고 그걸로 남 등쳐먹지도 않았어. 내 잘못으로 꼬꾸라져도 그 자리에서 또 내 힘으로 일어섰고. 전에도 말했지만, 잡초 같은 생명력, 그게 나야. 잘난 것도 없지만 챙피할 것도 없어.

작년에 뭐가 안 좋아서 동네 병원을 갔는데, 피검사를 하더니 큰 병원을 가보라는 거야. 백혈구가 뭐래나. 혈액암일 수 있대는 거야. 진단서를 받아서 서울대병원을 갔어. 워낙 건강했으니까 의외기도 하고 좀 걱정도 됐지만, 큰 병이래도 이 나이에 수술하고 입원하고 그럴 생각은 아예 없었어. 다행히 의사도 약물 치료를 하면서 정기적으로 진찰을 해보자니까, 그러구 있어. 약 정도야 먹지. 아프고 불편하고 그런 것도 없어.

요즘 요 구석에서 혼자 일하고 먹고 자고 하면서 교육방송을 자주 보는데, 나눔이니 뭐니 그런 거에 마음이 가더라구. 그래서 슬슬 그런 쪽으로 같이할 만한 게 있으면 하고 싶어. 지금은 노인복지관 같은 데 봉사하는 예술 공연단, 그 모임은 안 빠지고 나가. 봉사 나갈 때도 꼭 따라다닐려고 하고. 그건 죽을 때까지 같이할 생각이어서 얼마 전부터 따라다니는 거야.

여기까지다 싶을 때 알아서 죽을 거야

그 예술단 회장이 몇 년 안에 노인들을 위한 식당 겸 찻집 겸 쉼터를 할 계획이야. 밥값을 싸게 하고 요일 정해서 무료 제공도 하고. 나도 거기에 돈도 보태고 일도 같이할 생각이야. 그게 시작되면 이거도 그만둘 거야. 그러구는 일할 수 있을 때까지 그 식당에서 홀이든 주방이든 하면서 작은 월급이라도 생활비를 받는 거지. 아현동 들어오기 전에 다 까먹어서 지금은 1800만 원밖에 없는데 2000만 원이야 곧 채우지. 이래저래 긁어모으고 더 벌어 모아서 가게 정리하면, 1000만 원에서 1500만 원은 더 만들어질 거야. 그럼 자식들한테 1000만 원 나눠주고, 그 노인 쉼터 거기에도 보태고, 나머지는 내가 쓰면서 쉼터 일을 하다 죽는 거지. 그리구 주변에 어려운 사람들한테 아주 싼 가격에 운동화 세탁을 가르쳐주고 싶어. 기술은 돈 주고 배워야 돼. 그래야 써먹어. 50대에서 60대 초반 사람들 중에 일 없어서 노는 사람 많거든. 그런 사람들한테 운동화 세탁 기술을 10만 원에 가르쳐주면 자기 힘으로 먹고사는 거는 해결되거든. 가게 내고 할 것도 없이 집에서 하면 돼. 아파트면 더 좋지. 저 위에 임대 아파트 사는 사람들이 하면 얼마나 좋아. 손세탁이니까 몽땅 해봐야 짤순이랑 약품만 있으면 돼. 한 켤레에 5000원이야. 어렵지도 않고 힘이 필요한 일도 아냐. 열흘이면 다 배워. 열흘 동안 매일 운동화 한 켤레씩만 세탁하면 돼. 여기서도 가르치는 걸 해볼까 하는데, 너무 좁아서 둘이 있을 자리가 없잖아. 노인 쉼터를 열면 그 한구텅이에서 가르치는 거지. 한 달에 열 명 모집해서 100만 원이면 일부는 내가 쓰고 나머지는 쉼터에 내놓는 거야.

이 가게를 5년 안에는 끝내겠지. 일흔이 되니까 한 해 한 해가 다르기는 하더라구, 하하하. 그러고는 할 수 있을 때까지만 노인 쉼터에 힘을 보태다 가면 돼. 이제 일흔이니까 언제 죽어도 살 만큼 산 거지. 혹시 큰 병 걸려도 수술이니 장기 입원이니 그런 거 절대 안 해. 안 그래도 노인들이 많아서 문제야. 아유, 쉽게 안 죽는 것도 심각한 문제구. 최 선생한테 이런 얘기는 뭐하지만, 나는 내 한몸 내가 어떻게 할 수 없다 싶으면 스스로 죽을 거야. 요양원이니 뭐니, 아구 그 노인네 환자들이 말을 못해서 그렇지 제정신이면 얼마나 모욕적이고 자존심이 상하겠어. 돈 없으면 더 그렇구. 우리 매형 죽을 때 보니까 돈이 있어서 병원서 관리를 해주는데도 욕창에 빼싹 말라서는 몇 년을 누워만 있고. 아유, 그게 사는 거야? 나는 여기까지다 싶을 때 내가 알아서 죽을 거야. 장기도 기증하고 남은 시신도 대학 병원에 기증할 거구. 죽으면 썩을 몸 그렇게라도 의학 발전에 도움이 된다면 주고 가는 게 좋지. 교육방송에서 시신 기증 이야기하는 걸 들었어. 천주교니 불교니에서들 그 운동을 많이 하더라구. 종교는 그런 거를 해야지.

시신 기증은 접수가 안 됐다. 가족 등 법적 연고자가 없을 때는 본인 의사만으로 접수할 수 있다. 자녀가 있으면 관계가 단절됐더라도 자녀 2인이 동의해야 한다. 장기 기증이나 시신 기증은 장례비나 고독사 걱정에 선택하기도 한다. 상급 공적 기관인 대학 병원에서 의학 발전에 기여한다는 점 때문에 선망하기도 한다. 매일 독거노인들을 만나고 속 이야기를 나누는 나는, 시신 기증을 하려는 독거노인들을 자주 본다. 대부분 가족이 없거나 가족 관계가 끊어진 노인들, 자식들도 극빈층인 노인들이다.

나는 빈곤한 독거노인들의 시신 기증이 늘어나는 현상의 계급적 측면에 주목한다. 밑바닥에서 세상을 떠받쳤지만 자리를 빼앗긴 빈곤한 사람들이, 의료 발전이라는 명분에 시신마저 바치는 추세가 생기고 있다. 의료가 돈이 된 세상에서 그렇게 의료가 발전하더라도 빈곤한 사람들에게 혜택이 돌아가지는 않는다. 부자들만 더 건강해지고 의료 자본은 더 커진다. 종교 단체의 수장들은 가난한 사람들은 복이 있다며 생명 나눔이라는 명분을 내세워 시신 기증과 장기 기증 운동에 앞장선다. 그 수장들은 의료 자본과 국가가 주는 포상과 훈장을 받는다.

한편 아내와 네 살 된 딸을 두고 한국에서 불법 체류 노동을 한 방글라데시 시인 오하마드 사이폴하는 뇌수막종으로 사망하면서 시신을 불교 재단 대학 병원에 기증했다. 불교계의 생명나눔실천회는 사이폴하를 이 달의 환우로 선정했다. 이 일을 계기로 생명나눔실천회는 외국인 노동자의 시신 기증에도 관심을 갖게 됐단다.

2014년 12월 김용술이 활동하는 노인 봉사 예술단이 서울 어느 노인 복지관에서 공연을 한다고 해서 복지관 근처 지하철역에서 일행들을 만났다. 함께 만난 적이 여러 번 있어, 반 정도는 구면이었다. 무대 공연은 처음이라면서 며칠 동안 준비한 소품들을 담은 큰 여행 가방을 끌고 왔다. 옷감을 끊어다 일일이 재봉질을 해서 알록달록한 치마저고리를 만들고, 갖은 장식과 태극기를 붙이고 들고 걸치고, 핑크빛 양산과 탈 가면에 태극기까지 휘날리며, 한 시간 동안 흥겨운 춤가락으로 분위기를 띄웠다. 아주 추운 날이었지만 김용술은 온몸이 땀으로 흠뻑 젖었다. 일흔 나이에 새로운 신바람을 만들고 있다.

2015년 1월 12일, 김용술은 근처 호텔에서 점심 뷔페를 할인한다며 나오라고 했다. 지하 공간을 같이 쓰는 옷 수선집 언니 둘까지 넷이 모여, 모처럼 즐겁고 맛있게 먹었다. 인터뷰 쫑파티(7월 말)를 시작으로 여러 번 식사나 간단한 술자리를 함께했다. 김용술은 매번 자기가 낸다고 우겼고, 한두 번 빼고 나는 주로 얻어먹었다. 그때마다 돈은 남자가 쓰는 거라던 김용술의 말이 떠올랐다.

2015년 6월, 밥이나 먹자는 연락이 왔다. 2월부터 내 담당 지역이 바뀌어 여러 달을 소원했다. 김용술이 생각날 때마다 나는 빚진 마음인데도 선뜻 먼저 연락을 못하고 있었다. 마지막 인터뷰 뒤 1년만이었다. 마지막으로 몇 가지 질문을 적은 메모도 챙겨 나갔다. 친한 사람 만나 나누는 수다가 그렇듯 질문에 따라오는 답은 간단했다. 그렇지만 이미 들은 이야기들을 여기저기서 끌어올렸다. 재탕하는 이야기들은 앞에서 말한 내용하고 정확히 같았다. 스토리뿐 아니라 시기와 장소 등도. 새롭게 나온 한두 가지 이야기를 어느 시절 어느 사연의 어느 중간에 넣을지 쉽게 알 수 있었다. 김용술은 돼지호박의 값과 양을 다시 말하다가 바로 전 달에 일어난 **부천 세 자매 자살 사건** 얘기를 꺼냈다. 기지바들이니까 어디 가서 몸을 팔아서라도 살 수 있는데 도대체 이해가 안 간다고 했다.

> 2015년 5월 25일 경기도 부천의 한 아파트에서 30세 안팎의 비혼인 세 자매가 동반 자살한 사건. 실직과 빈곤, 사회 관계의 단절 등이 원인이었다.

옹호함, 천박했기에 살아남았다

김용술은 호탕한 남자다. 상남자네 마초네 자유인이네 하던 《그리스인 조르바》의 주인공 조르바가 떠오르기도 한다. 조르바에 관한 인물평이 복잡한 만큼 김용술을 향한 시선도 엇갈릴 수 있다. 신바람을 내며 주르륵 훑어가는 여성 편력을 들으면 재미있으면서도 안타까웠다. 원도 한도 없이 많은데, 까먹고 놓친 여자들도 많다고 한다. 물론 하룻밤 논 여자들은 빠져 있다. 다른 남자들하고 성 편력을 얘기해보지 않아서 남자들은 다 그렇지 않냐는 말에 선뜻 동의할 수 없었다.

　김용술이 거친 여성 편력의 특징은 여자들 때문에 밥벌이와 사는 동네가 바뀐 점이다. 근거지는 따로 둔 채 노느라 들락거린 게 아니라 삶의 터전을 통째로 옮긴 경우가 많았다. 그만큼 삶의 근거인 밥벌이와 주거가 불안정했다는 이야기다. 처자식 벌어 먹이자고 속초 집에서 혼자 나온 일이 가족이라는 삶의 터전이자 관계에서 단절하게 된 계기였다. 역마살이라는 말 속에 경제 난민의 반복되는 이주(디아스포라)라는 사회 현상이 드러난다.

여자와 돈이 있을 때마다 신나게 놀러 다녔다. 곧 죽어도 여자 밥은 안 얻어먹었단다. 한바탕 잘살았다는 느낌이 먼저 든다. 잘산다는 의미는 사람마다 다 다르다. 추상적이고 애매한 말이고, 개인적이고 그래서 정치적인 말이다. 잘산다를 성공하고 같다고 보는 사람, 자아 실현과 이타적 삶으로 보는 사람이 있다. 나는 자기의 욕망과 상처에서 출발하되 이타와 공공을 놓치지 않으면서 구체적으로 실천하는 삶을 잘사는 삶이라고 본다. 자유와 가난을 지향하되 한계를 받아들이고 가능성을 열어놓는 삶이다. 부자는 돈을 충분히 나누지 않은 사람이다. 돈이 주인이 돼버린 세상에서 명예와 출세도 돈과 직결돼버렸다. 사회적 성과가 생태에 어떤 영향을 미쳤는지, 성과는 공정하게 분배됐는지도 살펴야 한다.

타인과 사회에 큰 해를 끼치지 않는다는 전제 아래, 잘산다는 것은 양적 문제도 시간적 문제도 아니다. 산다는 것 자체가 따지고 보면 누군가에게 폐가 되거나 불공정이 되기도 한다. 폐를 끼치며 사는 것은 모든 사회 생활의 전제고 필연이자 한계다. 폐는 피해자의 태도와 대응에 따라 치명적 상처가 되기도 하고 성숙과 도약의 디딤돌이 되기도 한다. 세상 살이라는 게 한 치 앞도 모르는 법이어서, 인과응보나 사필귀정이다가 새옹지마나 전화위복이 되기도 한다. 말하자면 오리무중이다. 그러니 돼지 대가리든 십자가나 부처나 돌탑이든 일단 뭐든 만나면 절부터 하면서 신중하게 삶을 잘 견디고 각자의 길을 가야 한다. 행복이냐 불행이냐는 경험보다 해석에 달렸다.

나는 확신한다. 가난한 사람의 일상은 더 생태적이며 더 반자본적이라는 사실을. 나아가 사회적 지위와 문화적 권력이 없는 사람은 해를 덜 끼칠 가능성이 높다. 빈곤한 사람들이 보이는 자존감 결핍, 무절제,

방종, 중독 등은 빈곤의 원인이 아니라 결과다. 성실을 배울 수 없는 성장 과정을 거치면, 아니 성실해도 미래가 희망적이지 않다. 부자들이 성실하고 근면하면 사람들은 감탄한다. 그렇지만 그 부자가 만들 사회적 결과들은 사회에 해를 끼칠 때도 있다. 차라리 게으르고 무능력한 쪽이 사회에 해가 덜 된다.

잘살고 잘난 사람들이 못살고 못난 사람들보다 더 해와 불평등을 가져오는 경우가 많다. 핵 발전소나 핵폭탄, 생명 공학이라는 이름으로 만들어지는 유전자 조작 식품, 성장 호르몬 같은 화학 물질들이 그렇다. 가난하고 소박하게 살다 가는 삶이 덜 해를 끼치는 삶이다. 가난은 가장 온당한 존재 방식이다. 철학이나 과학, 의학, 예술, 기술이라는 학學과 술術은 기회에서 배제된 사람들에게 이익을 주거나 소통해야 한다. 성찰할 수 있는 사람은 말과 글을 써서 사회에 이익이 될 수 있다. 그렇지만 실천은 또 다른 문제다.

인터뷰만 보면 김용술의 삶이 누군가에게 큰 해가 된 경우는 자식과 아내 빼고는 없다. 자식과 아내도 각자의 생애에서 김용술과 경험과 관계를 어떻게 해석하는지는 모른다. 큰 해로 생각하지 않기를, 성숙의 디딤돌이 됐기를 바랄 뿐이다. 자식과 단절도 김용술만 탓할 수는 없다. '가오도 살고 모가지에 힘도 줄 수' 있는 상황을 만들지 못해 찾아가지를 못하는 아비의 마음을 자식들이 먼저 알아주기를 바랄 뿐이다. 그러려면 자식들도 더 늙어야 할지 모른다.

여성 편력이 가족 단절의 원인이라고 하지만, 나는 결혼 관계 안의 성애만을 정상으로 보는 통념 또는 가족주의가 문제라고 생각한다. 가족과 결혼과 연애 관계가 아닌 관계에는 배타적이고 폐쇄적인 통념이 오히려 치명적 원인이었다. 누구하고 섹스나 사랑을 할지는 규범과 관계의 문제가 아니라 개인의 고유한 권리이자 선택이다. 많고 다양하다고 해서 방종이라 낙인찍지 않아야 한다.

성애적 관계에서 유일한 문제는 평등이다. 나는 도식화된 남성 우위와 여성 하위를 반대한다. '남자가 돈을 내야 리드한다'는 말에는 문제가 있다. 가부장적 자본주의 사회에서 남자는 남성 권력과 돈 권력으로 우위를 차지하려 한다. '숱한 기집질'은 가정 밖 여자를 상대로 한 섹스 경험 횟수로 남성다움을 과시하는 왜곡된 남성성의 한 측면이다. 그렇지만 개인뿐 아니라 시대와 사회에도 책임을 물어야 한다. '강제로는 절대 안 했'고, 여성과 관계를 반성하고 실천하는 사람이어서 다행이다.

배움을 향한 아쉬움이 지나치지 않았다. 아무리 어려워도 늘 자기 자리를 수긍하고 거기서 시작하는 사람이다. 일흔하나에 살고 있는 월세 지하 1층이 주거 겸 작업 공간으로 충분하다고 한다. 진보 정치는 자기 걱정부터 해야 한다고 한다. 가난 때문에 자괴감을 갖거나 자기 혐오를 하지 않는다. 빈부에 관한 사회적 관점이 나하고 다르지만 가난을 수긍하는 말과 마음이 좋다.

군대 내 폭력과 부정에 공조하고 택시 시절 삥땅을 치거나 교통경찰에게 돈을 준 일 등은 세상 물정 때문이었다. 배운 놈들, 가진 놈들이 없는 사람들을 등쳐먹는 세상에서 밑바닥 인생들이 가진 것마저 뺏기지 않고 지키는 방법이었다. 그렇게 해서라도 살아남아서 다행이다. 책임은 결정권을 가진 높은 사람들에게 물어야 하지만, 그 사람들이야말로 가장 크게 해먹으면서 서로 엮이고 협력하며 대를 이어 권력을 확장하고 있다. 못하는 놈만 병신인 세상인데, 밑바닥에서 그렇게 좀 해먹고 살아남았다고 누가 뭐라 할 수 있을까.

놀러 다니고 춤바람 나고 노름하기가 김용술의 취미 생활이었다. 여행과 예술, 골프 같은 고상한 취미하고 다른 점은 성장 과정이나 어른이 된 뒤의 경제 문화적 여건의 차이다. 아이들이 어릴 때 삐까뻔쩍한

자가용에 태워 설악산 개천으로 자주 놀러 다녔고, 여자들 끌고 자주 돌아다녔다. 김용술이 여행이라는 고상한 단어를 쓰지 않는 이유는, 돈과 시간의 여유餘裕라는 계급 문제다. 유년기에는 지주이자 양반이었던 아버지에게 한문이니 사자성어 같은 고상한 걸 배웠지만, 금세 몰락해버렸다. 몰락한 이유는 일제의 수탈이라는 사회적 상황이었다. 언어나 취미 생활의 고상高尙함과 천박淺薄함의 차이는 여유의 문제이며, 여유 있는 사람들이 만든 구별 짓기다.

'데리고 논다', '건든다', '싼다', '줄줄줄줄', '미친다' 등 성애적 관계와 행위를 꾸미는 김용술의 표현을 천박하다고 낙인찍는 시각은 그렇게 해야 사정할 수 있는 배운 놈들의 자위일 뿐이다.

나는 고상함과 천박함의 구별 짓기를 지배자들이 계급과 정상성으로 약자를 차별하고 체계적으로 억압하는 규범으로 본다. 김용술 같은 여유 없는 사람들은 천박할 수밖에 없고, 나는 그 점을 말과 글로 옹호한다. 상대가 천박해서 불편하다면 내 소갈머리를 살펴야 한다. 천박을 옹호하려는 내 말과 글이 고상한 단어들을 버리지 못하는 이유는 내 삶과 언어의 치명적 한계다. 내가 그 사람들보다 덜 천박하다면 내 삶의 여유에서 비롯된 '배운 년'의 체면과 껍데기 때문이다.

신자유주의 시대에 고상함조차 사라지고 있다. 없는 사람들은 천박함을 드러내지 않으면 생존할 수 없고, 가진 사람들은 돈에 관해서 천박함을 드러낸다. 결국 모든 사람이 겉으로는 창피와 망신을 면하더라도 속으로는 천박과 모멸감을 피할 수 없다. 그래서 현대인은 모두 우울하다.

김용술은 깊고 무거울 기회가 없었다. 생각이 깊고 무거웠다면 자괴에 빠져 생존이 어려웠다. 막 살아서 살아남았다. 천박한 덕에 자유롭기도 하다.

벌어먹으려고 탈탈 털고 패스포트 하나만 챙겨 혼자 떠나며 살았다.

다행히 낙천적이다. 어린 시절이 좋았던 게 평생 힘이라고 했다. 말하지 않았다 해서 고민과 후회와 자기 성찰을 하지 않았을 리 없지만, 몸과 마음의 발목을 잡지는 않았다. 마흔 초반에 돼지호박 5500원 어치를 니야까에 싣고 다시 일어섰고, 혈액암에 걸린 채 일흔하나로 지하 모퉁이에서 사는 지금도 혼자서 온갖 생각을 다 한다. 할 수 있는 일도 많고, 하자는 사람도 많다. 의미 없게 살았다는 반성도 하고, 의미 있게 사는 방법을 찾아 실천도 한다.

옹호를 너머, 등 떠밀려서 그랬다는 것은 핑계다

김용술은 한편으로는 소설 《아큐정전》의 주인공 아큐처럼 생존 본능과 정신 승리와 자가 당착이 보이고, 다른 한편으로는 소설 《꺼삐딴 리》의 주인공 꺼삐딴 리처럼 기회주의적 변신과 위선이 보인다. 사실 우리 모두 그렇다. 김용술이 말하는 '세상 이치', '남들 하는 식으로', '상식적으로', '다 그렇게 돌아가는 거', '그때는 다 그랬어' 등에 멈칫한다면, 우리 모두 한통속이기 때문이다. 아큐나 꺼삐딴 리의 시대를 지나고 김용술의 한창나이도 지난 이 신자유주의 시대에 우리 모두 더하면 더했지 덜하고는 살 방법이 없다. 천박을 숨길 수 있느냐 없느냐만 있을 뿐이다.
　그렇더라도 그게 다는 아니다. 살아남느라 그랬고, 있는 것마저 뺏길까봐 그랬고, 악의 없이 남들 하는 만큼 했더라도, 세상에 침묵하고 공조하며 숟가락을 얹어왔다. 1945년에 태어나 잘사는 집안이 몰락했고, 1970년대 초반 제대한 뒤 잠시 군산에 살면서 둘째까지 낳은 가장이 됐으며, 택시 운전을 할 때는, 교통경찰에게 돈을 줬다. 앞의 상황들은 이미 정해진 상황이었지만 돈을 준 행동은 김용술이 정한 일이다.

우리는 자신만의 생각과 행동으로 일상의 매순간 역사에 공조하고 가담하고 연루된다. 잘 모른다는 말이 면죄부가 될 수 없다. 악마적 결론은 평범한 악들의 총합이다. 아무도 무관하지 않다.

송충이는 솔잎을 먹어야 산다는 말은 송충이에 관한 이야기다. 뱁새가 황새 따라가려다가 가랑이가 찢어진다는 말은 뱁새에 관한 이야기다. 김용술과 우리의 삶은 사람에 관한 이야기며, 스스로 정한 자리와 방향에 관한 이야기다. 사람은 모두 자신의 등을 밀며 앞으로 나아간다. 등 떠밀려서 그랬다는 말은 핑계다.

1980년대 말 어느 날, 돼지호박 5500원 어치를 니아까에 싣고 마장동에서 창신동을 향해 김용술이 간다. 2014년 12월 어느 날, 광장시장에서 옷감을 끊어다 장식이 나풀거리는 알록달록한 치마저고리를 만들어 입고 더 늙은 노인들을 위해 김용술은 흥겨운 춤을 추며 땀범벅이 된다. 김용술은 그 자리와 방향을 정했다.

세상 안에 각자의 자리를 적확하게 찍어야 어디서 와서 어디로 가는지를 가늠할 수 있고, 어디로 갈지를 선택할 수 있다. 시간과 우주가 아무리 무한하고 한 인생이 아무리 사소하더라도, 그 무한 속에서 내 자리를 명확히 알아야 나 자신으로 세상과 공명정대하게 연루할 수 있다.

	개인적 사건	사회적 사건
1930년대	아버지가 재산을 날림, 어머니와 결혼	
1945	전라북도 부안군 동진면에서 태어남	해방
1949	군산시로 이사	
1950-53	피난	한국전쟁
1953	속초시 금호동으로 이사	
1957	집 지은 뒤 아버지 사망(46세) 초등학교 2학년 재입학	
1962	초등학교 졸업, 중학교 진학 포기	
1963	라사라양재학원에서 양복 기술을 배움, 양복점에서 일함 첫 성관계	
1964	가출한 뒤 부산과 동두천에서 생활 양색시와 성경험	
1965	속초로 돌아와 양복점에서 일함 서울에서 양복 기술을 배움	
1968	춘천시에 있는 양복점에서 일함	1·21 사태
1970	결혼 병역 기피로 체포됨, 군대 입대 큰딸이 태어남 남동생이 살인으로 교도소에 들어감	
1973	제대 군산에서 택시 기사 일을 함 둘째 딸이 태어남	
1974-76	속초로 이사 양복점을 시작함, 시내에서 양복점 확장 형님 명의 집을 삼	
1977	양품점을 시작함 셋째 아들이 태어남	
1978	속초시의 백화점 상가에서 양품점을 시작함 비디오방을 시작함	
1979	정관 수술을 함 서울시 마천동에서 형제들과 채소 장사를 시작함 속초로 다시 와서 당구장을 시작함 아내가 춤바람이 나고 외도를 함	박정희 대통령 사망
1985	서울로 와서 가락시장 노점상대책위원회 활동을 함	
1986-88	마장동에서 리어카 행상을 시작함	
1989	찐빵 집을 시작함 아내는 속초에서 화장품 외판과 비디오방을 함	

	개인적 사건	사회적 사건
1991-2	마약 중독 여자와 찻집을 시작함, 도망나와서 리어카 행상 아내가 혼자 속초집을 팖	윤금이 피살 사건
1992	정 여사와 노점, 이 과정에서 이혼 인천 공장에서 잡일	
1993	삼촌 당구장에서 당구 재료 판매 카바레에서 만난 여자와 오토바이 악세사리 판매	
1994	안성에서 버스 운전을 시작함 아들이 대학 입시를 준비하며 안성으로 찾아옴 중랑교 근처 세탁소를 시작함 편집증 여자를 피해 세탁소 놔두고 도망	
1995	아들 대학 입학	
1998	막내 동생 소개로 강 여사를 만남 제주도에 채소를 보내는 일을 함	김훈 중위 사건
2002	어머니 사망	
2003	두 번 굿을 함 무당 권유로 미사리에서 포장 마차를 시작함	
2004	남부순환도로 옆 화물터미널과 목동에서 포장마차를 함	성매매특별법이 시행됨
2006	파고다공원에서 박카스 할머니와 성관계 구두 수선집을 준비함 개업하기 직전 삐끼기를 당함 성수동에서 구두 수선집을 시작함	
2008	아현동에서 구두 수선집을 시작함	
2011	천주교 영세	
2013	대박예술단 가입	

이영식

이영식은 작고 마르고 말수가 적다. 1년 반 동안 드문드문 통화하고 잠깐 만났지만 곁을 주지 않았다. 웬만하면 넉살을 부려 친해지는 나도 멋쩍었다. 경계할 관계는 아니어서 성격이려니 여겼다. 그러면서도 내가 한 전화를 받지 못하면 딱히 용무가 없을 줄 알면서도 꼭 연락을 해왔다. 배려와 신중함이 느껴졌다. 그런 이영식이 베트남전에 참전하고 공사장 노가다 일을 오래한 사실을 안 뒤 욕심을 냈다. 조심스레 전략을 짰다. 베트남전 이야기를 해달라며 시작한 뒤 단계적으로 구술사 작업을 제안할 생각이었다. 전화로 월남전 이야기를 제안하니 선뜻 그러자고 했다. 이영식이 사는 고시원 근처 찻집에서 만났다. 막상 만나서는 전략이고 뭐고 바로 구술사를 제안했다. 이영식을 속인다는 느낌이 들어서다. 거절하리라 짐작했는데 그러자고 했다. 충분히 이해하지 못했나 싶어 다시 자세히 설명했다. 익명으로 하자는 조건 말고는 다 마음대로 하라고 했다.

목수도 목수지만 월남전 참전이 더 유혹이었다. 주위 사람들은 참전 용사들을 보수 할배라고 전형화하지만 나는 동의하지 않는다. 다른 면을 만나고 싶었다. 첫 인터뷰가 그렇듯 마음속 깊은 이야기를 꺼내지는 않았다. 그렇지만 이영식은 진솔하고 차분했다. 인터뷰가 거듭될수록 기억과 마음의 계단을 차근히 밟아 내려가며 자기하고 나를 안내했다. 정식 인터뷰를 네 번 하고, 몇 번 더 만나면서 매번 다른 질문을 하면서 이영식의 삶을 묻고 해석을 붙였다. 불편할까 조심스럽게 질문해도 피하지 않았다. 해석이 다를 때는 시비도 벌였다.

아버지가 낳은 자식이 열은 넘었을 거예요

이영식 태어난 곳은 강원도 횡성인데, 어려서 청주로 갔어요, 충북 청주요. 호적에는 47년생이지만 원래는 46년생이에요. 그때는 그런 일이 많았죠. 내년이면 일흔이지요.

형제가 아주 복잡해요. 아버지가 부인이 셋이었어요. 나를 낳은 생모님 앞에 첫째 부인이 딸만 둘을 낳고 돌아가셨대요. 그리고 둘째 부인인 생모님이 두 살 터울로 형, 누나, 나를 차례로 낳고, 나 대여섯 살에 돌아가셨어요. 그러고는 셋째 부인이 들어와서 딸 하나, 아들 둘을 낳았고. 그러니 몇이에요? 둘에 셋, 셋 해서, 배다른 형제가 여덟이잖아요. 그거 말고도 더 많았는데 일찍 죽고 그랬나 봐요. 그때야 어려서 많이 죽고 할 때잖아요. 열은 넘었을 거예요. 근데 살아남은 형제가 여덟인지도 정확하지가 않아요. 강원도 영월 어디엔가 듣도 보도 못한 누나가 있다고 했어요. 형님이랑 같이 찍은 사진이 있더라구요. 어머니가 재취 자리로 오기 전에 결혼을 하셨는지 어쨌는지. 재혼하면서 거기서 낳은 아이를 안 데리고 왔을 수도 있지요. 어머니가 일찍 돌아가셔서 이모나 외가랑도 다 끊어졌어요.

나는 원래 아들로는 둘째고, 아들 딸 합해서는 다섯째지요. 그런데 장남인 형이 어려서 큰집에 양자로 갔어요. 딸만 둘이었거든요. 호적도 파가서, 결국 우리 집 호적으로는 내가 장남이 된 거지요. 거기다가 세 누님들 말고 첫째 부인이 낳은 제일 큰누님 하나가 또 있어요. 어떻게 된 건지 호적에는 없어요. 그분이 나이가 제일 많죠. 나보다 열 살 넘게 많을 거예요. 거기다 또 있어요. 새어머니로 들어온 분이 누나를 하나 데리고 왔어요. 그 누나 성은 전 씨예요. 그 누나는 호적에 동거인으로 올린 것 같아요. 나랑은 아버지도 어머니도 다르니까 남매라고 하기는 뭣했지요. 맨 위 누나는 호적에는 없어도 아버지가 같으니까 남매지요. 그렇게 복잡하니까 형제간에 정이 많지 않았어요. 게다가 나도 일찍 큰집으로 가서 컸고, 나이들면서 다 흩어지잖아요. 아버지까지 돌아가시니까 남남처럼 되지요. 엄마도 같고 큰집에서 같이 살았지만, 형하고는 어려서나 커서나 안 좋았어요.

최현숙 부인이 셋이나 계속 이어진 걸 보면 아버지가 경제적으로 넉넉하셨나 봐요.

이영식 그때는 괜찮았지요. 밥 굶는 집들이 많았는데, 우리는 그런 거를 몰랐어요. 강원도 원주 위가 횡성이니까 38선 바로 아래예요. 아버지가 거기서 농사를 크게 했어요. 강원도가 농사가 많지 않은데, 횡성은 달랐어요. 큰집도 횡성서 같이 살다가 먼저 청주로 들어가서 기반을 만들었어요. 어머니가 나 다섯 살에 돌아가시고 아버지가 재혼하니까, 큰어머니는 내가 새엄마한테 눈치 보일까봐 얼마 안 있어 나를 큰집으로 데리고 가셨어요. 그때 형은 벌써 큰집에 양자로 가 있었구요. 그러구는 큰집에서 나를 열여섯까지 키워주셨어요. 아들 둘을 다 키워준 거지요. 횡성 살 때 어머니가 양잿물을 잘못 마셨어요. 위급한 채로 청주도립병원에 입원했는데 얼마 있다 병원서 돌아가셨어요. 내 생모님에 대한 유일한 기억이자 내 어린 시절에 대한 첫 기억이에요. 장례 치르고 나서 좀 있다가 새어머니가 들어오고, 그리고 바로 내가 큰집으로 가고, 얼마 뒤 식구들이 모두 청주로 이사를 온 거지요. 그러니 어려서 기억은 대부분 청주 기억이에요. 횡성에서는 너무 어렸구요.

어려서 기억이 많지는 않아요. 제일 기억에 남는 거는……어머니가 양잿물 드시고 돌아가신 거지요. 평소 위장병이 있었다고 해요. 늘 하던 대로 초호라는 약재를 달여서 짜놨는데, 빨래하려고 양잿물 타놓은 거랑 착각해서 마셨대요. 병실에 누워 계시는 모습이랑 머리 위에 약봉지가 놓여 있던 기억이 나요. 그거 말구는 엄마에 대한 기억이 없어요. 생모를 어려서 잃은 거, 평생 허전함 그런 게 깊게 있는 거 같아요. 안 없어지지요, 그런 건. 엄마가 어떤 분인지도 잘 몰라요. 형이나 누나가 얘기해준 것도 없고. 원래 형제들 간에 정이 없어요. 배 같은 형제는 형하고 누나 둘뿐인데, 오히려 그 형과 누나 때문에 더 힘들었어요. 평생 자기 밖에 모르는 사람들이에요. 특히 형은 맏아들이고 장손이라고 양쪽 집안에서 오냐오냐 키운 거지요. 큰집도 우리보다 더 부자였으니 양자들인 아들을 애지중지했고, 우리 집에서도 실지로 장남이고 장손이니 떠받든 거지요.

형에 대한 기억은 싸웠다기보다 맞고 힘들던 안 좋은 기억만 있어요. 좋은 기억은 없어요. 네 살이나 많고 체구도 나하고 다르게 훨씬 크니까, 눌리고 매 맞고 그랬죠. 큰집에서 같이 산 건 몇 년 안 돼요. 내가 예닐곱에 큰집으로 갔고, 열여섯에 집을 나와서 서울로 왔어요. 형은 집에 잘 없었어요. 맨날 사고 치고 집 나가고, 혼자 있을 때가 많았어요. 학교 파하고 집에 오면 늘 혼자였어요, 혼자……. 큰어머니랑 큰아버지는 장사 다니고 가게 하느라 바빠서 안 계셨고, 형이야 차라리 없는 게 나았고. 책보 던져놓고 혼자 찬장 뒤져서 밥 챙겨 먹고는, 나가서 밤중까지 놀러 돌아다니고. 그러니 자연히 공부는 나 몰라라 했지요. 뭐라 그러는 사람도 없었고. 큰집은 딸만 둘인데, 내가 갔을 때 그 누나들은 벌써 시집가고 없었어요. 가게가 집이랑 붙어 있을 때도 있었어요. 그래도 가게 보는 심부름 하고 그런 건 없었어요. 어떨 때 밖에서 놀다 너무 늦게 오면 대문을 닫아버릴 때가 있어요. 그러면 가게 한쪽에 창고 비슷한 게 있었는데, 거기 들어가서 자요. 팔려고 쌓아놓은 군복들이 있었거든요. 그 위에서 자고 그랬어요. 사변 나고 바로 뒤여서 군복들이 많이 풀렸나 봐요. 몰래 빼돌린 건지 뭔지.

명절 때는 으레 큰어머니가 옷감 끊어다가 모두 옷을 해 입히셨어요. 사촌 누나 아들이 나하고 동갑짜리였는데, 똑같은 옷감으로 입혀도 이상하게 맨날 나만 먼저 떨어지는 거예요. 큰어머니가 저놈 자식은 어떻게 옷만 해 입이면 금방 헤지냐고 했어요. 가게 안에 쪼끄만 방이 하나 있고 거기에 앉은뱅이책상이 있었어요. 저녁에 문 닫을 때면 큰아버지가 돈을 차곡차곡 개서 그 서랍 안에 쇠토막 같은 거로 눌러놔요. 그러고는 잠그지도 않고 닫아만 놓는 거예요. 누가 훔쳐가고 그러지도 않으니까, 가게 문도 그냥 닫아놓지 자물쇠 채우고 그런 게 없었어요. 당시는 나무판들 잇대서 만든 판짝 여러 개를 가게 문으로 썼어요. 그걸 하나씩 드르륵 밀어 넣어서 문을 닫고, 열 때도 하나씩 빼서 가게 옆에 세워놓고 그러지요. 집 구조가 작은방에서 돌아가도 가게고 안방에서 돌아가도 가게고 그랬어요. 밤에 몰래 가게 가서 서랍 열고 돈을 훔치는 거예요. 표 안 나게 조금씩만. 담배도 챙기고. 담배도 팔았거든요.

열세 살부터 담배를 피웠어요. 당시는 담배 가게도 별로 없고, 담배가 아주 귀했어요. 또래 친구들도 담배들을 많이 피웠어요. 당시 시골서야 주로 새마을이죠. 새마을이 30갑이 한 보루였어요. 본가에 가면 새어머니가 보루째 사다놓고는 했어요. 그럼 아버지가 수시로 가져다 피우고 나도 몰래 가져다 피웠어요. 새어머니가 아셨을 텐데 별 얘기 안 했어요. 담배로 아버지한테 혼난 적이 없는 거 보면 새어머니가 아버지한테 안 이른 거지요. 새어머니는 안 피셨어요. 그때 배운 담배를 아직도 피워요. 술은 끊었는데 담배는 안 되더라구요. 이건 딴 얘기지만 내년부터 담뱃값 올린다는데 국민 건강 생각해서 올린다면 국가가 아예 만들지를 말아야지. 요즘 보면 가난하고 못 배우고 저기한 사람들이 담배를 많이 피우는데, 그거 올리면 가난한 사람들한테 더 세금을 걷는 거지요, 결국은.

사변 나고 바로 뒤니까 피난민 뜨내기 친구들이 많았어요. 피난 와서 잠시 있다가 눌러살게 된 거죠. 가난한 사람들이야 원래 살던 데로 가도 집도 땅도 없으니까 그렇게 눌러살기도 했겠지요. 논 거는, 친구들하고 극장 가는 게 최고였어요. 극장이 집에서 15분 거리였어요. 집이 아주 시골은 아니고 읍내였어요. 청주시 용담동. 지금은 상당구로 들어갔더라구요. 기억나는 영화는 〈자연은 살아있다〉, 〈연산군〉, 〈심청전〉, 그런 거예요. 동시 상영은 없었어요. 서울 오니까 변두리 극장에서 동시 상영을 하더라구요. 서울 와서도 군대 가기 전까지는 극장을 좀 다녔어요. 나이들면서는 잘 안 가게 되더라구요.

당시 나는 꿈도 없고 그냥 배불리 먹고 친구들이랑 노는 거만 알았죠. 모자르는 게 없는 여건이어서 그랬나 봐요. 아니, 모자른 건 있었는데 채울 수 없는 거였지요. 마음 붙일 곳……, 나를 챙겨주는 어머니나 집, 그런 거요.

아버지가 한동안 술도가에서 술을 받아다 여기저기 대주는 술 도매 집을 했어요. 횡성서는 농사가 컸는데, 그거 정리하고서는 농사는 안 했요. 큰집하고 우리 집 거리가 2키로 정도였어요.

두 집 사이에서 늘 어정쩡했어요

형이 사람 뚜들겨 패면 큰집 두 양반이 뒤치닥꺼리 하느라 속 많이 썩었지요. 큰아버지한테 싸리 빗자루로 많이 맞았어요. 열여덟, 열아홉에는 군대를 일찍 가겠다면서 입대 날짜가 언제라고 그래요. 그 귀한 자식이 군대를 간다니까 두 집에서 돈도 많이 챙겨주고, 가는 날까지 잘 멕이고, 친구들을 몇 번을 불러 먹이고, 하자는 대로 다 해줬어요. 근데 군대를 안 간 거예요. 군대 간다고 나가서는 받은 돈 다 까먹고 다시 집으로 기어들어온 거지요. 그러구두 또 한참을 빈둥대다가 나중에 해병대로 입대했어요. 체격도 좋고 힘이 쎄니까 해병대로 간 거지요.

본가에 있는 누나나 다른 남매들이랑은 별다른 기억이 없어요. 좋았다거나 재미있었다거나 그런 게 별로 없어요. 아버지는 약주나 하시면 말씀이 좀 있고, 안 그러면 말씀이 거의 없는 분이었어요. 아버지 기억은 별스런 게 없어요. 그럭저럭 그런 분이었어요. 농사가 크니까 맨날 일만 하셨죠. 술 드셔도 자식들 때리고 그런 분은 아니었어요. 그래서 아버지 원망하고 그런 거는 없어요. 어머니가 일찍 돌아가신 거, 형하고 누나 때문에 힘들던 거, 두 집 사이에서 늘 어정쩡하던 거, 그거 말고는 유복했다고 봐야지요.

큰집은 장례 용품 파는 가게도 했고 잡화상도 했어요. 장례 용품 파는 가게는 상포상이라 그러잖아요. 관도 팔고 초상 때 쓰는 삼베나 포목들을 파는 거지요. 손님들이 대부분 아침 일찍 왔어요. 그럼 아침도 해주고 해장술도 챙겨주고 그러지요. 상포상이 벌이가 좋았던 거 같아요. 지금이야 도시에서는 장례를 큰 병원들이 모두 가져가고 상조 회사가 알아서 다 해주지만, 전에는 돌아가시면 집에다 모셔놓고 가족이나 친척들에 동네 사람들이 다 같이했잖아요. 수의나 상주들 옷도 상포상에서 옷감만 끊어다가 동네 아줌마들이 상갓집에 모여 밤새며 만들고 그랬어요. 음식도 다 상가에서 만들고 밤새 상객들 대접도 하고. 나중에 목수 할 때 새벽에 출근하면서 보면, 길거리에 가장 먼저 문 여는 데가 장의사나 상포상이더라구. 장의사하고 병원하고 교회가 가장 먼저 불이 켜 있거나 밤새 켜놓거나 그러더라구요. 큰집은 나중에 집 장사도 했어요. 집들을 여러 채 지어서 팔고 또 짓고 하는 거지요.

큰아버지는 동생네 아들 둘을 키워준 거지요. 그때는 못 느꼈는데 지금 생각하면 참 고마운 분들이에요. 형은 돌아가신 지 14년 정도 돼요. 예순 되던 해에 회갑을 못 찾아 드시고 가셨어요. 근데 돌아가셔도 회갑 날짜에 잔치는 해드리더라구요. 그래야 안 나쁘다고. 평생 담배를 피워서 그런지 폐암으로 돌아가셨어요. 나도 열세 살부터 담배를 피웠으니 55년째 피는 거네요. 담배라는 게 한번 습관이 되면 끊기가 힘들어요. 술은 끊겠는데 담배는 못 끊겠어요.

누가 인민군인지 국군인지도 모르고 다 우리 군인이구나

일제 시대 얘기는 들은 거는 많지요. 청주 큰집에서 살 때 어른들이 하는 얘기들을 자주 들었어요. 안방에서 나와서 신발 신고 조금만 가면 작은방이 있었어요. 그 방에 동네 사람들이 마실을 많이 왔어요. 큰집이 집도 크고 가게도 하니까 마실꾼들이 자주 오는 거지요. 그러면 일본말도 많이 하고, 왜정 때 얘기들도 하고 그랬어요.

횡성서 농사지을 때도 일본 놈들이 곡식 뺏으러 오면 아버지가 초가 지붕 맨 꼭대기 용구새(용마루) 밑에다 쌀이나 뭐를 숨기고 그랬어요. 일본 놈들이 집집마다 이잡듯이 뒤지면서 곡식을 뺏어갔다고 아버지랑 동네 어른들이 하는 이야기도 많이 들었어요. 쇠라는 쇠도 다 공출하고 뺏어가고. 근데 횡성 때 이야기는 직접 본 기억인지 듣고 상상한 장면인지 헷갈려요.

해방되고 나서 빨갱이니 뭐니 편 갈려서 싸우고 죽이고 한 이야기는 서울 와서나 들었지 횡성이나 청주 살 때는 몰랐어요. 청주 근처도 집단 학살이 있었다는데 우리 주변이 당한 거는 없었나 봐요. 지리산 밑으로는 아주 심했다고 나중에 들은 거구요.

전쟁 나서 군인들이 지나가면서 건빵 주면 그걸 받아먹고 한 건 횡성 기억이에요. 횡성군 안흥면이 우리가 살던 데거든요. 거기가 내 고향인 거지요. 맞아요, 안흥찐빵 나오는 그 동네요. 멀리서 포탄 터지는 소리도 들리고 갑자기 군인들이 동네로 많이 들어왔어요. 어렸을 때라 누가 인민군인지 국군인지도 모르고 무섭기만 했지요. 거기가 38선이 가까워서 격전도 많고 위험했나 봐요. 그러니까 청주로 이사를 간 거지요. 미군이니 소련군이니 서양 군인들은 못 본 거 같아요. 아버지가 커다란 짐보따리를 등에 지고 그 위에다 나를 얹어서 어딘가 간 기억이 나요. 횡성가까운 어디로 피난 간 거였겠지요. 형이랑 누나는 걸리고 나만 보따리위에 얹은 거지요. 사람 죽어 있던 기억은 없어요. 우리 가족이나 동네가 피해를 본 거는 잘 몰라요. 많았을 텐데 어려서 기억이 없나 봐요.

6·25가 일어난 거는 횡성에 있을 때였고, 그 사변 중에 어머니가 실수로 양잿물을 잡순 거고, 큰 병원 찾는다며 큰집 근처 청주도립병원에 입원하셨다가 돌아가셨고, 얼마 있다 새어머니 들어오면서 내가 큰집으로 살러 왔고, 좀 있다가 아버지랑 식구들이 피난 삼아 아예 청주로 이사를 왔나 봐요. 그때가 휴전되기 얼마 전이에요. 청주국민학교 1, 2학년에 휴전이 됐으니까요. 학교 갔다 오다가 탄피를 주운 기억이 나요. 여기 이 엄지손가락 흉터 보이지요? 에무완 탄피를 주서다가 혼자 집에서 화로에 넣고 성냥개비로 불을 붙인 거예요. 총알은 빠져나가고 뇌관이 안 터지고 남은 걸 주웠거든요. 성냥불을 화로에 넣자마자 탄피가 터지면서 엄지손가락이 확 뒤집어 제껴지고 피가 철철 나고 그랬어요. 막 소리를 지르구 우니까 옆집 형이 와서 피를 닦아주고 싸매주고 한 게 기억나요.

나 같은 놈하고는 댈 게 아니네요

최현숙 아버지 연세 몇 세에 선생님이 태어나신 거예요?

이영식 글쎄……정확히 모르겠는데……돌아가실 때가 67세였고, 내가 월남에서 돌아오고 좀 있다 군대 제대한 71년도였어요. 당시는 회갑상만 받고 가셔도 호상이라고 하던 때니 사실 만큼 사신 거지요.

최현숙 대강 1904년생이시네요. 한일 병합 6년 전에 태어나셔서 한창 젊은 시절을 고스란히 일제 강점기에 보내고 마흔 넘어 해방된 거구요. 그 어려움 속에서 농사를 잘 지키시느라 고생이 많으셨겠어요. 해방이 됐다고는 하지만 바로 이어서 남북 간의 좌우 갈등과 전쟁과 분단의 시절을 지내셨고, 1971년에 돌아가셨으면 산업 사회 초반까지 사신 거네요.

이영식 맞아요. 일제 시대에 젊은 시절을 다 보내고, 해방되고 박정희 대통령이 한창일 때까지 사신 거예요. 그러고 보니 아버지가 나를 마흔셋 정도에 낳았겠네요. 그 밑으로 동생을 셋이나 더 낳으셨으니 쉰 살까지 자식을 낳으시고. 이렇게 아버지 나이를 따져본 적이 없는데, 참 대단하신 분이었네요. 그 어려운 때를 살아왔다는 것도 그렇고 부인 셋에 열이 넘는 자식들을 먹이고 키운 것도 그렇고……. 자식 하나 없는 나 같은 놈하고 댈 게 아니네요. 아버지 돌아가시자마자 집안이 금세 어려워졌어요. 워낙에 형제들이 각각이어서 그런가 봐요. 아버지 계실 때나 형제니 했지, 가시고 나니까 배다른 형제들은 남남이나 같아서 누가 챙기고 그러지를 않게 되더라구요.

그때는 중학교 입학 시험이 있었거든요. 6학년 때 내가 하도 장난이 심한데다 공부 시간에도 떠들고 하니까 다른 친구들 공부하는 데 지장이 크다는 거예요. 그래서 선생님이 큰어머니를 오라 해서 학교에 보내지 말라고 그러더래요. 그것도 그렇고 나도 재미를 못 붙여서, 국민학교 졸업을 않고 그만뒀어요. 내가 또래 애들보다 작았어요. 그런데다 6·25 직후니까 같은 반에 나이 많은 사람들이 많았어요. 제 나이에 입학한 사람이 오히려 적었죠. 태어나면 사나 보자 하고 놔뒀다가 돌 지나면 출생 신고를 한 거예요. 2, 3년 늦으면 다행이고 학교 들어갈 때야 출생 신고를 하기도 했어요. 청주 중앙국민학교였어요. 지금도 그대로 있어요.

그 뒤로 한 1년을 집에서 놀았어요. 주로 학교 안 다니는 애들이나 학교 파하고 온 애들이랑 돌아다니며 놀았어요. 그러다 아버지가 어쨌든 학교는 가야 한다면서 중학교에 넣었어요. 근데 머릿속에 들은 게 있어야 공부할 맛이 나잖아요. 공부를 따라갈 수가 없으니 영 재미가 없는 거예요. 중학교는 이름도 기억이 안 나요. 문교부에 등록도 안 된 학교였던 거 같아요. 입학 시험도 안 보고 그냥 다닌 거예요. 너무 재미가 없어서 몇 달 다니다 말았어요. 찔끔 다니다 만 거지요. 그러고는 학교랑은 끝이 된 거예요. 살아오면서 그때 공부 더 안 한 거를 많이 후회했어요. 먹고살기 힘들어 안 보낸 것도 아닌데…….

5·16이 무섭기는 했지만 그래도 결과적으로는 좋았지 않나요

4·19와 5·16은 열서너 살이니까 청주에 있을 때였어요. 4·19 소식을 청주서도 들었어요. 노래도 어렴풋이 기억이 나요. 억울하게 죽었구나, 원통하게 죽었구나, 몸부림치는 3·15를 그 누가 만들었나.

최현숙 가락을 들으니 5·18 광주 항쟁 노래랑 분위기가 비슷하네요. 비슷할 수밖에 없겠지요. 1960년 4·19와 1980년 5·18과 1894년 동학농민혁명은 맥락과 바람이 같았으니까요.

이영식 친구들이랑 동네 큰 거리나 시내에 나오면 그런 노래들이 자주 들렸어요. 따라 부르기도 했고. 청주에서도 학생들이 많이 모여 거리 행진도 했다는데 나는 학교도 안 다니니 그런 걸 잘 몰랐고 어울릴 기회도 없었지요. 그 노래도 그렇고 모여서 술렁거리고 들썩들썩하는 것도 그렇고, 뭔가 들뜨면서도 불안했지요. 통금도 땡겨지고 나중에는 모이지도 돌아다니지도 못하게들 하고. 그게 정치인들한테 반대하는 거고 막연하게 올바른 거라고 생각했는데, 같이할 생각은 못했어요. 그때 열다섯인데, 학교를 안 다니니 뭘 하지는 않은 거예요. 그냥 분위기에 휩쓸려서 신도 좀 나고, 노래도 따라 부르고 구경도 가고 한 거예요. 지금이야 잘한 거라는 생각이 확실하지요. 나라를 위해서 학생들이나 젊은이들이 많이 희생됐잖아요. 요즘 운동 삼아 아현동에서 광화문까지 걷는데, 서대문 막 지나면 4·19 기념 도서관이 있어요. 거기를 지나면 일부러 돌아봐지고 그래요. 청승맞은 거 같아서 들어가지는 않는데 마음으로는 좀 저기해져요.

5·16은 불안한 정도가 아니라 무서웠어요. 길 가다보면 주요 기관들에 군인들이 에무원에 칼 딱 꽂고 서 있는 거가 제일 먼저 기억나요. 통금도 오후 7시로 더 땡겨지고. 5·16이 무섭기는 했지만 결과적으로는 좋았지 않나요? 그죠? 사회 불안도 없었고 경제 성장도 했고. 이건 제

생각이고……제 생각이지만, 박정희 대통령이 잘했지요……. 문제도 많았지만 국가를 위해서는 독재도 좀 필요한 거 아닌가요? 무엇보다 국민들을 먹고살게 해줬다고 봐요. 그게 제일 중요했지요. 서울도 그랬지만 지방은 정말 먹고살게 없었거든요. 5·16 나고 얼마 안 있다 서울로 왔으니 박정희 대통령 시절을 대부분 서울에서 생활한 거지요.

버는 건 명동에서 벌어도 쓰는 건 거기서 못 쓰지요

서울 오기 직전은 큰집서 살다가 아버지 집으로 왔던 때였어요. 국민학교 그만두고는 두 집 사이를 왔다갔다했어요. 열여섯에 시골 친구들이랑 어울려서 무작정 상경을 했어요. 62년이나 됐겠지요. 아버지 돈을 훔쳐서 나왔는데, 얼만지는 기억이 안 나고 그때 돈으로 몇 천 원일 거예요. 시골 사람들은 일단 서울만 가면 뭐가 되는 줄 알던 때잖아요. 금방 출세하고 돈도 벌 것처럼 알던 때지요, 남자 애들이고 여자 애들이구. 남들은 시골서 밥 먹기 힘들어서 그랬다면 나는 그것도 아니었어요. 헛바람이에요. 본가라고 와 있는 집도 편치가 않고, 아버지가 일만 시키는 게 싫기도 했고. 그때부터 서울이랑 청주를 들락날락한 거예요. 서울서 취직해서 살다가 힘들거나 하면 집으로 내려가고.

먼저 온 친구들 중에 다방에서 일하는 민군이라는 친구가 있었거든요. 그 친구가 다방 계통에 기반을 닦아놔서 발이 넓었어요. 아주 무작정 상경은 아닌 거지요. 무작정 상경한 시골뜨기들 상대로 깡패들이 돈 뺏어가고 넝마주이나 그런 사람들한테 넘기고 하는 거도 많았어요. 나는 당하지 않았는데, 다른 친구들은 많이 당하기도 했어요. 나도 친구들도 주로 요식업소, 식당이나 다방에서 많이 일했어요. 그런 데가 먹고 자고가 해결되니까 시골 출신들은 편했거든요. 주로 명동에 있는 다방에서 주방을 봤어요. 서울에는 비빌 만한 친척이 없었어요. 집이 경제적으로 덜 힘드니까, 서울 와서도 힘들고 어쩌고를 몰랐어요. 다방 주방이라는 게 기술이 별게 없었어요. 먼저 하던 친구한테 배우고, 커피는 남대문시장 가서 사오고. 다방서 일하는 사람들이 주방, 세컨, 시다 세 가지가 있었어요. 규모가 크면 셋 다 두고, 작으면 주방장 하나에 마담이 다 하기도 하고. 명동에 있던 중국 대사관 앞에 미르바라는 큰 다방에도 있었어요. 그때 명동에 크고 유명한 다방들이 많았거든요.

당시 명동은 굉장했어요. 조직폭력배들이 구역 싸움도 많이 하고. 다방이나 술집에 죽치고 사는 조폭들도 많았지요. 주인이 주먹 세계랑 직접 뭐는 없어도 모르는 척은 못하는 사이지요. 그때 명동이랑 종로에는 조직 폭력배들 세력 다툼이 많았잖아요. 5·16 나서 한바탕 잡아들일 때는 조용했다고 하더라구요. 근데 조금 지나니까 또 슬슬 모여들더라구요.

명동에 있는 다방에 취업한 게 열일곱 살 즈음이었어요. 음악 하네 그림 그리네 하는 사람들이 모이는 다방도 있었지요. 청자, 갈채, 은성, 쌍과부집, 돌체…… 유명한 다방이나 술집들이었어요. 은성다방 이야기는 많이 들었지요. 최불암 어머니가 하던 다방이었더라구. 지금도 거기 가면 조그만 비석이 있더라구요. 은성다방 자리라고. 그때 다방에는 통금 시간 12시 다 되도록 앉아 있는 사람들도 많았어요. 집도 절도 없는 사람들이 시 쓴다고도 노상 죽치고 있기도 했고. 내가 일한 데는 젊은이들 다방인데도 그런 사람들이 왔어요. 글 쓰고 음악 하는 사람들 많이 들락거리는 다방은 조용하고 고전 음악을 주로 틀었고, 내가 일한 복다방은 음악이 좀 시끄럽죠. 그때 웬만한 다방에는 디제이가 있었어요. 엘피판들 많이 가지고 있다 손님들한테 신청곡 쪽지도 받아서 틀어주고.

다방 메뉴는 커피나 차 말고 계란 반숙도 있고 모닝커피도 따로 있었어요. 커피에 계란 노른자 넣어서 주는 거지요. 쌍화차에도 계란 노른자를 넣어서 냈어요. 나중에 조치원서도 주방 일을 했는데, 거기서는 다방에서도 위스키를 팔았어요. 주방 연료야 주로 석유 곤로를 썼지요. 연탄불을 주방에서 쓰지는 않았던 거 같아요.

충무로에 있던 고미파라는 다방도 유명했지요. 아주 큰 다방이었는데 거기서도 잠깐 주방을 봤어요. 나 서울 올라오기 전에 고미파가 불이 크게 나서 다시 지은 거더라구요(1959년 1월 17일). 나중에 그 다방이 없어지고 그 자리에 대연각호텔이 들어섰거든요. 크리스마스 때 큰불이 난 호텔 말예요(1971년 12월 25일). 이름이 대연각이라서 큰불이 난 거라고들 했지요. 그 터가 불이 잘 나는 터였나 봐요. 고미파도 그렇고 대연각도 그렇고, 같은 자리에서 계속 큰불이 난 거잖아요.

대연각호텔 화재는 제대하고 얼마 안 된 때였어요. 불나고 다음날 거기를 가봤어요. 경찰들이 막고 있어서 가까이는 못 가고 떨어져서 봤지요. 불난 다음날 조간신문 큰 제목이 '살았다, 11층 그 사람'이었어요. 중국인(주한 대만 대사관 직원) 하나가 투숙했다가 당한 거지요. 그 화재를 텔레비로 생방송을 했잖아요. 전세계로 방송이 나간 거 같아요. 그 중국인이 11층 창문 바깥으로 나와서 살려달라고 커다란 흰 천을 막 흔들어대고 그랬어요. 담요에다 물을 묻혀서 몸에 두르고 있었다고 하더라구요. 방송 보는 사람들이 애간장을 태운 장면이었지요. 헬리콥터로 구조를 했나 그랬어요. 근데 그 사람이 병원에서 결국 죽었다고 며칠 있다 뉴스에 나왔어요. 나쁜 공기를 많이 마셔서 폐랑 기도가 다 망가졌다는 거 같아요. 그때 건물이 뜨겁고 연기가 많이 나서 헬기가 접근을 못하니까 이불 여러 겹을 몸에 감고 뛰어내린 사람도 있었어요. 서울에 있는 소방차를 모두 동원하고 대통령 전용 헬기까지 동원했는데, 바람도 무지 쨌고, 제일 문제는 소방 사다리가 7층밖에 안 가는 거였어요. 그 위층 사람들은 알아서 7층까지 와야 했지요. 어떤 사람은 침대 시트를 찢어 이어서 줄을 만들어서 7층까지 타고 내려와 구조된 사람도 있었어요.

중앙극장도 있었지요. 쉬는 날이면 거기서 영화도 봤어요. 우리 같은 사람은 중앙극장보다는 변두리에서 두 편씩 동시 상영하는 영화를 주로 봤지요. 중앙극장 뒷골목 지나면 명동성당이잖아요. 중앙극장도 그렇고 단성사니 피카디리도 그렇고, 요즘은 무슨 씨네마테크 그래서 한 건물에 상영관이 많이 있고 영화도 여러 편을 따로따로 상영하더라구. 요즘은 극장 안 가요. 갑갑해서 별로 안 좋아해요.

청바지랑 통기타가 유행이었고, 명동이 유행의 시작이자 중심지였지요. 앙드레김 의상실도 있었고, 명동영양센터라고 전기구이 통닭집도 생겼어요. 요즘같이 치킨 나오기 전에는 전기구이 많이 먹었잖아요. 근데 다방 주방 보면서 그 통닭을 사먹기는 어렵지요. 우리 같은 사람은 버는 건 명동에서 벌어도 놀고 쓰는 건 못하지요. 명동이나 충무로는 우리 같은 사람이 섞이기는 어려웠어요. 모든 게 비싸기도 하고 취향도 다르고. 양복점이나 술집, 레스토랑 그런 데를 지나면 눈요기나 하지 들어갈 수는 없었지요. 명동, 충무로, 고려대 앞, 그런 데 다방에서 많이 일했어요. 당시는 열악하니까 영업 끝나면 탁자 한쪽으로 밀고 홀 바닥에 자리 깔고 잤어요. 여자 남자 없이 모두 같이 잔 거지요. 밥은 다방 종업원들끼리 해먹었어요. 주로 제일 말단인 시다가 밥을 했지요.

친구들 중에 깡패로 빠진 사람이나 구두닦이는 없어요. 주방이 기술직이라기에는 좀 그렇지만, 국민학교 나오고 중학교 물 찔끔 먹은 덕을 본 거죠. 집안이 어려운 것도 아니라 막노동까지 할 지경은 안 갔어요. 사실 가난한 시골에서 남의 논밭이나 부쳐 먹으며 똥구멍이 찢어지게 가난한 집 애들도 무작정 상경을 많이 했어요. 땡전 한 푼 없이, 아닌 말로 다리 밑에서 자야 했던 사람들이요. 그런 사람들은 넝마주이나 구두닦이, 노가다로 빠진 경우가 많지요. 노가다판 시다로 발을 들였다가 평생 노가다로 사는 거지요. 기껏해야 시다 벗어나 미장이나 목수가 됐다가 나이들면 다시 잡역부로 새벽마다 인력 시장에 나가는 사람들이 많아요. 나는 쪼금 나았던 거지요. 짤리든 그만두든 취직 안 되고 돈 떨어지면 기차 타고 집에 내려가면 됐거든요. 그러면 먹고 자는 거는 해결이 됐지요. 무임승차 많이 했어요. 서울역은 단속이 심하니까 노량진역으로 가서 완행 화물 열차를 집어타는 거예요. 노량진서 청주까지 4시간 정도 걸렸어요. 화물차다 보니 가다 말다 마냥 쉬기도 하고.

그때는 여자들은 안 가르쳤잖아요. 시골서 상경한 여자애들은 식모살이가 다반사였어요. 월급이나 뭐 있어요? 멕이고 재워주는 걸로 월급 대신이었지요. 글씨라도 알고 학교라도 다녔어야 버스 차장 하거나 공장이라도 다닐 수 있었어요. 가발 공장 들어가려면 중학교는 다녀봤어야 했어요. 새어머니가 데리고 들어온 누나도 집에 있기 그러니까 서울 와서 편물 공장에 취직을 했어요. 처음에는 시다로 들어갔다가 나중에 기술자가 됐더라구요. 요꼬라고 새 기술도 나올 때거든요. 근데 서울 와서도 그 누나를 만나지는 않았어요.

둥글납작한 빵 사이에 하얀 크림 들어 있는 삼립 크림빵은 제대하고 나왔던 거 같아요. 위에 구멍들이 뿅뿅 나 있잖아요. 그 구멍을 안 내면 구울 때 빵이 터져버린다더라구요. 콘티빵도 많이 먹었죠. **삼립빵**이나 콘티빵은 지금도 나와요. 목수 일 하면서 간식으로 많이 먹었어요.

지금도 여전히 많은 사람들에게 추억의 빵으로 불리며 다시 생산 판매되고 있다. 삼립 크림빵은 이영식이 기억하는 것과 다르게 1963년에 출시됐다. 국내 최초로 자동화 설비를 거쳐 낱개 비닐 포장을 해서 판매했으며, 결과는 대박이었다. 삼립식품 대방동 공장은 크림빵을 사려고 이른 아침부터 몰려든 사람들의 줄이 끝이 보이지 않을 정도였다. 구로공단에서 야근하는 노동자들의 허기를 달래준 간식이기도 했다. 설탕이 귀한 시절, 빵 사이에 달콤한 하얀 크림이 들어 있던 크림빵은 폭발적인 인기를 누렸다.

쥐나 이 서카리 그런 게 이렇게 추억꺼리가 되다니

박정희 대통령 시절에는 경제 발전, 수출, 그런 게 제일이었잖아요. 그런데 나는 수출이나 생산, 공업 그런 거랑은 상관없는 일을 한 거지요. 처음 시작이 그래서 그런지 군대 갔다 와서도 그런 일로는 안 가게 되더라구요. 딱 한 번 공장에 취직한 적이 있어요, 모피 공장에. 동물 가죽을 벗겨서 옷을 지을 수 있게끔 가공하는 거예요. 약품 처리하는 게 많았는데, 그건 기술이 있어야 하니까 공장장이 주로 했어요. 우리는 가죽에 붙은 지방이나 불순물 제거하는 일을 했어요. 그 일도 약품을 많이 사용해요. 나는 동물 가죽을 기계로 돌리고 물로 세척하고 건조하는 일을 했어요. 당시에 모피 산업이 종류별로 많이 있었는데, 우리 공장은 쥐로 만든 모피를 수출하는 공장이었어요. 잘나가다가 갑자기 수출 길이 막히더라구요. 쥐라서 서양 사람들이 안 좋게 생각했던 거 같아요. 불란서나 구라파 수입국들에서 거부감이 많았던 거 같아요.

쥐잡기 운동이 한창이던 시절이었잖아요. 쥐 모으는 업자들이 따로 있어서, 연필이니 노트 그런 걸 잔뜩 사서 시골로 들어가요. 가서 쥐 몇 마리 잡아오면 공책 몇 개, 연필 몇 개 하면서 쥐를 모아와요. 학교 통해서도 하고 농가 다니면서도 하고. 그렇게 모아온 쥐를 껍질만 벗겨서 우리 공장에 납품을 해요. 학교에서 그 업자들한테 팔기도 했겠지요. 우리 모피 공장은 성남에 있었어요. 공장서 먹고 자고 했어요. 월급이 얼마나 됐겠어요? 그래도 숙식을 다 제공하는 거니까 용돈 쓸 여유는 있었지요. 20대 초반에 얼마나 돈 쓸 데가 많아요. 유흥 문화도 많아지던 때였거든요. 공장 사람들하고 단체로 야유회 가고 그런 거는 없었어요. 그러구는 공장 다닌 거는 없어요. 모피 공장 1년 못 되게 다닌 게 처음이자 마지막이었어요. 다방 일하고 하루 싸이클이 다르고 하루 종일 일에 매이는 공장 생활이 안 맞더라구요.

쥐잡기 운동은 군대서도 많이 했어요. 전국적으로 벌인 거지요. 할당량이 있는데, 군대 안에서 쥐잡기가 한계가 있잖아요. 군인은 많고, 갇힌 곳이니까. 그러니 어떤 놈은 오징어 다리를 시꺼멓게 쥐꼬리처럼 만들어서 비닐에 담아서 내기도 했어요. 누가 냄새를 일일이 맡나요? 그러지는 않아요. 안 들키게 요령껏 해야지요. 약 먹고 죽은 쥐꼬리도 짤라서 내고.

이 잡는 거도 까마득한 이야기네요. 군대에서 할당량이 떨어져서 그걸 또 검사를 받아요. 산 채로 두면 도망가니까 손톱으로 죽여서 쪼로록 늘어놓는 거예요. 주로 자기 옷에 있는 이를 잡지요. 옷에 이 많은 사람들이 인기가 많았지요. 건빵 그런 거랑 이 몇 마리랑 바꾸고, 하하하. 다른 부대서는 이 박멸한다고 이약 주머니도 만들어서 내복 겨드랑이랑 사타구니에 달고 다니기도 했대요. 그 이가 무슨 전염병을 옮긴다고 잡아야 한대요. 빈대도 있었어요. 그게 사람 피를 빨아먹으면 뚱뚱해지잖아요. 그걸 잡으면 피가 아주 많이 나와요. 집에다 빈대 잡는 약도 많이 뿌려댔지요. 그래도 안 없어져요. 오죽하면 빈대 잡다가 초가삼간 다

태운다는 말도 있잖아요. 군대 가기 전에 지금으로 하면 보건소에서 나와 동네 사람들 쭈루룩 줄 세워놓고 한 명씩 머리나 몸에 대놓고 디디티를 뿌려줬어요. 얼마 전에 텔레비 〈무한도전〉에도 나오더라구, 그 이 잡던 이야기가. 전쟁 때 미군들이 피난민들 세워놓고 농약 뿌리는 뽐뿌 같은 걸로 디디티를 뿌리는 사진도 봤어요.

그 알을 서카리라고 하는데 서캐라고도 하고. 한겨울에 할머니들이 햇볕 좋은 날 양지바른 데 쪼로록 앉아서 이를 잡기도 했지요. 손녀들 앞에 앉혀놓고 참빗으로 머리 빗겨가며 잡기도 했고. 해가 따땃하면 이들이 벌벌벌벌 기어나오거든요. 옷 속으로 손만 넣어 훑어도 여러 마리가 나오고. 서카리는 하나씩 있는 게 아니고 쪼로록 줄지어 붙어 있거든요. 할머니들이 서캐 있는 옷 솔기를 접어서 입에 넣고 앞니로 꼭꼭 꼭꼭 물어내리면서 눌러 죽이는 거예요. 서카리는 작아서 손톱으로 톡톡 죽였다가는 다 없어지지가 않아요. 아예 등잔불이나 촛불 같은 불에다가 옷 솔기를 슬쩍슬쩍 왔다갔다했어요. 이 속에도 알이 많이 차 있었지요. 군대 생활하던 포천이 겨울이면 무지 춥거든요. 목욕을 제대로 할 수가 있어, 옷을 자주 갈아입기를 해? 이가 안 생길래야 안 생길 수 없지요.

다방에서 일할 때는 실내니까 한겨울에도 짧은 걸 입는데, 이는 있었어요. 나이롱 양말, 나이롱 바지, 그게 나 10대나 20대쯤에 나왔지요. 싸고 질기고 빨기도 쉽고. 구멍 안 나는 만년묵이 옷이라고 혁명 소리까지 붙어서 처음에는 무지하게 인기가 좋았지요. 그 나이롱 옷 솔기에도 이랑 서카리가 많이 붙어요. 더럽고 지겹던 쥐나 이, 서카리, 그런 게 이렇게 추억꺼리가 되다니, 세월이라는 게 참 뭔지…….

김신조 때문에 사람들 수태 고생했어요

군대를 일찍 스물한 살에 갔어요. 67년 12월에 육군 보병으로 자원 입대를 했어요. 그러고는 70년 4월에 제대를 얼마 앞두고 월남을 자원했어요. 그러느라 복무 기간이 길어졌지요. 월남 갈 때는 월남전 끝 무렵이지요. 처음부터 갈 생각은 아니었어요. 돈 벌자고 간 거는 아니에요. 당시는 돈 때문에 간 사람들이 많았어요.

솔직히 말해서 진짜 이유는 다른 데 있었어요. 군 입대도 그렇고, 특히 월남 자원한 거는 좀 그럴 사정이 있었어요. 내 키가 153센티에요. 그때 병역 기준으로는 군 면제였어요. 병무청에서는 티오가 많으면 개나 소나 다 끌어 가고, 적으면 좀 골라서 데려가고 그랬어요. 나는 안 가려면 안 갈 수 있었어요. 근데 동네 친구들이 대부분 나보다 서너 살 많다 보니 제대하고 온 친구들이 많았어요. 그 친구들이 군대 생활 얘기하는 게 부럽고 멋있었어요. 남자들 군대 이야기가 힘든 건 다 빼고 뻥도 많이 치고, 그러니 멋있다고 느낀 거지요. 나중에 보니 다 과장인데 몰랐지요.

동네 형 중에 청주시청 병사계에 다니는 사람이 있었어요. 한번은 그 형이랑 휴가 나온 친구들이랑 해서 같이 술을 먹었어요. 막걸리 마시며 군대 얘기를 듣다가, 부럽기도 하고 호기심도 나서 나도 군대나 갈까 하고 농담처럼 말했어요. 그 말이 어떻게 씨가 돼서 결국 그 병사계 형 통해서 자원 입대 신청서를 쓴 거예요. 금방 영장이 나오더라구요. 영장 나오면 일주일에서 열흘 뒤가 입대일이에요. 막상 영장을 받으니 후회가 되는 거예요. 그래서 그 형한테 안 가면 안 되냐고 물어봤더니, 영장 나온 뒤는 안 된다는 거예요. 그때는 동네에서 누가 군대 간다고 하면 친구들이 얼마씩 걷어요. 그 돈으로 한말짜리 통에다 막걸리를 받아서 송별회를 해줬어요. 총각 딱지 떼주는 건 듣기는 했는데 우리는 그런 거는 안 했어요. 나 혼자만 송별회를 받았어요. 그때 입대하는 사람은 주변에서는 나뿐이었던 거지요.

지금이야 예비 사단들이 여럿이지만 당시는 다들 논산훈련소 통해서 자대 배치를 받았어요. 자원한 사람들은 신체 검사를 미리 하지를 않고 훈련소에서 했어요. 신병 훈련 받는데 김신조가 내려왔어요. 68년 1월이잖아요. 맞아요, 1·21사태. 이틀 뒤에 미군 함정이 납북되는 사건도 있었어요. 그래요, 그 푸에블로호 사건. 김신조 때문에 1154 군번들은 제대가 무기한 연기됐어요. 예비군 제도도 김신조 때문에 생겼지요. 나는 군번이 1184예요. 군복무 중인 사람들은 말할 것도 없고 우리 같은 훈련병들도 완전 비상이었어요. 훈련도 힘들어졌고, 곧 전쟁 난다는 소문에 무섭기도 했고. 괜히 자원했다는 생각이 당연히 들지요. 저는 군대 안 가도 됐거든요, 키가 작아서.

김신조나 미군 함정 소식을 훈련소 안에서는 제대로 못 들었어요. 내무반에 텔레비전이니 신문 그런 게 없었어요. 그냥 소문으로만 돌고 하니까 더 뻥튀기가 되지요. 워낙에 소문이 뒤숭숭하니까 전쟁 나는 거 아닌가 그렇게 생각했더랬어요. 북쪽에서 쳐들어온 무장 공비들이 청와대를 침투해서 박정희 대통령을 암살하려 했는데 실패했다, 우리도 보복 작전을 할 거다, 그러다 보면 전쟁이 일어난다. 그런 소문들이지요. 전쟁 나면 군인들이 제일 비참하고 불쌍하죠. 그래서 훈련받는 내내 비상이고 무지 힘들었어요. 훈련 마치고 자대 배치 받아 파주로 가고 나서 한참 뒤에, 김신조가 반공 강연을 왔댔어요. 김신조가 대한민국 부대라는 부대는 다 돌았을 거예요. 북한 생활의 어려움, 북한의 군사 동향, 아오지탄광 이야기, 북한에서 배운 김일성 얘기가 다 날조된 거다, 그런 강연을 했어요. 그때서야 1·21 사태에 대해 좀 알게 됐지요. 강의 내용이야 솔직히 한 귀로 듣고 한 귀로 흘리지요. 꾸벅꾸벅 조는 친구에 아예 코 골고 자는 놈도 있고, 머릿속에 남는 거가 하나도 없어요. 그래도 김신조 씨 인상은 또렷했어요. 워낙에 큰 사건이라서 호기심도 있었고, 아주 강단 있게 생겼더라구요. 지독한 맹훈련을 받고 남파됐겠죠. 그 강연을 연병장에 한 300~400명을 모아놓고 했어요.

솔직히 김신조 하면 무조건 나쁜 놈이었지요. 청와대 습격도 습격이지만 그 사람 때문에 얼마나 많은 사람들이 안 해도 될 고생을 했는데요. 습격 막다가 주민들하고 종로경찰서 서장도 사살당했지요. 제일 직접적 피해를 본 건 군인들이지요. 비상 걸리고, 훈련 심해지고, 제대 특명 받아놓고도 제대도 못하지, 제대한 사람들 예비군으로 다시 불러 모으지, 아주 힘들었어요. 이런저런 이유로 입대 미루던 사람들을 헌병들 시켜서 이 잡듯이 뒤져서 다 끌고 가고. 그저껜가 어디 테레비에 그 김신조 씨가 나왔어요. 당시에는 큰 키는 아니라도 아주 강단 있고 깡마르고 했는데, 지금은 머리가 허옇고 살도 붙고 그랬더라구요. 참, 세월이 무섭다는 생각이 들대요. 나보다 나이가 댓 살 위일 거예요. 남한서 생활이 나름대로 많이 힘들었더라구요.

군대 안에서 보니까 보통 스물넷, 스물다섯도 많았어요. 시골서 농사 짓다 온 사람, 머슴 살다 온 사람, 결혼하고 온 사람, 참 별의별 사람들이 많더라구요. 스무 살 조금 넘은 하사관한테 나이 많은 사병들이 두들겨 맞고 쌍욕 먹고 하는 거 보면 참 문제가 많다는 생각도 들지요. 군대 생활이 많이 힘들었어요. 요즘은 군대를 가능하면 피하고 보잖아요. 당시에도 미필자가 많았어요. 미필자라고 안 하고 기피자라고 해서 사람 취급을 안 했지요. 남자 취급을 못 받던 시절이잖아요. 그러니 군대를 못 가면 자존심이 상한다는 생각도 했고, 호기심도 있었지요. 어디 취직할래도 군필부터 따지고, 사람 모집하는 광고에도 꼭 군필이 붙고.

그러니 몸이 안 좋거나 신체 미달로 못 가도 모자른 사람 취급을 받았지요. 하긴 그것도 없는 사람들 얘기겠네요. 있는 놈들은 그때나 지금이나 돈 주고 온갖 핑계들을 만들어 빠지잖아요. 남의 밑에 들어가 밥벌이 할 일이 없으니, 군필이 아니어도 문제될 게 없겠지요.

군대에서 교회 다닌다고 하면 일요일은 좀 편했어요. 쫄병들은 휴일에도 불려가서 작업하고 그러니까, 그거 싫어서 교회 가는 사람들이 많았지요. 지금 군대 생활은 호강하는 거예요. 옛날 군대는 고생 많았어요. 미제 스푼 주둥이 큰 거를 손잡이를 짤라요, 너무 기니까. 그걸 바지 뒷주머니에 꽂고 다녀요. 그러면 수저 없는 놈들은 그걸 쓰리를 해서 훔쳐 달아나요. 도망가는 놈이나 쫓아가는 놈이나 죽기 살기로 달리는 거예요. 잃어버리면 또 주지를 않거든요. 그러니 훔치는 수밖에 없지요. 당시 군대는 식당이 따로 없어서 식사 당번이 내무반으로 커다란 음식통을 가져와서 퍼줬거든요. 당번들이 들고 오면서 음식통 뚜껑을 열고 퍼먹으면서 와요. 그 뜨거운 거를 입속을 데면서도 퍼먹으면서 오는 거예요. 통을 가져오면 각자 퍼먹는 게 아니고 당번이 퍼줘요. 더 먹고 싶어도 못 먹고, 늘 모자랐어요. 돼지고기 들어갔다는 게 비계만 허연 조각이 둥둥 떠 있고 살코기는 구경도 못해요. 사실 고기가 아니에요. 윗대가리들이 고기는 다 빼돌렸겠지요. 김치라고 주는 게 국물만 있고. 우리 제대하고 나니까 자율 배식이 됐다더라구, 식당도 생기고.

박정희 대통령이 시찰을 왔더랬어요

야영 훈련 나가면 평지에다 떼(잔디)를 뚱그렇게 삥잉 둘러놓고, 허리 정도나 오는 판때기로 대강 가려놓고는 그 안에서 볼 일을 봐요. 지붕이 어딨어요? 급하면 둘씩도 들어갔어요. 야영 나가면 떡 파는 아주머니가 따라와서는, 꼭 뒷간에서 일 보고 있을 때 떡을 사래는 거예요. 다른 때는 사고팔고 할 시간이 없거든요. 고참도 있고 다른 사병들 눈치도 있고 하니까요. 그 떡을 사서는 독한 냄새에 파리 날아다니는 그 똥간에 쪼구리고 앉아 입에다 넣고 우물우물 먹으면서 똥을 누는 친구들도 있었어요. 군모라도 잃어버리면 화장실에서 똥 누고 앉은 놈 모자를 들고 뛰는 거고.

지금이야 먹는 거 좋지요. 군대리아래나 뭐래나, 면회실에서 치킨이랑 피자도 시켜 먹는대요. 휴가 나가면 감자랑 고구마 삶아서 보따리에 싸가지고 오고, 있는 집 자식은 떡도 해오고. 근데 떡을 한 보따리 해와도, 높은 놈들 차례로 떼어주고, 내무반에 오면 한 쪼가리씩이나 겨우 돌아가요. 두부 같은 게 별도로 나오면 줄 좋은 놈만 남들 몰래 받는 거예요. 그걸 들킬까봐 물 뚝뚝 떨어지는 두부를 일단 주머니에다 쑤셔넣어요. 그럼 담배 가루에 먼지에 뒤범벅이 되잖아요. 그걸 숨어서 혼자 몰래 우적우적 먹어요. 주방에서 먹을 거 훔치다가 맞기도 하고 기합도 많이 받고. 하나가 걸려도 내무반 전체가 단체 기합을 받으니 걸린 놈한테 원망들이 많지요.

담배는 하루에 화랑 일곱 까치를 줬어요. 필터도 없고 담배 질이 나빠서 주머니 속에 넣고 다니면 담배 속이 다 빠져서 주머니가 엉망이 돼요. 피울려고 불을 딱 붙이면 반은 후루룩 타들어가요. 군대 담배에다 남자들 그거 안 서는 약을 넣는다는 이야기는 들었는데, 설마 그렇게까지 했겠어요? 모르죠, 한창 팔팔한 남자애들 모아놨으니……

박정희 대통령이 부대 시찰을 왔더랬어요. 김신조가 전국 부대를 돌며 강연할 즈음에 박 대통령도 한바탕 군부대들을 시찰했나봐요. 아구, 그런 양반들 뜨면 엄청 힘들어져요. 부대 전체를 다 뒤집어 청소하고 도색하고, 부대 근처 도로니 길이니 다 정비하고, 완전 비상이지요. 개인 장비 일일이 청소하고 정비하고, 온갖 거 다 빨고, 옷들도 다 꼬매고. 높은 사람 와도 힘든데 대통령은 말할 게 없지요. 그런 분들 와도 부대 한 번 휘 둘러보면 그게 끝이에요. 사병들한테 한두 마디 묻기도 하고. 그래도 그 사람들이 보는 눈은 정확하더라구요. 한번 딱 봐도 잘못된 거 정확히 지적하고, 일반 사람들하고는 틀린 게 있어요. 대통령 왔을 때도 우리는 사열 같은 것도 없고 금방 끝났어요. 준비하는 거만 너무 힘든 거지요. 식사 같이하고 그런 거도 없었어요. 부대에 식당이 따로 없으니까 밥 먹을 데가 없지요. 그때 군대는 진짜 열악했어요. 높은 사람들 오면 딱 한 끼 정도나 반찬이 쪼금 좋아지기도 했지만, 아구 안 오는 게 낫지요. 한 달 내내 준비하느라 난리 나고 전 부대가 힘든 거예요.

자살이니 사고니 요즘 애들이 약해서예요

당시 우리나라 군대 생활은 정말 고달팠어요. 지금이야 많이 편해졌지요. 그런데도 자살이니 사고가 많은 건 요즘 애들이 너무 약해서예요. 자식이라고 하나나 둘만 낳으니 귀하게들 키운 거지요. 그때는 맞는 거, 기합이 심했고 식사도 엉망이었어요. 근데 월남서는 대우가 좋더라구요. 맞는 것도 없고. 모두 무기 들고 전쟁터 나갔는데, 높은 놈들이 부하들을 마음놓고 때리겠어요? 그랬다가는 언제 어떻게 죽을지 모르죠. 지금 보면 폭행이니 뭐니 뉴스에 많이 나고 인권 어쩌구 하는데, 사실 군대는 그렇게 안 하면 통솔이 안 돼요. 그 젊은 애들, 피 폭발할 거 같은 애들을 모아놓고, 매 안 들면 통제가 안 돼요. 기합받고 매맞는 게 나 혼자만 뚜들겨 맞고 기합받으면 힘들어요. 근데 전체 내무반이 받으면 받을 만하죠. 다 맞으면 많이 힘들지가 않는 거고, 요령도 피우구. 맞는 사람이야 아프고 야속하지만, 때리는 놈 입장에서는 통솔하려면 안 그럴 수가 없어요. 근데 그때는 도가 지나쳤던 거지요. 나 선임 되고서는 아랫놈들 때리구 그러는 건 별루 없었어요. 쫄병이 적어서도 그랬고, 내 성격으로도 사람 때리고 그러는 게 좀 저기하더라구요.

선임들한테 돈 바치는 거는 우리는 별로 없었어요. 높은 사람들 따라서 부대마다 많이 달랐던 거 같아요. 훈련소 처음 들어갈 때는 사복 차림이잖아요. 연병장에 좌악 세워놓고 군복 나눠주고 몽댕이 딱 들고서는, 무조건 몇 초 안에 사복 벗어 옆에다 던져놓고 군복으로 갈아입으라는 거예요. 그러고는 그 사복을 이름 적어서 걷어가요. 그때 사복에 들어 있던 돈이야 많이들 뺏겼지요. 말로는 그 옷하고 돈을 모두 집에 부쳐준다고 하던데, 모르지요. 옷은 받았다는데 돈 받았다는 소리는 못 들어 봤어요. 다른 부대서는 선임이 외출이나 휴가 간다고 하면 돈 모아서 주고 못 주면 매로 때우고 그랬다더라구요. 우린 제대할 때나 좀 걷어서 챙겨줬지요. 우리 부대는 매가 제일 문제였어요. 하룻저녁이라도 매를 안 맞으면 오히려 불안한 거예요. 근데 매도 맞다보면 또 맞을 만해요. 그걸 가지고 자살하고 총기 사고 내고 하는 거는, 본인들이 뭔가 문제가 많은 거예요. 한 친구가 먹어도 먹어도 배고프다면서 자꾸 먹더라구요. 그럼 전우들이 밥 남겨서들 주고 그랬어요. 내 저기로는 군대 밥이 모자르지는 않았어요. 나는 원래 위가 작아서 많이 먹지를 않아요. 엄마 닮아서 그런지 위장이 좀 안 좋아요. 제일 많이 나갈 때가 군대 있을 때였는데, 64키로까지 나가봤어요. 콩나물국만 먹는데도 살이 찌더라구. 불편했죠, 살찌니까. 지금 54키로인데, 이게 내 보통 무게예요.

그때는 군복무하다 죽어도 부모가 항의하고 그런 게 없었어요. 억울해도 어쩔 수 없지요. 우리 부대는 사고사가 딱 한 번 있었어요. 수류탄이 잘못 터져서 하나가 죽고 여럿이 다쳤지요. 군대라는 게 워낙 갇힌 곳이고 그 안에서도 비밀이 많으니까, 내가 모르는 일들도 많았을 거예요. 하여튼 내가 아는 한에서는 그래요. 60만 대군이라는데 사고가 없을 수가 없지요. 옛날에는 있었어도 드러나지 않았을 테지만, 지금에 비하면 극소수였을 거예요. 근데 요즘 뉴스 보니까, 군에서 사망한 **군인들 장례비까지 떼어 먹었다**고 하더라구요. 떼어먹을 게 따로 있지, 생때같은 젊은 목숨들을 놓고 그런 짓을 하면 정말 안 되지요, 나라에서 불러다놓고는. 자대 배치를 포천 5사단으로 받았어요. 최전방은 아니지만 그래도 전방이었지요.

2014년 9월과 10월, 군대 내 폭력 사망 사건이 터지면서 그간 군복무 중 사망한 군인에게 지급돼야 하는 장례비(영현비)를 제대로 지급하지 않은 문제가 국회와 언론에서 연이어 지적됐다. 또한 같은 해 2월 군대 내 폭력으로 자살한 군인의 조의금까지 군 간부들이 착복한 사실도 드러났다.

드럽구 자존심 상해서 월남 자원한 거예요

월남 간 계기는……젊은 나이의 호기심이라고 할까? 글쎄요, 그래도 외국이잖아요. 갔다 온 사람들 얘기 들으면서 여러모로 한국 군대보다는 낫겠다 싶었어요. 근데 사실……진짜 이유는, 이게 좀 그런데, 다른 이유가 있어요. 30개월쯤 돼서 말년이면 군대 생활이 좀 편할 때라고들 하잖아요. 근데 나는 그렇지가 않았어요. 원래 헌병을 양성하는 부대였는데, 우리 때부터 기성 부대로 편성되는 바람에 동기생들이 한꺼번에 많이 배속된 거예요. 그러니 시간이 가도 쫄병들이 안 들어오는 거죠. 한 내무반에 동기생들은 열 명 가까이고, 후임 한두 명에 고참들 있고. 할 일은 많은데 쫄병은 없고 그런 거죠. 한겨울에 빨래를 할려면, 세탁기가 어딨어요? 전부 손세탁이죠. 말이 손세탁이지 힘도 들고 때도 안 빠지고. 또 얼마나 추운데요. 제대로 빨겠어요? 되는 대로 비벼서 물에 슬쩍슬쩍 흔들어서 너는 거죠. 그러면 더글더글 얼어서 마르지도 않고.

하교대라는 게 있었어요. 계급에 상관없이 사병 중에서 차출해서 12주 맹훈련을 시키고 과정을 다 통과하면 하사 계급장을 주는 거예요. 훈련 강도가 아주 쎄요. 여럿이 신청을 했어요. 나도 했구요. 그런데 나는 안 됐어요. 키가 안 된 거예요. 다른 동기생 지원자들은 많이 됐고. 근데 그놈들이 하사 계급장 달고 와서는 나만 집중적으로 괴롭히는 거예요. 진짜 드럽고 자존심 상하고 힘들더라구요. 같이 야자 하던 친구들인데 존댓말 붙여야지, 툭하면 때리고 기합 주지, 일부러 껄렁껄렁하게 시비 걸지. 몸으로 힘든 거보다 심적으로 정말 못 견디겠더라구요. 다른 부대로 갈 수도 없고 탈영할 수도 없고, 월남에나 가야지 그놈들을 피할 수 있겠더라구요. 그래서 참다 참다 제대 6개월 앞두고 월남을 자원한 거예요. 솔직히 말해서 월남을 간 이유는 그게 제일 컸어요.

나는 백마부대로 갔어요. 부대 이름은 소속된 사단이 어디냐에 따라 구분되는 건데 우리 9사단은 백마부대였어요. 노태우 씨가 사단장이었지요. 백마부대 말고 십자성, 맹호, 청룡 부대들이 있었지요. 제일 먼저 월남에 간 거는 비전투 부대인 비둘기부대구요. 제대를 얼마 안 두고 월남을 가는 바람에 군대 생활을 40개월 한 거예요. 당시는 34개월이었거든요. 70년 중반에 제대인데 70년 4월에 월남 가서 복무 끝나고 들어오자마자, 71년 4월 20일인가 있었던 대통령 선거를 하고 바로 제대했어요.

최현숙 그게 **삼선 개헌**으로 박정희가 대통령에 또 출마할 수 있게 헌법을 고쳐서 나온 선거였지요. 당연히 당선했고요.

'대통령은 1차에 한하여 중임할 수 있다'는 헌법 69조 3항은 1969년 10월 17일의 삼선 개헌 국민 투표를 통해 '대통령의 계속 재임은 3기에 한한다'로 개정됐다. 삼선 개헌의 명분은 북한의 도발 위협 속에서 경제 건설의 가속화를 위한 정치적 안정의 극대화를 위해 박정희 대통령의 강력한 지도력이 필요하다는 것이었다. 박정희는 1971년 4월 27일 실시된 대통령 선거에서 다시 당선했다.

이영식 맞아요, 군대 있을 때 삼선 개헌 반대 데모 진압 훈련 받느라 고생 많았어요. 한여름에 연병장에 모아놓고 최루탄 쏘는 훈련도 받고, 벽돌조각이나 화염병이 날라오면 어떻게 하고, 그런 훈련이지요. 폭도랑 진압군으로 나눠서 쓰러뜨리고 끌어내고, 토끼 몰 듯 몰아넣고 잡아들이고. 여러 시간 고래고래 악을 쓰면서 먼지 뒤집어써가며 죽을 지경이지요. 그래도 실제로 폭동 진압은 안 나가봤어요. 솔직히 저는 삼선 개헌이 뭔지도 몰랐어요. 그 시위가 내가 월남 가기 전까지 계속 있었거든요. 당시 군인들이 에무완에 대검 딱 착검해서 방송국이나 대학교에 주둔하기도 했어요. 군대 선거는 제대 직전 대통령 선거랑, 월남 가기 전 삼선 개헌 때 했어요. 미리 뭐를 찍어라 하는 암시를 줘요. 지휘관들도 실적을 올려야 하니까 그럴 수밖에 없죠. 그러니 군대 표는 대부분 여당 표일 수밖에 없죠. 군대서 사고 나면 그걸 쉬쉬하는 이유도 모두 실적 때문에 그래요. 나두 뭐 하라는 대로 했죠. 군인이야 하라면 하는 거죠.

화천 오음리에서 받은 파병 훈련은 군대랑 거의 비슷했어요. 다만 수류탄 투척이나 사격을 집중적으로 훈련받았죠. 근데 막상 월남 가서 보니까 별로 효과가 없는 훈련이더라구요. 월남은 순전히 밀림이잖아, 정글. 월남전에서는 밀림이 제일 힘들었거든요. 아무리 강원도래도 월남 정글에 비하면 숲도 아니에요.

월남 가면서 형한테만 편지를 보내고 다른 가족한테는 알리지 않았어요. 남들 보니까 월남 간다고 하면, 화천 기차역도 그렇고 부산항까지 쫓아와서 울고불고 난리더라구요. 나는 그런 거도 싫었고, 아버지나 새어머니가 그럴 거 같지도 않았고, 혹시 큰어머니라도 붙들고 못 가게 할까봐 연락을 안 했어요. 화천서 부산으로 출발하면서 그때사 마장동 사는 형한테 월남 간다고 편지를 냈어요. 그때 형은 이미 결혼을 했고, 큰 집도 서울로 오셨댔어요. 그래도 만에 하나 모르니까 누구 하나한테는 알려놓고 간 거지요. 부산항 제3부두에서 출항을 하는데 가족한테 이야기한 사람이랑 안 한 사람이 차이가 확 나더라구. 가족들이 부둣가로 몰려와서 울고불고, 손수건이니 손을 흔들고, 일부러 말을 안 해놓고도 그때는 그게 또 서럽고 그러더라구요. 가족이라는 게 뭔지, 평소에는 정도 없고 밉다가, 왜 그렇게 쓸쓸한지……. 월남 가서도 고향이니 고국이니 가족이니 향수는 없었어요. 어리고 철없을 때잖아요. 월남에서도 형한테 편지를 썼고 형도 답장을 보냈어요. 별 이야기는 없었어요. 그래도 편지가 오간 거 보면 전쟁터에 있다 보니 형도 나도 마음이 달랐나 봐요.

근데 또 막상 월남을 가니까 여기서 생각하던 거하고는 많이 다르더라구요. 여기서야 자존심 상하는 거지만 거기서는 목숨이 걸린 거잖아요. 언제 죽을지 모른다는 불안과 공포, 그게 많이 힘들었어요. 기합이나 매가 없으니까 그건 좋았지요. 자기 할 일만 하면 나머지는 각자 알아서 하는 거예요.

전우애니 애국심이 아니었던 것 같아요

전투다운 전투는 서너 번 참여했고 나머지는 매복 근무였어요. 주로 밤에 적군이 지나다니는 길이나 숲에 숨어 적군 상황을 파악해서 전달하는 거예요. 보고 내용에 따라 간단한 공격이나 작전으로 이어지지요. 우리가 주둔한 투이호아는 맹호부대와 백마부대의 경계였어요. 우리 가기 전에는 맹호부대가 주둔했는데, 맹호는 다른 데로 옮기고 백마가 주둔하게 된 거예요. 파병 훈련 받을 때는 품바 산에 주둔한다고 했는데 도착하자마자 투이호아로 바뀐 거예요. 가자마자 막사 짓고 참호 파면서 주둔을 시작한 거야. 강도 있었는데, 이름은 기억이 안 나요. 투이호아는 격전지여서 월맹군, 월남군, 한국군, 미군이 번갈아가면서 점령한 지역이더라구요. 밀고 밀리면서 언제 어떤 전투가 벌어질지 모르는 곳이지요. 그러니 전투가 없어도 안심하고 있을 수가 없어요.

전우가 바로 눈앞에서 죽어가는 거도 겪었어요. 작전 중에 우리 피해가 아주 심했고 같은 내무반의 전우 하나가 가슴과 두 다리에 심한 부상을 입었어요. 다른 사람이랑 같이 그 친구를 헬기 내릴 곳으로 옮겼어요. 부상자 데려가려면 헬기가 있어야 되거든요, 산악 지대니까. 근데 헬기는 모두 미군 관할이고 미군들이 조종을 해요. 지휘 계통이 복잡한지 금방 오지 않더라구요. 다친 놈은 악을 쓰며 괴성을 지르다가 점점 소리도 작아지고……. 저러다 죽는구나 싶더라구요. 한참 지나서야 헬기가 와서 그 친구랑 다른 부상자들을 실어 가고 우리는 다른 헬기 타고 부대로 돌아왔어요. 결국 그 친구는 죽었대요. 헬기에서요. 그러면 정말 여러 날을 무지 힘들지요. 고통이 얼마나 심하면 그런 소리가 났을까도 싶고, 살려달라고 아우성치던 소리도 계속 들리는 것 같고. 안됐지요. 제일 팔팔하고 좋을 나이인데 남의 나라 군인으로 남의 나라 전쟁에 와서 그렇게 처참하게 죽었으니……. 언제든 나한테도 일어날 수 있잖아요.

그 친구야말로 돈 좀 모아보겠다고 월남에 왔다고 했거든요. 국수가게를 내고 보란 듯이 살겠다고 했는데……. 전라도 영광 깡촌 출신이에요. 밭뙈기 하나 없이 남의 농사만 지어주는 집이었대요. 그 촌구석에서는 도저히 배가 고파서 살 수가 없었대요. 거렁뱅이가 돼도 서울 거렁뱅이가 되겠다고 열네 살 때 무작정 상경을 했대요. 가난이 죄라는 걸 그 친구를 보고야 뼈저리게 느꼈어요. 부자들이 안 부러울 수야 없지만 가난이 죄라는 생각은 없었어요. 나도 죽을 고비가 없지는 않았어요. 총알이 바로 얼굴을 스치고 날아가기도 했으니까요. 죽고 사는 게 순전히 운이었죠. 살아 있다고 생각하는 순간 죽음이 덮칠 수 있는. 당사자한테나 죽었냐 살았냐 하는 문제지, 남한테는 결국 아무것도 아닌 거죠. 그저 전사자 1명 추가에 불과해요. 작전 전황 보고에서 전사자냐 생존자냐에 불과해요.

적이 눈앞에서 죽는 것도 실제로 보지는 못했어요. 보이는 적이 아니어서 상대가 내 총에 맞는 걸 확인할 수 없지요. 내 총에 누군가는 죽었겠지요. 월남전은 기습전이에요, 기습전. 밀고 밀리고 하는 그게 없는 거예요. 아무리 적이라고 해도 눈을 마주보면서 죽였다면 두고두고 힘들 거 같아요. 적을 죽인 게 아니라 사람을 죽였다는 생각에 계속 괴로울 거 같아요.

근데 전우 하나가 그런 말을 하더라구요. 자기 안 죽을 보장만 있으면 전쟁에서 사람 죽이는 게 제일 신나는 일이라고. 자기가 쏜 총에 사람이 따꽁따꽁 죽어 나자빠지는 게 너무나 통쾌하고 재미있다는 거예요. 처음에는 이해가 안 되고 참 잔인하고 무서운 사람이라고 생각했는데, 나중에는 그럴 수도 있겠다 싶더라구요. 전쟁이 사람을 그렇게 만드는 거지요. 전우가 계속 죽어나가면 그 분노나 불안, 초조 그런 게 점점 커지게 되고, 적개심이나 적을 죽이는 통쾌함으로 그런 마음을 덮는 거지요. 사람이 아니라 적으로 보이는 거예요. 가까운 전우 하나가 죽으면 며칠씩 멍하게 있어요. 그러면서 없던 미움이나 적개심도 커지는 거지요. 그게 전우애니 애국심이니 그런 거라고 생각했는데, 이제 생각하면 그게 아닌 거 같아요. 몇 개월 지나니까 그 공포에서 좀 무뎌지기는 하더라구요. 배짱이 아니라 포기지요. 또 여태까지 아무 일 없었으니 앞으로도 없겠지 하는 막연한 바람이구요. 그렇지 않으면 견디지를 못하지요. 여자 팬티를 입고 있으면 총탄이 피해 간다는 말은 있었어요. 마을 작전이라고 마을 순회하는 게 있는데, 그거 나갔다 오면서 여자 팬티를 훔쳐오는 사람도 있더라구요. 나는 마을 작전은 안 나가봤어요. 위문 공연 온 여자 가수들이 팬티를 많이 주고 갔다는 농담도 있었어요. 모두 농담으로 하는 말이죠. 진짜루야 그랬겠어요?

전쟁터에서는 죽음이 너무 흔하게 널려 있어요. 특히 처음 폭격을 당하고 나서는 정말 무섭고 불안했어요. 죽으면 죽지 하고 간 건데, 실제로 겪으니까 그게 아닌 거지요. 근데 심한 전투를 몇 번 하고 동료들이 죽어나가다 보니까 나중에는 무감각해지더라구요. 슬프고 화나고 그런 걸 못 느끼고 생각도 없어져요. 너무 힘들어서 중간에 귀국 조치된 사람들도 있었어요. 자기 죽는 게 무서운 건 둘째고 총 쏘는 거나 작전 나가는 거 자체를 무서워하는 사람이었어요. 그런 사람이 어쩌다가 거기를 왔는지……, 한국 군대서도 버티기 어려웠을 텐데.

월남서는 달력에 날짜를 하나씩 지워가면서 지냈어요. 귀국할 날짜만 세는 거지요. 근데 그 월남 근무를 1년 더 연장하는 놈들도 있더라구요……. 지독한 놈들이지요……. 그런 사람이나 훈장 탄 사람들은 중간에 한국으로 휴가를 나오기도 하더라구요. 나는 1년 근무하는 동안 휴가는 없었어요.

째까만 정글 속인데 종잡을 수가 없어요

걔네는 보통 맨발이에요. 산 타는 거랑 정글 매복하는 게 아주 귀신이에요, 정말. 작전 나가서 밤에 야영하거나 매복할 때 굉장히 불안하지요. 비까지 오면 더더군다나. 모기는 뜯어대고. 오줌 눌 때도 총 들고 주변을 경계하면서 일을 봐야 돼요. 째까만 정글 속인데, 놈들은 우리 위치를 훤하게 알지만 우리는 적의 위치를 전혀 감잡을 수가 없어요. 도대체 총알이 어디서 오는지 종잡을 수가 없어요. 총알뿐 아니라 독침도 날아와요. 화살촉에 독 묻혀서. 맞으면 즉사예요. 언제 칼날을 디밀고 달려들지도 모르고. 걔들은 우리를 들여다보고 있는 거예요.

밀림이잖아요, 정글. 도저히 적응이 안 되고 늘 불안했어요. 처음 작전 나가서는 잠도 못 자요. 나중에도 불안이 없어지는 게 아니라, 죽어도 그만이라는 생각에 잠이 오는 거예요. 나무도 나무지만 늪도 많거든요. 거기에 독충이나 독사뱀, 독초, 그런 게 아주 많아요. 우린 독이 있는 게 뭔지 모르잖아요. 그러니 적군 말고도 뭐에 죽을지 모르는 거예요. 걔네는 다 알겠지만 우리는 모르잖아요. 월남 대나무들은 마디마다 가시가 있어서 군복도 찢고 살도 찢고 그러더라구요. 아무리 식수를 챙겨 가도 작전 나가면 물이 모자라요. 덥기도 하지만 긴장이 돼서 목이 자꾸 타는 거예요. 밤이면 불빛 하나 없이 째까말 거잖아요. 거기다 장대비까지 쏟아지는 날이면 정말 환장하는 거예요. 바로 눈앞까지 적이 와도 안 보이거든요. 빗소리 때문에 소리도 안 들리고. 뒤에서 금방 칼이 목을 찌를 거 같아요. 그럴 때는 뭔가 움직이는 거만 느껴도, 아군이든 적군이든 짐승이든, 일단 방아쇠를 당겨버릴 수밖에 없어요. 알아보고 판단하고 할 겨를이 없지요.

근데 비가 억수같이 쏟아져도 모기는 또 물어뜯어요. 바르는 미제 모기약을 다 나눠주는데, 발라도 소용없어요. 군복이고 침낭이고 다 뚫고 들어가요. 그런 상황에서도 또 졸음은 왜 그렇게 오는지……. 모기 때문에 정말 고생 많았어요. 아주 지독해요. 비가 쏟아져도 물고, 땅 속에 벙커를 파고 들어가 있어도 물어요. 비 오면 우비 깔고 얇은 이불 덮고 모기장 치고 자거든요. 그래도 뚫고 들어와서 물어요. 말라리아 모기가 제일로 무섭지요. 학질이잖아요, 말라리아가. 그거에 물려서 죽은 사람도 있고, 귀국 조치된 사람들도 있었어요. 나중에는 일단 말라리아 걸렸다 하면 본국으로 후송했어요.

작전 나가면 짐이 많지요. 자기 먹을 거 짊어지고 총기류에 수류탄, 연막탄, 야영할 것들 해서 이래저래 한 짐이에요. 나는 체구가 작아서 몸으로도 좀 힘든 편이었어요. 작전 나가면 그런 짐들 짊어지고 하루 4~5키로 이상을 걷는 거예요. 걷는 거리야 짧지만 평지가 아니고 정글을 헤치고 나가잖아요. 몸으로 힘든 건 별로인데 위험한 게 제일 힘들죠. 온 신경을 곤두세우고 정글을 뚫고 나가는 거예요.

죽고 다친 놈들만 불쌍해요

한 번 작전 나가면 여러 날 걸려요. 10일 정도도 하고 더 길어지기도 하고. 미군이랑 합동 작전도 했지요. 합동 작전을 나가도 우리는 주로 걸어서 가고 걔네는 보통 헬기나 트럭, 그런 걸로 이동해요. 걔네들은 월급도 훨씬 많다더라고. 근데 그 나라에서도 없는 놈들이 주로 오는지 흑인도 많고 무식한 놈들도 많았어요. 하는 말투나 행동 보면 알죠.

일상생활은 한국보다 훨씬 편했어요. 때리는 놈도 기합 주는 놈도 없고, 누가 자존심 상하게 하는 놈도 없고, 좋았어요. 미국 정부가 모든 걸

다 보급했어요. 먹는 거는 요리사가 따라가서 대부분 한국 음식으로 나왔어요. 국이니 김치에 콩자반이나 멸치조림 같은 거. 한국보다 잘 나왔지요. 작전 나가면 한국군 **씨레이션**이 따로 나왔어요. 파병 초기에는 미군용 씨레이션만 줬다더라구요. 먹기가 힘들었겠지요. 미군한테 건의해서 바뀐 거래요. 그

에이레이션(A-RATION)은 원료 상태의 보급품. 감자, 양파 옥수수 등이고, 비레이션(B-RATION)은 통조림 상태의 보급품을 말하며 간단한 조리를 한다. 시레이션(C-RATION)은 전투나 야전에서 곧바로 먹을 수 있게 준비된 일품 요리다. 케이레이션(K-RATION)은 한국군 입맛에 맞게 한국에서 개발한 야전 식량이다.

래도 가끔 미군 씨레이션이 나왔어요. 그 씨레이션이나 안 상하는 보급품들, 양담배, 맥주를 모아서 고국에 있는 가족들한테 보내는 사람도 있었어요. 담배도 양담배로 나왔어요. 모든 게 다 미제지요. 양담배 맛이 아주 좋았어요. 식량도 보면 매끼 담배, 커피, 코코아, 비스켓, 껌, 이쑤시개, 휴지가 세트로 해서 나와요. 일주일에 담배 한 갑씩 또 주고. 맥주도 나오거나 싸게 사먹고. 식수는 산속에서 자급이 안 되니까 따로 보급이 됐어요.

다른 사람들은 일부러 피엑스 가서 시계니 오디오 같은 걸 사서 귀국할 때 가져왔어요. 어떤 집들은 월남 가는 아들이나 조카한테 달러를 몰래 찔러 넣어주고 외제 물건들을 사오게도 했어요. 한국서는 미제 물건을 도깨비시장에서나 팔던 시절이잖아요. 월남 다녀온 사람한테는 세관 통제를 안 하고 무사통과였어요.

월급은 일당이었어요. 하루에 1불 45센트인가 80센트인가 그쯤 됐어요. 달이 크면 하루치가 더 나오고 작으면 덜 나오고. 달라로 주는 게 아니고 적금을 들어줬어요. 지금도 난 정부가 잘했다고 봐요. 의무적으로 적금 가입해서 넣어주고 당장 쓸 거만 쿠폰으로 줬어요. 그건 급여가 아니라 전투 수당일 거예요. 가족들에게 매달 입금된 사람도 있더라구요. 복무 마치고 부산항에 도착하니까 은행 직원들이 나와서 돈을 챙겨주

더라구요. 원금이랑 이자랑 전투 수당 차액까지 한국 돈으로 계산해서 자기앞수표로 만들어 주더라구요. 돈 관리를 잘해줬어요.

전체 액수래야 얼마 안 되지요. 미국 돈으로 700달라가 채 안 됐어요. 당시가 환율이 300 대 1인가 그랬어요. 한국 돈으로 정확하게 얼마를 받았는지는 기억도 안 나요. 그 돈을 집에 10원 한 장 안 갖다줬어요. 나는 내가 찰 시계 하나만 사고 빈손으로 왔어요. 일제 시계였는데, 20년 이상을 차고 다녔어요. 당시 국산 오리엔트 시계하고는 댈 게 아니에요. 월남에서 빈손으로 온 거 때문에 큰어머니가 두고두고 서운해 하셨어요. 그때는 얘기를 안 하시고 나중에야 하시더라구. '이놈 자식아, 내가 너를 어떻게 키웠는데 월남 가서 선물 하나 안 사오고 빈손으로 왔냐고. 못된 놈이지요. 그때는 왜 그런 생각을 못했나 몰라요.

월남전에서 미군 말고 다른 나라 군인들은 못 봤어요. 필리핀이나 태국에서도 참전을 했다는데. 배치 지역이 완전히 달랐겠지요. 나중에 들으니 참전국마다 군인들 월급이 달랐다, 한국 사병들 돈을 정부가 떼어 먹었다, 그런 말들도 있더라구요. 잘 모르지만, 설마 그러기야 했겠어요? 국가가. 미국이 요청한 파병이니까 미국이랑 협상하면서 국익을 챙기기는 했겠지요. 실지로 월남전 덕에 한국 경제가 많이 발전했고요. 박정희 대통령이야 경제 발전 때문에 파병한 거지요. 그러고 보면 죽고 다친 놈들만 불쌍해요. 살아 돌아온 사람은 늙으면 연금이라도 받잖아요.

작전 없을 때는 돌아가면서 매복이나 보초를 서는 거고, 평상시는 막사에서 지내요. 막사도 정글 속에 있지요. 땅속에 참호를 파고 그 속에 막사를 짓고 위에다 흙을 다시 덮어요. 지하 건물이나 마찬가지죠. 외부에 포탄이 떨어져도 무너지지 않게 하죠. 평상시에 무기나 물, 식량 그런 거를 헬기로 가져와서 떨어뜨려요. 근데 그거 주으러 갔다가 공격당한 경우도 있다더라구요.

통킹만 사건, 미의 월남전 본격 개입 빌미 제공

1964년 8월 2일, 당시 월맹의 하노이 앞 통킹만에서 미 해군구축함 매독스호는 월맹의 어뢰정 3척으로부터 공격받았다. 그리고 2일 뒤인 4일 같은 장소에서 매독스호와 C터너조이호가 또다시 월맹의 초계정들로부터 공격을 받고 교전을 벌였다. 린든 존슨 미 대통령은 이 사건 직후 의회 지도자들을 백악관으로 불러 사태를 보고한 뒤 대 월맹 보복 조치를 통보하고 의회의 공식 결의를 요구했다. 미 상원은 88 대 2로, 하원은 만장일치로 통과시켰다. 이것이 선전포고 없이 미국이 월남전에 개입하는 합법적 근거가 된 통킹만 결의안이다.

이후 미국은 월남전에 깊숙이 개입, 68년 최고 54만 명 이상의 미군을 투입했으며 75년 4월 30일 월남이 패망하기까지 정확히 10년 8개월 23일 동안의 기나긴 전쟁에 빠져들었다. 미국은 명분 없는 전쟁에 개입, 역사상 처음으로 패배를 맛보았으며 미국 사회를 분열 속에 몰아넣었다.

—《경향신문》1985년 7월 27일

마을이나 유흥가로 놀러는 못 가봤어요. 그건 비전투 요원이나 민가 가까이 있는 부대나 가능해요. 우리는 산악 지대에 있는 부대라서 그런 건 못했어요. 헬기 타고 나가야 하는데, 쫄병들 놀자고 미국 놈들이 헬기를 대주겠어요. 높은 놈들이나 놀러 나가죠. 쉬는 날 근처 바닷가에 가서 놀기는 했어요. 투이호아 근처에 바다가 아주 좋았거든요. 참 아름다운 바다지요. 지금은 휴양지로 유명해졌다고 하더라구요. 투이호아가 퀴논하고 나트랑 사이에 있어요. 세 곳이 모두 바닷가를 따라 있는 거지요. 퀴논은 맹호부대 주둔지로 유명한 곳이고, 나트랑도 격전지로도 유명하지만 해변이 정말 아름다운 곳이었어요. 당시 투이호아에서 나트랑까지는 군용 트럭으로 30분 정도 걸렸어요. 지금이야 훨씬 빠르겠지요. 나트랑 해변으로 놀러도 갔어요. 쉬는 날 트럭 타고 여럿이 가는 거지요. 투이호아나 나트랑에서 복무한 사람들은, 돈 있으면 지금도 그리로 여행을 많이들 간대요. 나는 돈도 돈이지만 가고 싶은 생각이 없어요. 전쟁 기억이 뭐 좋은 거라고……

월남 주민들 생활을 잠깐씩 보기는 했지만 같이 있지는 못했어요. 투이호아는 농사짓는 지역이었는데, 우리는 산 속에 있으니까 별로 만나지를 못했지요. 근무 없는 날도 혼자 개인 행동이 안 되고, 마을로 가는

건 절대 안 돼요. 주민들이 항의를 했다더라구요. 따이한('대한'의 베트
남 발음, 한국 사람이란 뜻)들이 마을에 드나드는 거를. 작전 나갈 때 민
가 지나가면서나 봤지요. 그 사람들 사는 거야 열악했지요, 주거 환경이
나 먹는 거나. 물소나 돼지나 닭, 그런 걸 집집마다 키우더라고. 애들은
옷을 거의 안 입고 지내고. 체질이 그런지 못 먹어서 그런지 키도 작고
말랐어요. 관망대에서 망원경으로 보면 민가가 보여요. 화장실도 제대
로 없어서 다들 밖에 나와서 해결을 하더라구.

참전 때문에 잃은 게 더 많지요

전부 초가집이고 더운 나라니까 허술해요. 불 한 번 붙이면 한꺼번에
후루룩 타버려요. 민가 소개령 떨어지면 주민들을 다 마을에서 쫓아내
고 온 동네를 싹 태우거든요. 불 한군데만 붙이면 올망졸망 모여 있는
집들이 후루룩 다 타버리는 거지요. 우리야 그런 작전 안 해봤지만, 그
런 일이 많았죠. 적군들이 동네에도 많이 있었거든요. 주민들이 숨겨주
기도 하고 주민들 중에도 **베트콩**들이 많았고. 잠복해 있는 베트콩들을
미군이 제일 골치 아파했어요. 밀림에도 그렇
지만 민가에도 많이 잠복해 있었거든요. 주민
들이 많이 괴로웠겠지요. 낮에는 월남, 밤에
는 베트콩. 우리나라도 6·25 동란 전후로 그
랬대잖아요. 총부리 디밀고 뭐 하라 그러면 일
단 해야지 어떻게 안 해요? 나도 나지만 가족
들이 모두 한꺼번에 피해를 보는데. 근데 그걸
가지고 이쪽 편이니 저쪽 편이니 하면서 죽이

베트남전에서 '적군'은 둘로 나뉜다.
하나는 '월맹군'으로 불린 북베트남
정규군(North Vietnamese Army,
NVA)이고, 다른 하나는 '베트콩'이
다. 베트콩은 남베트남 지역의 게릴
라 조직인 남베트남 인민해방전선
(National Front for the Liberation
of South Vietnam, NFL) 조직원들이
다. 1975년에 베트남전은 북베트남
의 승리로 끝났고, 지금의 베트남도
북베트남에서 이어진 나라다.

는 게 말이 안 되지요. 사실 누가 누군지 잘 몰라서 억울하게 죽은 사람도 많을 거예요.

한국전이고 월남전이고 전쟁이 다 그렇지요. 일반 사병들이야 무슨 죄가 있겠어요? 명령 떨어지면 그저 시키는 대로 하는 거지요. 혹시 잘못된 게 있다면 명령 내린 사람들, 결정한 사람들이 책임져야죠. 옳고 그르고 맞고 틀리고가 없어요. 죽느냐 사느냐만 있고, 명령과 복종만 있는 곳이에요. 군대도 그렇고 전쟁은 더구나 더……. 작전 나갈 때면, 죽으면 훈장이다, 얼마나 영광이냐, 그런 말을 하더라구요. 솔직히 죽고 나서 훈장이 무슨 소용이에요. 죽은 사람만 억울하지.

최현숙 같은 민족끼리 싸우는 거는 더 무섭고 잔인하지요. 〈하얀 전쟁〉이라는 영화에서 한 베트남 할아버지가 한 말이 기억에 남아요. 마을을 지나는 한국군 대열에 있던 주인공에게 '우리는 누가 이기든 상관없다. 평화롭게 농사짓고 살고 싶을 뿐이다. 우리를 진정 돕겠다면 떠나라'라고 말해요. 그 말이 주인공 머리에 깊게 남아 있지요.

베트남전은 여러 주장과 평가들이 있어요. 미국의 개입은 베트남의 자주권을 침해하고 세계 패권을 강화하려는 행동이었고, 한국은 미국의 원조를 끌어내려고 가난한 사람들을 다른 나라 전쟁터에 내몰았다는 주장이 지금까지 계속 있지요. 반대편 주장과 논쟁도 계속되고요. 혹시 선생님도 알고 계시는지요.

이영식 가겠다고 생각할 때도 그렇고 갔다 와서 지금까지도, 그런 거에 대해서는 깊게 생각을 해본 적은 없어요. 물론 나중에사 그런 이야기들이 있다는 걸 알게는 됐지요. 처음에는 그런 얘기들에 많이 화가 났어요. 그런데 더 시간이 지나면서 좀 다르게 생각이 되더라구요. 내가 모르는 게 있겠다는 생각. 다른 나라에서 일어나는 전쟁들을 보면서, 정치인들이 내세우는 거하고 실제하고 아주 다르다는 걸 알면서, 그때부터는 의문이 되더라구요. 월남전에 대해서도.

그 전쟁이 진짜 베트남 국민들을 위한 것이었는지 아닌지는 지금도 확실하게는 모르겠어요. 만약 강대국인 미국을 위한 전쟁이었다면 미국도 한국도 다 잘못한 거지요. 파병 결정을 한 대통령이나 군 고위급들 잘못이 더 크기는 하지요. 일반 사병들이야 공산주의가 어쩌구 세계 평화가 어쩌구 하는 거에 속은 거지요. 돈 벌러 갔든 저처럼 한국 군대가 싫어서 갔든 자기를 위해서 간 거는 마찬가지에요. 세계 평화, 그런 거는 그저 말이 좋아서 하는 말들이지 진짜로 그걸 위해서 간 사람은 없다고 봐요. 일제 시대 독립운동이라면 다를까.

모르고 참전한 나도 이용당한 거지만, 그래도 잘못한 거구요. 그리고 그 전쟁에서 한국군 일부가 민간인들을 잔인하게 죽인 거나 여자들을 겁탈한 것도 큰 죄지요. 이제라도 사과도 하고 보상도 해야 하구요. 그런 소문은 베트남 있을 때도 듣기는 했어요. 전에 있던 맹호부대가 투이호아에서 다른 곳으로 옮겨간 이유도 그거였어요. 주민들이 항의가 많았다고 하더라구요. 한국군이 너무 잔인하고 행패가 많다고.

2015년 10월 16일, 박근혜 대통령과 오바마 대통령이 정상 회담을 했다. 미국의 베트남 인권 단체는 기자 회견을 열어 '방미 중인 박근혜 대통령이 아버지 박정희 대통령이 보낸 한국 군대의 조직적인 성폭력에 대해 사과해야 한다'고 주장했다. 베트남 현지의 피해자들과 스카이프로 화상 통화를 하면서 한국군이 저지른 범행을 증언했다. 2001년 한국의 김대중 대통령이 베트남 국민들에게 이 문제를 사과하자 야당 부총재인 박근혜 현 대통령은 그 성명을 비판했다. 2015년 10월, 한국 사회의 가장 큰 의제는 박근혜 대통령이 밀어붙이는 역사 교과서 국정화다. 국정화를 반대하는 시민 단체와 역사 학회들은 박근혜가 아버지의 역사를 복원하려 한다고 비판하고 있다. 박정희는 군사 쿠데타를 일으켰고, 박근혜는 역사 쿠데타를 일으키고 있는 중이라고 말이다. 반대편인 '저쪽 집회'의 주요 구성원들은 훈장을 단 군복을 입고 나온 참전용사회와 대한민국고엽제전우회 남성 노인들이다.

1957년생인 나는 2015년 지금, 누구에게 동의하고 누구에게 갈 것인가? 생각과 성질머리는 오만 가지로 뒤죽박죽이 되고 몸도 혹 위험하겠지만, 나는 내가 동의하는 사람들 속이 아니라 이영식들과 '저쪽 집회' 사람들과 '베트남 노인' 속으로 더 들어가겠다. 그 사람들을 위해서도 아니고 역사를 위해서도 아니다. 내 불온한 궁금증 때문이다. '왜 사람들은 불평등을 감수하는가?' 그 궁금증은 그쪽으로 들어가야 풀 수 있는 질문이다.

이영식 근데 솔직히 뭐가 옳은지 지금도 모르겠어요. 그런 거 저런 거 다 떠나서 나 하나만 봐도 그 참전 때문에 오히려 많이 힘들었어요. 전쟁터에서 겪은 심적 피해가 오래 갔어요. 글쎄……마음잡는 게 힘들었어요. 제대하고 바로 아버지가 돌아가신 영향도 크죠. 근데 알지도 못하는 사람들, 미워할 것도 원한 살 것도 없는 사람들끼리 죽고 죽이고 하는 싸움, 비참하게 죽은 모습들, 밀림 속 공포나 긴장, 총소리나 포탄 소리, 불바다……. 더 많이 더 잔인하게 죽이고, 잘했다고 환호성 지르고, 훈장 타고, 귀국해서 제대하고, 시간이 갈수록 무슨 미친 세상에서 나도 같이 미쳐서 지랄하다 온 거 같았어요. 그 1년이 며칠처럼 짧게도 느껴지고, 10년 넘게 길게도 느껴지고.

너무 많이 죽고 죽이고 나 살기 위해 남 죽이고. 그러다 보면 목숨 중요하다는 생각이 없어지고 다 부질없는 거 같더라구요. 아득바득 살아야겠다는 생각도 없고, 슬프고 화나고 그런 것도 없고. 그게 월남 갔다 와서 제대하고도 한참 동안 그랬어요. 어디 있어도 붕 떠 있는 느낌이고, 돈 버는 거도 사는 것도 다 쓸데없는 짓인 거 같고. 죽고 사는 게 아무 차이도 없고, 그러니 사는 게 아무 의미도 없고, 살려구 발버둥치는 게 우스워 보인다고 할까 부질없어 보인다고 할까. 나뿐 아니라 남들 사는 것도 그렇게 보이는 거예요. 그래서 쓸데없는 짓 많이 하면서 한동안 허송세월을 지냈어요. 그러느라 벌어온 돈도 금방 날리고. 지금은 좀 괜찮은 거 같지만……마찬가지인 거 같아요…….

제대한 뒤 지금까지 월남전 영화는 본 적 없어요. 1년간 겪은 것만도 지긋지긋하고 생각하기도 싫은데, 그 깜깜하고 껌껌한 극장에 들어앉아서 그 전쟁을 뭐하러 또 보겠어요? 월남 갔다 온 사람들이 전쟁 이야기하는 것도 듣기 싫어요. 과장하는 것도 듣기 싫고, 콩이니 팥이니 비판하는 소리도 듣기 싫고. 나라에서 가라는 거니까 간 거고 한국 군대가 너무 힘들어서 간 거지만, 막상 겪어보니 후회가 많아요. 나이들어서 파월 장병이었다고 연금받는 거는 있지요. 그 연금이 지금 내게 도움이 되기는 하지요. 근데 인생 전체로 보면, 글쎄……잃은 게 더 많지요.

이래서 조국이 필요하구나

월남에서 일반 사병들의 성 문제는 참는 거 말고는 어떻게 할 수 없었지요. 특히 우리 부대는 산악 지대여서 다들 그런 건 1년 동안 포기한다는 생각이었어요. 비전투 요원이나 시내 인근에 배치된 병력들, 고참들은 달랐겠지요. 나는 원래 여자에 대해서 많이 늦었어요. 집 나오기 전이나 군대 가기 전에도, 연애하고 그런 게 없었어요. 군대에서 외박 나왔을 때 부대 근처 술집 여자한테서 총각 딱지 떼고 나서는 몇 번 했지만, 애인이 있고 그러지는 않았어요.

귀국 준비할 때 카메라, 녹음기, 선풍기, 라디오, 시계, 오디오 같은 그런 거 사는 거나 염두에 두지, 쫄병들은 대부분 성을 염두에 두지 못했어요. 연예인 위문단도 몇 번 왔지요. 인기가 아주 많았어요. 이래서 조국이 필요하구나 하고 느꼈지요. 가수들이 제일 많이 왔고, 이미자 씨가 가장 기억에 남아요. 역시 이미자구나 하는 감탄이 들더라구. 한 곡만 부르셔도 열댓 곡, 스무 곡 부르시는 거 같아요. 나보다 네댓 살 위지요. 아, 맞다 〈동백 아가씨〉. 그 노래가 늘 인기 최고였어요. 그걸 부르면 그 째까맣게 탄 얼굴들이 눈물을 줄줄 흘리고 눈물바다가 되는 거예요. 엉엉 소리 내서 우는 놈도 있고, 이미자 씨는 모든 걸 쏟아서 노래하시고 공연 끝나면 포토 타임도 가져주시고, 고마우신 분이었어요. 남진은 군예자로 같이 파월 장병 생활까지 같이했어요. 해병대였어요. 기억나는 노래는 〈월남에서 돌아온 김상사〉, 〈서울의 찬가〉, 〈월남의 달밤〉 그런 거예요. 우리나라 최초로 미니스커트를 입었다는 윤복희도 왔고, 서영춘, 배삼룡 같은 유명 코메디안들도 공연했어요. 미스코리아도 오기도 했고. 그럼 얼마나 난리가 났겠어요? 하하하.

노래에 맞춰서 군인들이 춤추고 흔들고 하면 연예인들도 와서 같이 춤도 추고 사진도 찍고. 국내에서 하는 인기 가수나 코메디안들의 위문 공연 쑈를 녹화해서 보내주기도 했어요. 영사기로 트는 거지요. 라디오로 소리만 나오는 거랑은 다르지요. 그걸 보고도 많이들 울고 웃고. 아무래도 고국이니 고향이니, 향수병까지는 아니더라도 그리운 거잖아. 사실 고국이니 고향이니 해봤자 특별히 마음 붙일 곳이 없는 처지들이지만, 그래도 외국이고, 더구나 전쟁터잖아요. 그런 노래나 사진들 대하면 없던 향수도 생기지요.

기록과 증언에 따르면 당시 한국군 수뇌부는 파월 장병 대상 공창제를 논의했지만, 미국이 거부했다고 한다. 그러자 공창제를 대신하는 방법으로 연예인 위문 공연단이 결정됐다고 한다. 위문 공연은 3000여 회에 걸쳐 연예인 1290명이 참여했으며, 1971년에 끝났다.

파월 장병을 위한 라디오 방송국도 있어서, 투이호아에 방송 중계탑이 있었어요. 그 프로 이름이 **〈메콩 강의 메아리〉**인가 그랬어요. 라디오 없으면 무전기로 전파를 잡아서 들었지요. 무전기 성능이 아주 좋아요. 한국 아나운서가 음악이나 고향 소식을 전해줬어요. 티브이 방송은 당연히 없었지요. 근데 비전투 요원들이나 많이 듣지 전투 요원들은 별로 듣지를 못했어요. 맨날 돌아가면서 경계 근무나 매복 나가고 작전 나가고 그러면 초긴장 상태가 되는데, 한가하게 방송 들을 마음이 안 나지요. 학생들이나 국민들이 헌혈 운동 한다는 소

1969년 3월 1일에는 백마부대 지역인 투이호아에 중계소를 설치하는 한편, 1969년과 1970년 사이에 사이공 방송국과 나트랑 방송국, 호이안 방송국, 투이호아 중계소도 출력을 늘렸다. 하루에 9시간 방송됐는데, 7시간은 한국의 국군방송에서 제작하는 프로그램이었고 2시간 남짓은 현지에서 제작하는 뉴스 보도 프로그램이었다. 방송 내용을 살펴보면 향수를 달래 주는 오락 프로그램이 45퍼센트, 반공 심리전 프로그램이 35퍼센트, 교양과 보도 프로그램이 20퍼센트를 차지했다. 장병들에게 인기 있는 프로그램은 〈고국 잡지〉, 〈향토 소식〉, 〈희망의 구름 다리〉, 〈가족 통신〉 등이었다. 특히 〈가족 통신〉은 고국에 있는 부모, 형제, 친지들의 육성을 녹음해 베트남에 보내는 방송이라 청취율이 가장 높았다.

식을 들은 게 기억나네요. 우리 때는 학생들이 보내는 위문 편지가 없었어요. 모르죠, 우리 부대만 없었는지. 먼저 간 사람들은 받았다더라구. 우리가 갔을 때는 이미 **미군이 철수를 결정**한 뒤여서 한창 싸우던 시기하고는 다른 게 많았을 거예요. 근데 그럴수록 전투는 심하고 위험했어요. 딱 1년을 복무하고 온 건데, 내 인생에서 아주 길었다는 느낌이에요.

1968년 1월 30일에 베트남 민족해방전선과 북베트남의 '구정 대공세'가 시작된 뒤 새로 당선한 리처드 닉슨 대통령은 철군 계획을 발표했다. 그러므로 이영식의 파월 기간은 미국의 철군이 진행되는 시기였다. 1973년 1월 27일 '파리 평화 협정'이 맺어져 미국의 베트남전쟁 개입은 공식 종결됐다.

한국군 파월 기간 동안 국민학교와 중학교를 다닌 나는 학교 수업 시간에 '파월 장병에게 보내는 위문 편지'를 썼고, 편지는 '얼굴을 모르는 파월 장병 아저씨께'로 시작했다. 발신인 주소에 집 주소를 쓰지 말고 학교 주소, 학년, 반, 이름을 쓰게 했다. 답장을 받는 아이들은 다른 아이들의 부러움을 샀다. 오가는 편지는 선생님이 검열했다.

귀국할 때 부산항으로 들어와 적금 정리하고 예비 사단 배치 받아서 마지막 휴가를 25일간 다녀왔어요. 휴가 마치고 바로 대통령 선거를 하고, 곧 제대한 거예요.

고엽제 피해로 힘들어하는 사람들이 주변에 있지요. 지금이나 고엽제, 고엽제 하지, 당시는 그런 이름도 없었고 몸에 나쁜지도 몰랐어요. 제초제로 알고 있었죠. 밀림이 너무 빽빽하니까 무지하게 살포했어요. 비행기로. 부대 주변은 당연히 했고 작전 지역에도 많이 뿌렸죠. 미군이나 한국군은 밀림에 약하잖아요. 그러니 미리 제초제

2009년 정부 발표에 따르면 3만 2000여 명이 고엽제 후유증 환자로 인정돼 국가 유공자로 예우받고 있다. 그렇지만 8만 7000여 명은 증세가 덜 심한 후유의증(疑症)으로 분류돼 충분한 지원을 받지 못하고 있다. 병은 2세까지 물려져 64명이 고엽제 환자로 등록돼 있다.

한국, 고엽제 문제 심각하다

1992년 2월13일, 《경향신문》은 사회 면의 절반 가량을 털어 '월남 참전 용사 고엽제 후유증' 기사를 실었다. 1970년 맹호부대 전투 요원으로 참전했던 이모 씨(당시 49세)는 하반신 마비 증세를 보였다. 그는 "베트남전쟁에서 돌아온 직후부터 다리와 발의 살이 빠지고 뼈만 남은 채 점차 굳어져 가고 있다"고 호소했다. 특히 "지난 20년 10여 군데 병원을 다니며 진찰을 받았지만 모두 병명을 알 수 없다는 말만 했다"며 울먹였다. 그는 "전쟁 당시 정글 지역의 매복과 수색 정찰을 마치고 귀대할 때마다 얼굴 팔다리에 온통 물집이 생겨났었다"며 그게 미군이 대량 살포한 고엽제 때문이란 것을 나중 귀국 후에야 알게 됐다고 말했다.

그동안 갖가지 증상으로 고생하던 참전 군인들이 "혹시 내가 고엽제 후유증을 앓고 있는 것 아니냐?"는 물음을 한꺼번에 쏟아내기 시작했다. 참전 전우회와 국방부 보훈처 등 정부 유관 부처, 언론사에 문의 전화가 쇄도했다. 피부병부터 암, 호흡기 질환부터 전신 마비 증세까지 병을 앓으면서도 발병 이유를 몰랐던 참전 군인들은 전화 도중 끝내 울음을 터트리는 경우가 많았다. 목소리도 높았고 그동안 정부가 배려하지 않은 데 대한 불만도 높았다. 병도 병이지만 그동안 당한 설움이 한꺼번에 치밀어 오르는 듯했다.

나중에 알려진 사실이지만 참전 군인 중 상당수는 고엽제 후유증을 앓으면서도 정확한 발병 원인을 몰라 누구에게 하소연하거나 항의하지 못했다. 당시 한국 사회에서는 그들이 베트남에서 윤리적으로 부끄러운 짓을 하다 국제 매독 등 고약한 성병에 걸린 것으로 치부하는 경우가 흔했다.

아무리 그런 일이 없었다고 항변해도 사람들은 믿지 않았다. 그나마 동정하는 투로 얘기하는 경우가 "베트남 풍토병에 걸렸다"고 말하는 정도였다.

— 민병욱, 《네이버캐스트》 2011년 6월 22일

계속 확장되는 한국의 해외 파병

베트남 파병 이후 이뤄진 아프가니스탄과 이라크 대규모 파병 이후 한국군은 비분쟁 지역 파병은 물론 현행 법률로는 가능하지 않은 파병까지 그 범위를 확대하고 있다. 레바논과 남수단 등에 유엔평화유지군(PKO)으로 파병했고, 국회 사후 동의를 받는 PKO법도 제정했다. 그 외에도 아프가니스탄 지역재건팀(PRT)을 경호하는 오쉬노부대와 소말리아 해역에서 연합해군사 등과 연합 작전 훈련을 하는 청해부대를 파견했고, 재해 복구를 위해 아이티, 필리핀에도 한국군을 파견했다. 또 하나, 아크부대가 있다. UAE 원전 수주와 함께 군사교육과 훈련 지원을 이유로 UAE에 파견된 특전사 부대다. 2010년 국회 국방위원회의 심의도 없이 국회 본회의에서 여당 단독으로 처리한 것이 UAE 파병동의안이었다. 이후 매년 국회는 파병 연장에 동의했고, 올해(2014년) 12월 2일 국회는 본회의에서 UAE 파병연장동의안을 통과시켰다.

국방부가 UAE 파병에 따른 경제적 효과를 강조하고 있는 것도 간단히 넘길 문제가 아니다. 국민 세금으로 운영되는 군대를 파견해 얻는 경제적 이익이 특정 병원이나 재벌 계열의 방산업체, 대기업에 돌아가는 것이다. 소수 기업체의 이익을 위해 국민의 세금으로 파병을 하는 게 맞는지, 이것을 '국익 증진'이라고 할 수 있는지 따져볼 문제이다.

특히 이라크 침공과 점령은 천문학적인 군비에도 불구하고 군사적으로 완전히 실패했고, 세계를 더 극심한 무장 갈등과 테러의 공포 속으로 몰아넣었다. 테러와의 전쟁은 미국의 재정 위기를 심화시켜 전 세계에 미국발 금융 위기를 가져왔다. 이라크와 시리아를 중심으로 영향력을 확장해가고 있는 근본주의 이슬람 무장 단체, 이슬람국가(IS, Islam State of Iraq and Syria)의 성장 배경에는 미국이 주도한 다국적군의 명분 없는 이라크 침공과 점령, 그 과정에서 이라크 국민들이 입게 된 회복하기 힘든 정신적·육체적·경제적 파괴가 자리 잡고 있는 것으로 평가된다. 정작 미국이 침공하기 전까지 이라크에는 이슬람국가와 같은 테러 세력도, 대량 살상 무기도 없었다. 다만 후세인이라는 독재자가 있었을 뿐이다. 당시 한국 정부는 미국을 도와 국군을 파병했다.

— 박정은, 《오마이뉴스》 2014년 12월 12일

를 뿌려서 밀림을 없애기도 하고 네이팜탄, 화염 방사기, 그런 거로 불을 지르기도 했지요. 고엽제 후유증이 심한 사람은 자식도 기형아가 되고 한다더라구. 요즘 후유의증이니 2세니 하면서 보상이 되니 마니 하는데, 국가에서 어떻게라도 해줘야지요. 그런 사람들은 생활이 어려운데, 그걸 의증이니 2세니 해서 따질 일이 아니라고 봐요.

참전 때문에 생긴 정신적 문제로 힘들어하는 사람들도 많지요. 특히 심한 부상을 입은 사람들은 술에 쩔어 살고 폭행으로 맨날 사고 쳐서 깜빵 가고 그러더라구요. 결혼을 했어도 그래요. 심한 사람들은 보훈병원서 치료해주기도 하는데 몸뿐 아니라 마음들이 망가진 거예요. 사람마다 다르겠지만 신경이 약한 사람들한테는 극심한 스트레스였지요. 전투할 때는 총알이고 수류탄이고 바로 귀 옆으로 지나가는 거 같아요, 소리가. 실제로 귀 옆으로 지나간 적도 있었고. 당시 상황은 급박한 거지요. 나는 나중에도 폭격 장면이 꿈에 나오고 그런 거는 별로 없는데, 주변에는 그런 친구들도 있었죠. 티브이에서 파월 장병들 후유증 방송하는 걸 봤는데, 자살도 하고 정신 병원에 입원도 하고 그러더라구.

생각해 보면 전쟁이라는 게 사람이 할 짓이 못되는 거지요. 말이 좋아서 애국이니 평화니 하지만 결국 살인 행위들이지요. 더군다나 남의 나라 전쟁에 팔려간 거잖아요. 당시는 그런 생각을 못했는데, 방송 들으면서 그 말이 맞다는 생각이 들더라구요. 뭐가 됐든 전쟁은 강자만 살겠다는 거고, 강대국만 살겠다는 거지요. 우리 주변으로는 포로로 잡힌 한국군은 없었어요. 그렇지만 전쟁터에서 포로가 안 생길 수는 없겠지요. 포로는 죽이면 안 되는데 죽인 경우도 피차 많았을 테고. 전쟁에서 원칙이 어딨고 국제법이 어딨어요? 인간성이 포악해지는데. 일단 저질러놓고 다 묻어버리는 거지요. 들리는 이야기로는 베트콩에게 포로로 잡힌 한국군 중에 북한으로 넘겨진 포로들도 있었다더라구요. 지금 생각하면 충분히 그랬을 수 있을 거 같아요.

최현숙 해외 파병의 범주를 대폭 확대시키는 내용의 '국군의 해외 파견 참여에 관한 법률안'을 송영근 의원(새누리당)이 2013년 6월 발의해서, 지금(2014년) 계류 중이에요. 어떻게 생각하세요?

이영식 목숨 팔아서 돈 버는 거죠. 젊은이들이야 철이 없어서 그렇고, 그 젊은이들을 총알받이로 국가나 기업이 돈 벌자는 거예요. 사병들이야 벌면 얼마나 벌겠어요? 전투 지역으로 배치되지나 않으면 좋겠네요.

그때는 정말 없는 사람들 덕에 산 거죠

월남 갔다 와서 좀 방황을 했어요. 좀이 아니라 많이 했어요. 전쟁터에 갔다 온 게 큰 이유였던 것 같고, 집 사정도 많이 갑갑했어요. 큰집도 본가도 편치가 않고, 내 자리도 애매했어요. 더구나 곧바로 아버지가 돌아가셨거든요. 친구들이나 선배들은 거의 결혼하고 아이까지 있는 사람도 있었어요. 월남 다녀와서 받은 돈이야 얼마 되나요? 술 마시고 쓸데없는 짓하고, 다 써버렸지요. 어른들 말이 맞아요. 될성부른 나무는 떡잎부터 알아본다고, 옛말 틀린 거 하나도 없어요.

  지금 생각해도 그때 왜 그렇게 떠돌았는지……. 생각해보세요. 죽고 죽이는 전쟁터에 있다 사람 사는 세상에 온 거잖아요. 그러니 몸이고 마음이고 붕 떠 있는 거예요. 내내 마음을 못 잡고 방황을 많이 했어요. 하는 일 없이 돈 떨어질 때까지 술 먹고 여자랑 놀고 그러다가는, 서울 형네도 잠깐 있었고, 동대문 근처에서 완구 노점도 하고. 그렇게 떠돌며 일도 하다가, 뭘 해도 현실감이 없고, 뭘 하고 싶지도 않고. 남자는 군대 갔다 오면 사람된다고 하는데, 저는 사람이 안 됐어요. 등 비빌 데도 없고,

어떻게 할지 모르겠고. 목수 일은 그 한참 뒤에 시작한 거예요. 많이 떠돌다가 청주 고향 동네 형 따라서 공사장을 다니다가 목수가 된 거예요.

결혼은……안 했어요. 자식도 없어요. 동거 생활은 해봤어요. 서른한 살에 여자를 하나를 만나서 77~78년에 같이 산 거예요. 결혼하고 자식 낳고 살 생각을 하고 동거를 했는데 오래 안 가고 내가 집을 나왔어요. 청주 건설 현장에 있을 때 거기서 여자를 하나 알게 됐어요. 그 여자네 작은아버지가 '이다바'라고 요리사였어요. 청주 집 바로 윗집에 사는 아저씨도 이다바였는데, 그 부인이 다리를 놔준 거지요.

결혼까지 생각하고 만난 건 평생 그 여자 하나예요. 마침 여자 고모가 공주에서 다방을 하고 있었어요. 그래서 공주로 내려가서 같이 다방서 먹고 자면서, 나는 주방 보고 여자는 홀서빙하고 그랬어요. 여자도 미혼이었죠. 둘이 혼인 신고도 안 했고, 다행인지 불행인지 자식도 안 생겼어요. 근데 한 8개월 정도 같이 살다가 못 견디고 뛰쳐나왔어요. 이유는, 처고모네 다방이어서 좀 저기하고 여자랑도 잘 안 맞았어요. 묶이는 거랑, 돈 다 주고 타서 쓰고 하는 거랑. 야반도주는 아니고, 헤어지자고 하고 혼자 나온 거죠.

그러구는 여자랑 잠깐씩 산 적은 있지만, 동거라고 할 거는 아니었어요. 동거한 여자는 그 여자 하나예요. 그 여자가 뭐가 좋다 그런 거보다는 나도 나이가 들고 하니까, 제대하고 6~7년 지나 벌써 서른둘 정도 됐으니 가정을 가져야겠다고 생각했죠. 친구들이 모두 나보다 두세 살 위여서 결혼해서 아이들도 크고 그랬어요. 그리고 월남 다녀온 뒤로 마음을 못 잡고 계속 떠돌던 것도 좀 잡히겠거니 했지요. 다들 그렇잖아요. 결혼하고 자식 낳고 그러면. 그래서 마음 잡고 살아야겠다는 생각이었는데, 살아보니까 그것도 아니더라구요. 여자는 뭐, 평범한 여자지요.

동거하다 나와서는 또다시 여기저기 떠돌이 생활을 했고, 챙피한 얘기지만 조치원에서는 거의 거렁뱅이처럼 빌어먹는 생활도 했어요. 지금으로 하면 노숙자지요. 당시에는 그런 사람들이 많다 보니 모여서 자는 방도 있었어요. 쪽방도 아니고, 부랑인들이 하루씩 돈 내고 자는 방이에요. 일수방이라고 할 수 있지요. 아마 요즘으로 하면 게임방이나 만화방에서 자는 거겠지요. 아주 싸고, 한방에 여럿이서 같이 자요.

그때가 내가 서른 초중반일 때니 남 탓할 때는 아니지요. 결혼이라도 했다면 떠돌지는 않고 어떻게든 자식 낳고 살아보려고 했겠지만, 기를 쓰며 살아야 할 이유도 없었고. 그러다 보니 마음이고 몸뚱이고 뿌리내릴 데가 없었던 거 같아요. 그때는 정말 없는 사람들 덕에 산 거죠. 나처럼 가진 거 없이 떠도는 사람들, 술집 여자들이나 장돌뱅이들 덕에. 그때만 해도 그렇게 살 수 있었죠. 그때가 좋았죠.

최현숙 70년대 말에 부랑인 생활을 했다면 큰일날 뻔했네요. 부랑인이나 가난한 사람들을 잡아다 별의별 죄목을 붙여서 삼청교육대에 끌고 가던 시절이잖아요. 1975년에 문을 연 형제복지원도 한창 운영되던 시절이구요. 여차하면 그 두 군데 중 하나로 끌려갈 뻔했네요. 그런 곳에 끌려가셨거나 끌려갈 뻔한 적은 없었나요?

이영식 다행히 그런 적은 없지만, 정말 여차하면 그럴 뻔했더라구요. 그랬다면 인생이 더 낭떠러지로 떨어졌겠지요. 근데 뉴스에는 삼청교육대나 그런 데가 아주 좋은 걸로 나왔어요. 자립 갱생해준다, 그런 거지요. 형제복지원도 뉴스에서 들었던 거 같은데 정확한 기억은 안 나고, 복지원 그러니까 다들 좋은 데라고만 생각했겠지요. 그 이름이나 내막은 몇 년 전에 텔레비전 방송을 보고서 알았어요. 정말 끔찍하더라구요. 남의 일 같지가 않더라구요.

그때도 그랬지만 제대하고 지방을 떠돌 때 보면 부랑자들이 많았어요. 그때는 그걸 실업대라고 했어요. 서울서는 변두리에나 있었지만, 지방 작은 도시에는 그런 사람들이 많았어요. 농촌이면 남의 땅에 농사라도 짓지만, 작은 도시로 오면 직장 갖기가 오히려 어려웠지요. 웬만큼 사는 사람들이나 직장 있고 결혼해서 식구들 챙기며 사는 거지, 없는 사람들은 그렇게 사람 꼴 하고 살기가 어려웠어요. 결혼해서 자식 낳았더라도 벌어먹을 게 없어서 떠도는 사람들도 많았구요. 보면 아무것도 없이 빈손에 자루 하나만 들고 다녀요. 시골 돌아다니면서 여기서 쌀 쪼끔 저기서 먹을 거 쪼끔 바꾸거나 구걸하거나 해서 들고 오는 거지요.

나도 도시 굴러다니며 물건 같지도 않은 거 챙겨서는 농촌 가서 먹을 거랑 바꿔서 연명하고 그랬어요. 완전 밑바닥 생활까지 간 거지요. 그런 생활을 몇 년 했어요. 마음이 안 잡혔어요. 그때 그런 사람들 수백 쌍씩 모아다가 나라에서 결혼식도 해주고 그랬어요. 나도 하기로 마음만 먹었다면야 할 수 있었지요. 그거 할 사람들 모은다고 신청하라 그러고 반강제로 하게 했거든요. 그런데 나는 그런 식으로 여자를 만나고 남들에게 보이고, 그러고 싶지는 않았어요.

최현숙 한국전쟁 이후 상이군인들에게 합동 결혼식을 시켜주기 시작한 게 1950년대 초반이었고, 부랑인이나 출소자들을 모아 장애 여성이나 성매매 여성들이랑 합동으로 결혼시키는 것이 60년대부터 시작돼서 70년대에는 아주 많았지요. 가난 때문에 결혼식을 못하고 사는 사람들을 위해 자리를 마련해주는 건 의미가 있지만, 알지도 못하는 사람들을 수백수천 명 씩 모아다가 짝짓기를 하는 건 문제가 많지요. 간척지 같은 사회 외곽으로 보내서 사회 안정을 도모한 거지요.

이영식 합동 결혼식 하니까 기억나는 게 있는데 나 어려서 살던 청주에도 '현양원'이라고 있었어요. 거기서도 합동 결혼식을 한다는 말을 들었어요. 월남전 기간에도 청룡, 백마 해서 부대별로 상이 용사 합동 결혼식을 하기도 했어요. 거지왕 **김춘삼**. 그분이 6·25 이후부터 넝마주이나 부랑인들을 모아다가 합동 결혼식을 많이 해줬어요. 많을 때는 한 번에 2000명까지 했다고 들었어요. 짝이 누군지도 모른 채 결혼식장에 세우기도 했더라구요. 정부도 나서서 같이한 거지요. 여자들은 몸 파는 여자

김춘삼(1928~2006)은 강원도에서 태어났다. 부랑자와 깡패로 지낸 뒤 거지들의 권익과 행복을 위해 많은 활동과 사업을 펼친다. 1950년대에는 전쟁 고아를 수용하는 합심원을 전국 10여 곳에 세워 부랑아 구제 사업에 나섰다. 김춘삼은 자녀들을 자기가 운영하는 보육원에서 함께 자라게 했다. 거지왕으로 추대돼 '대한자활개척단'이라는 거지 선도 단체를 조직했고, 5·16 쿠데타 뒤 정부의 개간 사업에 동참해 자활개척단을 이끌고 유휴지와 간척지 개간 사업에 나선다. 또한 정부 기관하고 연계해 거지와 성매매 여성들의 집단 합동 결혼식을 개최하고 소매치기나 깡패 등 부랑자 선도 사업도 펼쳤다. 1994년 공해추방국민운동중앙본부를 만들었고, 1997년 12월에는 이회창 대통령 후보를 지원하며 한나라당에 입당하기도 했다. 2006년 11월 26일 79세로 세상을 떠나 대전현충원 사병 묘역에 묻혔다.

들이 많았구 장애인들도 있었구요. 큰 합동 결혼식은 신문에도 나고 그랬어요. 내 주변에도 그렇게 결혼식해서 여자도 생기고 정착금도 받아서 간척지로 간 사람도 있었어요. 간척지 개발해서 몇 년인가를 살면 그 땅을 본인 이름으로 해준다던가 그랬어요.

최현숙 삼청교육대나 형제복지원, 합동 결혼식이 다 국가가 가난한 사람들을 관리하고 통제하는 방식이지요. 사회 질서를 유지한다는 명분으로 약자들을 사회 중심에서 밀어낸 거지요. 갑작스레 반강제로 만들어진 가족이 얼마나 제대로 된 구실을 했을지 의문이네요.

이영식 조치원서 방황하며 살 때 오다가다 여자들도 여럿 만났고, 같이 산 여자들도 있어요. 그중에는 매춘 생활 하는 여자도 있었고, 남편 있는 여자도 있었구요. 몸 파는 여자는 내가 그 집을 몇 번 가다 보니까 친해지게 됐고, 그러다가 눌러살게 된 거지요. 내가 돈을 벌 때가 아니니까, 주로 여자한테 빈대 붙은 거예요. 매춘하는 여자들이 몰려 있는 동네기는 한데 지방이니까 규모가 작지요. 그런 인연이 오래가지는 않았어요. 사람이 어떤지는 더 겪어봐야 아는 건데, 그걸 알도록 길게 살지는 않았어요. 그때는 격의 없이 농담도 하고 마음으로 의지도 되고 했지요. 몸 파는 여자라고 해서 안 좋은 여자라고는 할 수 없지요. 그런 여자들이 서로 마음만 통하면 돈 같은 거 안 따지고 따뜻해요. 여자 덕에 많이 얻어먹고 살던 때에요.

까끌까끌하고 보드랍고 따뜻한 나무

그러다가 조치원에 정착해서 건설 현장 목수를 시작한 거죠. 청주에 사는 동네 선배 형 따라서 조치원 공사장에 노가다 하러 다니다가 목수가 된 거예요. 처음에는 좀 하다 때려치울 생각이었는데, 하다 보니 이력도 나고 특별히 다른 배운 것도 없고 해서 계속하게 됐어요. 목수가 기술이 기야 하지만 특별한 기술은 아니죠. 그렇게 서른 초반에 시작한 게 예순 두 살까지 목수 일을 하고 산 거예요. 처음에는 주로 청주랑 조치원에서 했는데 차차 서울 공사 현장까지 오게 됐어요. 서울 와서도 방을 따로 얻지는 않았어요. 주민 등록 주소를 청주에 그대로 뒀어요.

그때만 해도 노가다 하는 사람들한테 숙소 얻어주고 할 때가 아니에요. 공사장 노가다라는 게 힘든 일인데, 밥도 함바집 밥이지 잠도 공사장 바닥 한뎃잠이지 하니까 몸이 성할 수가 없지요. 먹는 거보다 자는 거 때메 몸이 많이 상했을 거예요. 일 끝나면 그냥이나 자나요? 저녁 먹으면서 시작한 술이 밤늦게 이어지기 일쑤죠. 밤에는 추우니까 술 없으면 못 자요. 화재 무서워서 공사장에 불을 못 피우게 해요. 너무 추우면 새벽녘에 몰래 피우기도 하지요. 노가다들은 조금만 나이 먹어도 술 없으면 못 자요. 골병든 뼈마디랑 몸뎅이들이 밤만 되면 더 아프거든요. 다음날 일 때문에 많이는 안 마셔도, 적당히 먹어줘야 잠을 잘 수 있어요. 술기운에 잊는 거지요. 서울서 맡은 공사장 끝나고 바로 다음 일이 안 이어지면 청주에 내려가 있고 했어요. 고향이니까 한뎃잠은 안 자고 목수 하는 형네 집에서 주로 먹고 자고 했지요. 그 형이랑 팀으로 공사장도 같이 다니고.

대형 공사 하면서는 느끼는 게 있었어요. 기술도 기술이지만 수학적으로 풀 것들이 많거든요. 원형 돌아가는 거나 삼각형 법칙이나 그런 걸 응용해야 할 때, '아, 내가 좀 더 배웠으면 좋았겠다'고 생각하게 되더라구요. 펜대 굴리는 직업을 원해본 적은 없는데, 같은 목수라도 공부를 좀 했으면 하는 일도 많이 달랐을 거예요. 돈도 돈이지만 일을 더 넓게 잘했을 거 같아요. 나는 목수 일이 좋았거든요. 그런데 배운 게 없으니 아무래도 한계가 있지요.

그리고 아닌 말로 건물은 공사장 인부들이랑 기술자들이 만드는 건데, 그걸로 돈 버는 사람들은 따로 있지요. 현장은 나와 보지도 않고 아무것도 모르는 사람들이지요. 건물주도 그렇고, 돈 많은 사람들 차지가 되는 거지요. 돈이 돈을 버는 거고 일하는 사람들이야 품삯이나 받는 거잖아요. 그런 생각하면 저기하지만, 그래도 거기서 고생한 사람들은 내가 저걸 지었다는 마음들이 있을 거예요.

목수 일은 나한테 맞았어요. 철제나 합성 제품을 만지는 거 하고 나무를 직접 손으로 만지고 다루는 거 하구는 느낌이 많이 달라요. 노가다가 이런 말 하기는 좀 뭐하지만, 돈이고 기술이고를 떠나 느낌이 좋았어요. 까끌까끌하고 보드랍고 따뜻한 나무 느낌이요. 내 손과 연장으로 모양도 바꾸고 느낌도 바꿀 수 있잖아요. 물론 나무에 맞춰서 하는 거지요. 그러느라 손톱 밑은 물론이고 손바닥에 늘 쪼그만한 가시가 박혀 있어요. 아주 작은 거는 박혀 있어도 잘 모르거든요. 살갗 거칠어진 건지 나무 가시인지 구분이 잘 안 돼요. 톱밥이나 대팻밥도 무지하게 많이 먹었지요. 기관지 약한 사람은 병이 많이 나요. 그래서 고기 먹을 일 있으면 삼겹살을 먹더라구요.

나무를 다루기 전에 먹을 때려서 직선을 긋는 것도 좋고, 작업하면서 수직이나 수평을 맞추는 것도 좋았어요. 아무 생각 없이 마음이 착 가라앉고 모아지지요. 그런 작업은 단지 목수 작업뿐 아니라 다른 작업을 위해서도 아주 중요해요. 수직과 수평을 잘 맞춰놓지 않으면 다른 작업 인부들이 일을 망쳐요. 당장 망치지 않더라도 시간 지나면 결국 하자가 나요. 우연히 고향 선배 따라 시작한 거지만, 할수록 좋았어요. 우연인데 잘 만난 거지요. 그리고 행정직이나 사무직은 죽으나 사나 사무실에 붙어 있어야 하고 하기 싫다고 좀 쉬면 짤리고 하잖아요. 일단 취직이 되면 그 회사를 그만둘 때까지는 꼼짝 못하게 매이고. 그거에 비하면 목수 일은 그래도 자유롭지요. 공사 현장은 다른 일들도 그런 편이지요. 맡은 공사 끝나면 쉬고 싶으면 쉬고, 더 할 거면 일 찾으면 되고. 몸 고생이야 많지만 나한테 맞는 일이니까 오래하게 된 거지요. 안 맞았으면 이렇게 오래 못했겠죠. 2006년부터 작은 현장들을 했어요. 지금이라도 작은 일거리들이 있으면 좋겠어요. 얼마든지 할 수 있지요. 돈 번다는 그게 아니고 내가 좋아하는 일이니까요.

공사장 목수니까 주로 거푸집 만들고 그거 세우는 일을 많이 했지요. 한옥 짓고 집 내장하는 목수들하고는 일이 아주 다르지요. 내장 목수들은 공정이 아주 여러 가지예요. 기술도 많아야 하고. 나야 큰 공사장에서 주로 거푸집 만드는 일을 해서 진짜 실력 있는 목수들하고야 많이 다르지만, 그래도 연립 주택이나 집 지을 때는 거푸집 말고 다른 일들도 많이 했거든요. 목수 솜씨에 따라 차이들이 많이 나고, 모양도 모양이지만 안전에 큰 차이가 나는 거예요. 집을 다 지었다 해도 시간이 갈수록 나무는 두고두고 수분이 마르거든요. 그런 걸 생각 안 하고 공사를 했다가는, 시간이 지나면 문짝이니 집틀이니 뒤틀리고 짝이 안 맞게 되지요. 특히 내장 목수들은 그런 걸 잘 따져서 나무도 고르고 공사도 하고 해요. 그러니 당장은 차이가 안 나도 살다보면 좋은 목수가 해놓은 일은 다른 거지요.

전에는 콩크리트 벽면 세우는 거푸집을 목수들이 일일이 만들었어요. 그러다 보니 공사 현장에서 목수들 역할이 아주 컸지요. 그런데 지금은 유로폼으로 현대화돼서 공장에서 나와요. 합판으로 조립식 앵글처럼 규격품들이 나오는 거지요. 그만큼 목수 일자리가 줄어든 거고. 30센티에 1메다 20부터, 60에 120까지 규격별로 있어요. 필요에 따라서 다른 크기로 나오기도 하구요. 그걸 갖다가 핀만 꽂으면 거푸집이 되는 거예요. 거기다 콩크리트를 부어서 마르면 거푸집을 떼어내죠. 그게 벽이 되는 거예요. 유로폼은 합판과 철제로 돼 있고 이음새는 쇠로 돼 있어요. 한번 쓰고 버리지 않고 되쓰기도 하고, 합판만 바꿔서 재생하기도 해요. 보통 공사 현장에서 거푸집이 무너져서 생기는 사고들이 많지요.

창틀, 문틀도 전에는 다 나무로 만들었으니까 목수 일이었지요. 요즘은 알미늄이나 철제 샤시를 많이 써요. 목수 일이 옛날하고 지금하고 많이 바뀌었어요. 전에는 나무로 하던 게 합성 재료나 철제로 많이 바뀌고, 목수 일도 일일이 손으로 하던 게 많이 기계화되고. 지금은 대형 건물을 지으면 지하실에만 목수 일이 많고 올라가면 철제로 많이 바뀌었어요. 아무리 유로폼이 나왔다 해도 지하는 그렇게 세팅을 하기가 힘들어요. 목수가 직접 해야 돼요. 옛날 같으면 지상도 다 합판에 각목 대서 판넬로 거푸집을 만드니까 치수 재는 거부터 일일이 목수가 했지요. 지금은 다 컴퓨터로 해서 설계 도면이 나와요. 컴퓨터가 다 재고 나누고 해서 값이 다 나오죠. 그걸 기계 장치에 넣으면 다 알아서 크기랑 개수까지 정확하게 유로폼이 뽑아져요. 그럼 대형 트럭에 실어 공사 현장으로 가져와서 맞춰 세우면 되죠.

한참 지나서야 교통 조건이 아주 나쁘거나 하면 현장 근처에 여관을 잡아주는 경우가 생겼어요. 그렇지 않으면 다른 인부들이랑 같이 싼 여인숙 방 얻어서 본인들이 해결했구요. 여럿이 자면 코 고는 소리가 아주 장난이 아니에요. 술 좋아하는 사람은 꼭 술이 있어야 자기도 하고. 습관들이 다르다 보니 좀 불편하지만, 그래도 혼자 방을 얻기에는 방값이 너무 쎄지요. 근데 일이 고되다 보니 잠자는 데 큰 문제는 없어요. 보통은 아침 7시에 일을 시작했어요. 그런데 요즘은 주택가에서 그렇게 일찍 시작하면 민원이 많이 들어와요. 그러니 주택가에서는 8시에 시작하는 게 보통이에요. 먹는 거는 아침, 새참, 점심, 새참, 저녁, 그렇지요.

큰 현장은 보통 **함바집**을 따로 만들었어요. 옛날에는 시간에 관계없이 새벽에 동만 트면 시작하기도 했어요. 웬만한 데는 식사 제공을 다 해줘요. 대신 임금에서 그만큼 빠지는 거겠지요.

노가다판에서 술 많이 마시는 사람은 결국 일을 일찍 그만두더라구요. 몸뚱이 하나로 먹고사는데, 그러면 끝인 거지요. 나는 20년 전에 술을 끊었어요. 원래도 술이 몸에 받지를 않았어요. 술만 한두 잔 들어가면 머리로 열이 치켜 올라오는 거 같고 얼굴이 빨개지고 머리가 욱신욱신하고 그랬어요. 의사가 혈관이 팽창돼서 그렇대요. 내가 혈관이 안 좋다고 술 마시지 말라고 그러더라구요. 제일 많이 먹을 때도 소주 한 병을 다 못 먹었어요. 그런데다 내가 술버릇이 좀 안 좋더라구요. 조금만 취하면 온 세상이 다 내 꺼 같고 말도 많아지고, 아주 딴 사람이 되는 거예요. 허파에 바람 들어가서 돈 아까운 거고 조심스러운 거고 그런 게 없어져요. 평소 못하던 말도 하고, 한 말 또 하고 또 하고, 옛날에 한 말 자꾸 꺼내고. 평소에는 아는 사람한테도 말을 잘 안 하는 편인데 술만 들어가면 말이 아주 많아지더라구요. 그래서 그냥 끊었어요. 술 취했다고 남들이랑 싸우고 그러지는 않았어요. 누가 애먼 소리하며 시비 걸어도 피하고 마는 사람이에요, 저는.

'함바라고도 함. 보통은 공사 현장 전용 식당을 의미하며, 배식 시설, 휴식 시설, 숙박 시설을 말하기도 한다. 다음은 공사장 철근 노동자이자 시인인 김해화(1957년 생)가 함바집에 관해 쓴 글이다.

"함바는 말이 많은 곳이다. 현장소장이나 건설회사에 삥이 있는 이가 거의 뒷돈을 주고 들어온다. 회사나 고용주가 제공하는 형편없는 밥을 싸게 주고, 노동자들이 직접 소비하는 다른 물품은 터무니없이 비싸다. 30년 전에는 함바에서 현금 대신 식권이 사용됐다. 임금은 '쓰미끼리'라고 부르는 유보 임금 1달에 묶여 있으니, 가불 명목으로 식권을 50, 100장씩 끊어 술도 마시고 담배도 사고 장갑도 사 쓰고 했다. 식권을 걸고 화투판이 벌어지기도 했고 그러다가 싸움이 벌어져 맞아죽는 이도 있었다."

뉴존빌딩, 대기업 사옥들, 감사원 파주 연수원, 동부건설 연수원

목수 일 하면서 제주도만 빼고 전국을 다 돌아다녔네요. 진주에서 한 20일 정도 일했고, 경주도 갔고, 전라도 순천하고, 그 옆에 여수도 갔었고. 섬으로 간 적은 없어요. 경기도는 곤지암, 파주, 인천 공사장에 있었고, 강원도 홍천도 갔어요. 노가다는 공사장 따라다니는 거니까 공사장 있고 조건만 맞으면 전국 어디든 가요. 말 그대로 떠돌이지요. 젊어서는 저 아래 지방이라도 갔는데 나이들어서는 먼 데는 안 가게 되더라구요. 아래 지방으로 가면 더 고생이지요. 경비는 많이 드는데 임금은 오히려 더 안 좋고. 서울 공사장이야 밥하는 사람 따로 있고 잠도 좀 편하게 자는데, 지방은 아무래도 서울보다 떨어져요.

내가 지은 건물들이라……수없이 많지요. 좀 큰 거를 꼽자면 동대문 패션타운에 있는 뉴존빌딩, 대기업 사옥들, 감사원 파주 연수원, 동부건설 연수원. 그런 데가 대형 공사였지요. 연립 주택도 많이 지었어요. 아파트는 안 해봤어요. 아파트는 훨씬 힘들어요. 왜냐면 아파트는 여러 팀이 한꺼번에 들어가야 하는데 공정이나 속도를 똑같이 맞춰야 하니까 좀 번잡하기도 하고, 또 공정 내용도 많이 달라요. 단독 건물이나 연립은 좀 쉬워요. 재미로 따지면야 개인 주택 짓는 게 제일 좋지요. 아기자기하고, 일하는 사람도 적으니 정말 내가 지었다는 생각도 들고. 나야 큰 공사장 목수니까 다르지만, 아파트 많이 지으면서는 동네 목수들이 살아남기 힘들어졌어요. 전에는 동네 목수들이 골목마다 집도 짓고 문짝도 짜고 했잖아요. 세월 가면서 보수할 일이 생겨도 그 사람들이 고치고. 아파트 생기면서는 그런 게 다 없어진 거예요. 좋은 거는 갈수록 다 없어지는 거 같아요. 대형화만 되고, 돈 되는 거만 하고.

건설 현장은 팀을 짜서 일을 맡아요. 잘나갈 때는 삼성건설 같은 큰 회사가 따낸 공사를 많이 했어요. 그렇다고 삼성건설이 직접 공사를 하는 건 아니고, 그 밑에 협력 업체가 있고, 그 하청에, 또 하청에. 건설은 그래요. 나는 그 하청 어디에 속해서 하는 거죠. 현장 간판이야 삼성건설로 써놓지요. 아이엠에프 오기 전까지는 건설 경기가 아주 좋았어요. 그 뒤로 많이 힘들어진 거죠. 건설이 경기를 많이 타거든요.

임금요? 처음 시작할 때 노임이, 확실히 기억 안 나는데, 한 달 일한 게 10만 원 정도 됐을 거예요. 70년대 말이지요. 내가 일 그만둘 무렵인 2005~2006년에는 하루 일당이 14~15만 원 그랬어요. 경력이 있으니까 좀 셌죠. 80~90년 무렵은 건설 붐이 아주 좋았어요. 일당으로 치면 좋았는데, 돈은 못 모았어요. 혼자 생활하다 보니 허투루 쓰고 금방 흐트러지고 아득바득 모으지를 않는 거죠. 처자식이 없으니까. 노임을 일당으로 정하지만 돈이 매일 나오는 건 아니에요. 보통은 공사 끝나면 나오기도 하고, 한 달이나 반 달로 나오기도 하고. 현장 하나 끝나면 제법 큰돈을 받지만 일 없이 쉬는 동안이 문제예요. 남이 볼 때는 우습게 생각하는데, 요즘 돈으로 하루 30만 원 버는 것도 우스웠어요. 그러니 돈 벌어서 모으기로 작정했으면 어렵지 않았지요. 근데 항상 젊을 줄 알고 안 모은 게 문제지요.

노가다는 일 없을 때일수록 돈을 함부로 쓰는 게 탈이에요. 술 먹고 여자랑 쓰고, 한동안씩 여자랑 살림도 차리다 보면 금방 돈이 떨어지지요. 그러면 또 공사장 찾게 되고. 그게 반복돼요. 거기다 겨울 한철은 꼬박 일이 없어요. 그러니 좀 모았다가도 겨울 지나면서 다 까먹어요. 겨울 아니어도 장마철이나 비 오는 날에는 일을 안 하는 게 보통이고. 그러다 보면 하고 싶어도 공치는 날이 절반은 돼요. 비 오면 제일 큰일이 나무에 비 맞는 거예요. 마른 나무는 비를 한 번 맞으면 잘 마르지도 않고 썩기도 하거든요. 나무는 건조 정도가 아주 중요해요. 나무마다 용도마다 다르지요. 그러니 나무 성질을 잘 알아서 시간이 오래 지나도 하자가 안 생기게 하는 게 진짜 노련한 목수지요. 속에 들어가는 나무랑 다르게 겉으로 드러나는 목재 부분은, 완공되고 나서도 시간이 지날수록 계속 마르잖아요. 여차하면 완공되고 얼마 지나면 뒤틀려서 건물에 하자가 나지요.

5~6미터 높이에서 추락했어요

작은 사고야 다반사고, 큰 사고는 딱 한 번 당해봤어요. 어느 회사 사옥 신축 공사를 하다가 추락해서 두 다리가 골절됐어요. 누가 띠밀거나 그런 건 아니니 본인 과실이지요. 5~6미터 높이에서 추락했어요. 두 발뒤꿈치가 모두 깨져서 4개월 정도 입원해 있었어요. 산재 보험으로 다 처리해줬어요. 일용직이어도 대기업 건설 회사다 보니 산재가 된 거예요. 노가다판에서는 산재 신청 못하게 하는 경우도 많아요. 특히 원청 회사가 좀 뭐한 데면, 사고가 나도 나 몰라라 하죠. 열악한 협력 업체나 하청들도 어떻게든 발뺌을 해요. 그러니 제일 약자가 떠안게 돼요. 정식으로 산재 처리하면 산재 누적 건수 많아지고, 그러면 관급 공사 오다를 따낼 때 감점이 되거든요. 내 경우는 다행이었죠. 다친 게 88년도경이에요. 올림픽 개최하고 **칼기 격추**되고 그즈음이죠. 마흔 초반일 때에요. 두 다리가 골절이 돼서 기브스를 허벅지까지 하고 있었어요. 병원비 외에 간병인 일당을 신청했는데, 그걸 회사에서 안 주려고 버티더라구요. 그래서 노동청에다가 직접 진정을 했어요. 그 사고가 9월 초에 일어났는데 진정서 접수시키고 2주 뒤

대한항공(KAL) 858기가 1987년 11월 29일 북한 공작원 김현희 등이 설치한 폭탄이 터져 미얀마 안다만 해역 상공에서 폭파됐다고 공식 발표된 사건.

공문이 왔더라구요. 신분증 가지고 몇 날 몇 시에 노동청으로 오라고. 아직 많이 아플 때인데도 가야지 어떡해요? 갔더니 회사에서도 사람이 나왔더라구. 이런저런 거를 묻고, 사실대로 답하고. 결국 간병비를 받아 냈어요. 어느 정도 기반이 닦인 회사였어요. 노동부니까 노동자 편이겠지. 한번 해보자 해서 접수했는데, 잘돼 있더라구요.

4개월 입원하고 퇴원했어요. 한두 달 더 쉬다가, 다른 공사장 팀을 짜고 있다기에 다시 일을 시작했어요. 당시는 잘 몰랐는데 나이드니까 후유증이 생기더라구요. 피곤하거나 흐리면 뻑적지근하고 영 안 좋은 거예요. 그거 말고는 큰 사고는 없었어요. 작은 사고들은 많았지요. 못에 찔리고, 베고, 찢어지고, 일일이 쉴 수가 없어요. 약이나 사서 바르면 다행이고. 지금 내 병은 협심증하고 척추 측만에다 고혈압 약을 먹고 있어요. 협심증은 약 잘 먹고 운동 열심히 하면 아직은 불편한 거는 없어요. 지금도 일이야 하고 싶은데, 척추 측만 때문에 안 하는 거지요. 목수든 전기든 철근이든 마감이든, 노가다 오래한 사람들은 예순 넘으면 다 척추 측만이 와요. 안 좋은 자세로 무거운 거 나르고, 오랫동안 나쁜 자세로 일하다 보면 목수뿐 아니라 여자니 남자니 안 가리고 척추 측만이니 협착이니 생기더라구요. 골병이 드는 거지요.

요새는 보통 때는 괜찮은데 2~3개월에 한 번씩 아파요. 아주 심한 편은 아닌데, 주기적으로 와요. 뼈가 신경을 누른대요. 그러면 약 먹고 3~4일 꼼짝 않고 쉬면 없어져요. 약이라는 게 뭐 있겠어요? 진통제 먹는 거지요. 그거만 아니면 지금도 웬만한 현장에서는 일할 수 있지요. 목수 일도 힘들고 위험해요. 추락사도 있고 다치기도 많이 해요. 특히 옛날이랑 달라서 요즘은 전동 기구도 많이 다뤄야 하니까 잠깐 실수가 사고로 이어지고, 재수 없으면 장애인이 되기도 해요. 기계톱이나 드릴, 그런 위험한 전동 기구들이 많이 생겼거든요. 목수로 살았는데 이 나이에 사지 멀쩡한 것만도 다행이지요. 회사가 규모가 작으면 안전 관리가 부실해서 사고가 더 많아요. 그런데 삼성건설 같은 큰 회사는 철저해요, 안전 관리가. 우리를 위해서지만 어떤 때는 깝깝하고 귀찮을 정도예요. 처음 일 들어갈 때 신체 검사해서 뭐하면 불합격이고, 일할 때는 아침에 꼭 안전 교육 하고 준비 운동도 하고. 그런 곳은 예순다섯 넘으면 안 써요. 근데 쪼끄만 건설 현장은 써요. 대신 노임이 좀 약하죠. 지금도 인맥으로 2~3일 하고 쉬는 일들을 찾을 수 있는데, 그러다가 또 허리 악화되면 더 안 좋을 거 같아서 아예 안 해요. 돈이 많이 부족한 거도 아니고, 아껴 쓰면 살 만하니까 무리를 안 하죠.

그러다가 2006~2007년에 아주 서울로 온 거예요. 마포구 북아현동 재개발 지역에 보증금 없는 싸구려 월세방을 구해서 주소지를 아예 옮겼어요. 그때는 예순도 넘고 몸도 많이 안 좋았어요. 협심증 진단을 받은 게 2007년이에요. 동교동 개인 병원에서 진단을 받았어요. 그러다 북아현동 재개발 사업이 시작되면서 아현동 이 고시원으로 들어왔어요. 거기는 대단위 아파트 단지가 들어섰지요. 그러면서 노가다를 아주 그만뒀어요. 쉽고 짧은 일이야 할 수 있지만, 하다 보면 그렇게 일이 골라지지가 않거든요. 여차하다가는 몸만 더 망가질 테고. 그래서 아예 연장을 다 없앴어요. 젊은 목수들한테 팔기도 하고 그냥도 주고 그랬지요.

다른 세상을 넘볼 생각은 안 해 봤어요

국민학교만 졸업하고 더 배우려는 노력은 없었어요. 내가 싫어서 공부를 안 한 거예요. 하고 싶었는데 못했다면 달랐겠지요. 학벌로 차별은……별로 못 느꼈는데, 어떤 때 좀 답답하죠. 특히 행정 기관 전문 용어 같은 거 모를 때 많이 갑갑했어요. 목수 일 하면서 수학 지식이 많으면 더 전문적일 수 있겠다고 생각했고요. 그런 걸 모르니 한계가 많지요. 학력 차별이나 그런 것도 사회 생활을 넓게 해야 느끼는데, 젊어서는 공사 현장이나 쫓아다니고 늙어서는 고시원에 갇혀서 밥이나 먹고 잠이나 자고 늘 똑같은 생활이고 하니 별로 느낄 기회가 없지요. 많이 배운 사람들이나 잘나가는 사람들 보면 부러운 거는 있지요. 게다가 키도 크고 잘생기고 옷도 깔끔하게 잘 입는 사람들 보면 제 자신이 초라해지는 거 같아요. 거기에 학벌까지 높으면 나랑은 다른 세상 사람들이잖아요. 다른 세상에서 태어나서 다른 세상을 살다가 각자 죽는 거지요. 그 세상을 넘볼 생각은 안 해봤어요. 주어진 대로 사는 거지요.

근데 목수 하면서 알게 된 술집 아가씨 하나가 일본어를 독학하더라구요. 그걸 보고 나도 책 사다놓고 일본어 공부를 해봤어요. 그걸 공부해서 뭘 하겠다는 건 없었고, 그냥 외국어 중에 배우기도 쉽대고 가까운 나라이기도 하고 그래서 한 거예요. 근데 안 돼요. 읽고 외우고 쓰고를 늦은 밤까지 하고 아침에 일어나면, 열 단어 중 겨우 두 개나 생각이 날까 해요. 모든 게 다 때가 있는 거예요. 노동 일도 나이가 들면 자신감을 잃어요. 나이드는 게 제일 서러운 거 같아요. 새로운 뭘 할 수 없고 있던 것도 다 사라지고.

나야 가정 형편은 괜찮았는데 내가 하기 싫어서 학교를 그만둔 거지요. 제일 문제는 철이 없었던 거지만……. 핑계 같지만 누가 옆에서 챙겨주지 않았고, 큰집도 그렇고 본가도 마음을 붙일 데가 없었어요. 공부 더 안 한 거에 후회가 없을 수 없지요. 당시는 공부하고 싶어도 기회조차 안 되는 사람들이 많았지요. 가난 때문이 제일 크고, 여자라고 안 보내고. 좀 넉넉해도 농사꾼이 무슨 중학교냐고 안 보내는 부모들도 많았지요. 어떤 사람들은 좋은 부모 만나 높은 공부해서 몸 편하게 펜대 굴려 먹고사는 거 보면 참 차별이 많죠. 몸뚱이 하나로 먹고사는 사람들하고 다르잖아요. 돈으로도 그렇고 사람 대우는 더 그렇고. 고생은 몸으로 하는 일이 훨씬 더 힘든데, 대접은 엉망이지요. 게다가 옛날에는 아무리 가난해도 지가 열심히 하면 개천에서 용 난다고들 했는데, 지금은 그런 것도 없잖아요. 뚫고 올라갈 수가 없잖아요.

평생 방 하나를 전세로 살아본 적도 없어요

가본 거야 제주도 빼고는 남도고 북도고 전국을 다 가봤지요. 전부 공사장 찾아간 거예요. 짧게 머문 곳도 많지만 한 달 이상 머문 곳도 많아요. 내가 실제로 살았던 곳이라고 생각되는 데는 횡성, 청주, 조치원, 서울 마포, 네 군데예요. 말하자면 주소를 옮긴 곳들이지요. 그런데 군대 뒤로는 집이라고 생각한 곳이 없었네요. 누구네 얹혀 있던가, 임시로 고향 집에 있던가, 임시로 방 얻어 있던가. 부랑자처럼 살기도 하고 공사장 따라 떠돌고……. 지금 이 고시원에서 4년이 다 돼가는데, 주소야 옮겼지만 집이라는 느낌이 안 들어요. 임시로 몸이 얹혀 있는 느낌이랄까……. 평생 동안 내 이름으로 집을 가져본 거는 고사하고 방 한 칸을 전세로 살아본 적도 없어요. 잘해봤자 보증금 없는 사글세방이거나 떠돌 때는 일수방이거나 그랬어요. 지금 고시원도 말하자면 사글세방인 거지요.
최현숙 주소지를 고시원에 두고 거기서 식사도 하고 잠도 주무시고 외출할 때 방문 잠그고 나오실 텐데, 살림을 산다고 생각되지 않나봐요.
이영식 나는 평생 살림을 산 적이 없다는 생각이에요. 그저 떠돈 거지요. 어려서 아버지 집이나 큰집에 살았지만, 그건 내 살림은 아닌 거지요. 서울 와서도 그렇고 군대 갔다와서도 그렇고, 여기저기 거처는 뒀지만 살림살이라는 걸 가져본 적이 없고요. 마음에 맞는 여자랑 잠깐씩 같이 살 때, 숟가락이니 밥상이니 비키니 옷장도 사본 적은 있지만, 그건 살림살이라는 생각이 안 드네요. 그냥 필요해서 몇 가지 사서 쓰다가 버리고 주고 그런 거지요. 그러니 거주지니 주거지니 그런 게 나한테는 안 맞는 거였지요. 주민 등록 때문에 주소지를 어딘가에 두고 옮기고 하기는 했지만, 그건 그냥 서류상이지요.

서울 와서 군대 가기 전까지 명동, 충무로, 안암동을 돌며 다방 주방에서 일하면서 다방에서 먹고 자고 했고, 군대 갔다 와서는 형네 집 근처 마장동에서도 살았어요. 월계동, 동대문, 수유리, 문래동, 청량리. 그런 데들이 다방 주방 일하면서 돌아다닌 곳이에요. 성남은 모피 공장 다니느라 1년 못 되게 있어봤고, 그때도 공장 안에서 잤어요.

목수 일 시작하기 전에 장사도 잠깐 해봤어요. 동대문 피알시장이라고 완구랑 문구 도매 시장이 있거든요. 지금도 창신동 그쪽으로 완구 도매 시장이 있어요. 신발 도매상도 같이 붙어 있지요. 그때 있던 동신 교회가 지금도 같은 자리에 있더라구요. 지금은 옆에 땅을 사서 교회가 많이 커졌죠. 완구 시장 한쪽으로는 지금도 쪽방촌이 있어요. 그 도매 시장에서 완구나 문구를 떼다가 팔았어요. 노점이지요, 뭐. 노점이야 정착하는 게 아니고 돌아다니다가 목 좋고 빈자리 있으면 펼치고 파는 거지요. 그러다가 단속반 뜨면 걷는 거고. 단속반한테 물건도 여러 번 뺏기고 벌금도 뜯기고 그랬어요. 먹고살겠다고 하는 건데 그걸 못하게 하면 안 되죠. 뉴스 보니까 며칠 전에도 강남이랑 인천에서 노점상들을 때려 부수고 했더라구요. 그거마저 못하게 하면 노숙자 될 사람들 많아요. 저도 많이 당해봤는데, 자식 낳고 공부시키며 살림 사는 사람들은 나보다 더 기가 막히겠지요.

갈 곳 향해 각각이 바쁘게 흩어지는 인부들이 제일 부러웠어요

결혼을 안 할 생각은 아니었어요. 아예 안 할 작정을 했더라면 또 많이 달라졌을 거예요. 작정을 하고 평생 혼자 살 계획도 하고 준비도 하고. 그러지를 않았어요. 하고 싶고 말고가 아니라 결혼을 안 한다는 생각을 해본 적이 없었어요. 사람으로 살려면 당연히 하는 거라고 생각했고, 늦기야 했지만 머지않아 곧 하려니 그렇게 막연하게 생각했어요. 그러다가 결국 못한 거지요. 예순 전만 해도 언젠가는 여자 만나서 같이 살 거라고 생각했어요. 너무 늦어서 자식 없이 산다고 해도 같이 살 여자는 만날 거라고 생각했지요. 근데 어영부영 예순이 넘어버리니까, 그때부터는 엄두를 못 내겠더라구요. 나이도 그렇고, 가진 것도 없고, 몸도 안 좋아져서 돈을 벌 수도 없고. 결국 결혼은 안 한 게 아니라 못한 거예요. 떠돌다 보니 결혼을 못한 거고, 못하다 보니 더 떠돌게 된 거지요. 이제 와서 다 늙은데다 돈도 없는 나한테, 어떤 여자가 같이 살자고 하겠어요? 같이 살지는 않고 연애만 하는 것도 좋지요. 지금이라도 그런 여자를 만나고는 싶어요, 당연히. 그런데 남자가 가진 게 있어야지요. 돈은 남자가 책임지는 게 당연하지요.

최현숙 결혼은 안 하셨지만 여성들하고 관계는 오히려 더 많으셨을 듯해요. 누구 눈치봐야 할 사람도 없고, 외로움 때문에라도 여자를 만나셨을 테고.

이영식 전에도 말했지만 나는 여자를 늦게 알았어요. 군대 가기 전까지는 성관계를 안 해봤어요. 10대 때 다방 생활하면서 밤에 일 끝나면 홀에서 여자 남자 없이 같이 자고 해도 여자를 몰랐어요. 다른 친구들은 그 밤에 일이 많았대는데, 나는 없었어요. 드문 경우인지는 모르겠는데, 나는 그랬어요. 군대 가서 친구들이랑 외박 나와서 술 마시고 술집 여자랑 잔 게 처음이었어요. 맨정신으로는 저기하니까 술에 취해서 한 거예요. 못 먹는 술에 마음도 편치가 않아서 그랬는지 조루가 되더라구요. 그러고는 군복무하면서 여러 번 했지요. 시작이 그랬으니 조루 증세가 계속됐는데, 나중에는 저절로 없어지더라구요.

공사장 떠돌면서 기회가 많았지요. 공사장 인부나 장사꾼들 대상으로 하숙 치고 식당도 겸하는 여자들하고도 저기했고, 서방인지 기둥서방인지 남자 있는 여자들이랑 사귄 적도 있어요. 사귄다고 해서 길게 살림 차리는 거는 아니에요. 말뚝 박고 살기로 했으면 그럴 뻔한 적도 있었는데, 그게 그렇게 안 되더라구요. 내가 끝내기도 하고 여자가 끝내기도 하고. 끝내고 어쩌고보다는 하다 보면 그렇게 되더라구요.

자식 없는 거는……불행이지요, 제일 큰 불행. 사람 노릇을 못한 거예요. 세상에 왔으면 흔적을 남기고 가는 게 첫째 도리지요. 그걸 못했으니 사람 노릇을 못하고 가는 거죠. 내년이면 일흔인데 시신 거둬줄 자식도 없으니, 어떡하면 남한테 폐 안 끼치고 죽을까가 제일 걱정이에요.

최현숙 선생님, 주변에 자식 있는 친구들을 생각해보세요. 가난한 사람들은 자식 있다고 특별히 더 나을 것도 없지 않나요? 요즘은 젊은 사람들도 먹고살기가 힘드니 어떤 면에서는 서로 짐이기도 하고. 자식한테 기대했다가 더 속상하기도 하고. 못 배우고 가난한 사람들 중에 자식 덕 보는 사람이 뭐 얼마나 돼요? 선생님은 짐 없이 자유롭게 산 측면도 있는 거잖아요. 더구나 요즘은 결혼 안 하는 게 흠도 아니고, 결혼해도 일부러 자식 안 갖는 사람도 많고.

이영식 자유요? ……자유롭기는 했지만, 그렇게 볼 거는 아니지요. 종로 3가 종묘공원이나 그런 데 가면 평일에는 노인들이 수두룩하니 나오다가도 일요일이면 안 와요. 물어보지는 않아서 내 생각인데, 일요일이면 자식들 만나고 그러느라고 공원을 안 나온다고 봐요. 지하철 노인석도 봐요. 평일에는 모자르다가도 주말이면 노인들이 별로 없어요. 자식들이랑 집에 있거나 자식들 차 타고 놀러가고 그러지요. 주말에는 지하철 타기가 싫어요……. 겪어보지 않은 사람은 몰라요, 그 마음을……. 요즘은 부모 버리는 자식들 얘기도 많지만, 아직은 자식 덕 보고 노후를 자식한테 맡기는 사람이 많아요. 자식한테 버림받는 부모는 젊어서 부모 노릇을 잘못해서 그런 거예요. 배신하는 자식들이 간혹 있지요. 자식 교육을 잘못한 거지요. 돈 때문이든 병 때문이든 부모 죽이는 거도 뉴스에 나오던데, 자식 키워서 나중에 덕 못 볼 거면 뭐하러 자식을 낳아요? 아무리 세상이 그렇다고 해도 주변에 자식 덕 보며 사는 사람들 많아요.

저녁에 시간 많으니까 혼자 있으면 별 생각이 다 들어요. 이러다가 움직이지 못할 병이나 죽을병 들면 자식도 없고 어떡하나, 그게 제일 큰 걱정이에요. 돈 있고 없고야 나중 문제고 자식이 없으니. 혼자 사는 노인들 문제가 크잖아요. 아무도 모르게 혼자 죽었다 여러 날 지나 발견되기도 하고. 그게 제일 걱정이에요. 그러다가도 막상 죽으면 어떻게 해 주겠지 하고 포기하기도 해요.

공사 현장에서 만나는 사람들끼리도 좀 친해지면 처자식이니 고향 얘기들을 하는데, 나는 별로 할 말이 없잖아요. 거짓말이나 하면 몰라도. 그러니 거짓말하기 싫어서 말을 안 섞어요. 그러다가 술이나 들어가면 이말 저말 하는데, 그러고 나서 제정신 들면 괜히 쓸데없는 소리를 했구나 싶더라구요. 그래서 술을 끊은 거예요.

공사 맡아서 일하러 갈 때야 안 그런데 공사 마치고 다들 흩어질 때는 마음이 쓸쓸해요. 다들 처자식들이 기다리는 집으로 향하잖아요. 그런데 나는 일 마치고 쇠푼깨나 쥐어 봤자 기다리는 사람도 없고 반가워할 사람도 없죠. 게다가 거처라고 할 게 없던 때도 많았어요. 공사는 마쳤는데 갈 데가 없지요. 갈 곳 향해 제각각 바쁘게 흩어지는 인부들이 제일 부러웠어요. 그러니 공사장 근처 대폿집이든 전에 갔던 색싯집이든 가는 거지요. 남자 홀리는 여자들이 있거든요. 이쁘게 놀아요. 여관으로 불러서 긴 밤도 자고. 근데 내 집도 아니고 내 여자도 아니잖아요. 돈을 반기는 거지 나를 반기는 게 아니지요. 전에 알던 색시라도 다른 남자 붙어 있으면 그걸로 끝인 거고, 마침 혼자면 며칠이든 반 달이든 방 얻어 같이 있기도 하구. 술집에 한동안 들어앉아 있어도 봤어요. 처음에야 대강 일주일이나 닷새로 밥값하고 방값을 미리 줘가며 안 아끼고 쓰죠. 그러다 보면 금방 떨어지고 선불이 후불로 슬슬 바껴요. 돈 떨어졌다는 말을 안 해도 그런 여자들은 남자 개털 된 거를 귀신같이 알아요. 그러니 눈치가 좀 저기하다 싶으면 나도 도망갈 궁리를 해요. 속으로는 밥값 대신 적당히 몸으로 때워볼 생각이다가 여자가 정눈치가 다르면 도망 나오는 거지요.

기다리라는 말도 아니고 기다리겠다는 말도 아니고

그러다 보니 돈도 안 모이고 내 여자도 안 만들어지고. 사람이라는 건 곁에서 오래 서로 챙겨야 내 사람이 되는 거예요. 더군다나 그 여자들도 나만치나 떠돌이 인생들인데 피차 뭐라 그럴 것도 없어요. 술집 색시들이랑 한두 달씩 살아봤지만 돈 떨어지면 또 공사장 찾아 떠나야 하고. 언제쯤 온다 간다 말이야 하고 나오지만, 그게 기다리라는 말도 아니고 기다리겠다는 말도 아니고. 피차 믿지도 않지요. 부초처럼 떠도는 거예요. 동네도 그렇고 사람도 그렇고 정한 게 없는 거예요, 떠돌이한테는. 마음 맞는 작부 하나 만나서 싸구려 방하구 밥그릇, 숟가락, 냄비, 비키니 옷장까지 사놓고 살다 일 한번 멀리 다녀오니까 온데간데없더라고요. 그 여자 원망할 것도 없지요. 뒤지고 찾자면 찾겠지만, 미련이 있다가도 금방 털어져요. 새끼를 만든 것도 아니고. 나도 공사장 있는 동안 딴 여자랑도 자고 했으니 그 여자 나무랄 것도 없지요. 나나 그 여자나 몸 하나로 먹고사는 사람들인데, 내가 들어앉혀 놓고 먹이고 입히고 새끼 만들 처지도 안 되고.

공사 끝나는 마지막 날에 대강 마무리되는 건물을 뒤에 두고 나올 때, 특히 연립 주택 그럴 때는 더, 참 서글프지요. 남의 집 지어주고 정작 나는 갈 집이 없는 거예요. 어디로 갈지가 막막하구, 처량하지요.

결혼 생각을 하면 두렵더라구요. 책임감도 그렇고, 성적으로도……조루가 좀 있었다 그랬잖아요. 조루 그게 마음이 문제라던데……어머니를 일찍 잃어서 그랬을까요……. 여자에 대해 두려움 같은 게 있었어요. 조루나 부담감, 그게 결혼을 못하게 된 이유 중 하나예요. 결혼하면 이제 묶여서 사는 거잖아요. 여자뿐 아니라 자식까지. 시작은 늦은 편이지만 같이 잠자리한 여자들은 많았어요. 어머니를 일찍 잃어서 여자들에 대한 저기가 더했을 수도 있겠지요. 젊어서 돈 잘 벌고 할 때는 나한테 접근하는 여자들이 좀 있었어요. 근데 늘 이 여자하고 결혼해서 만족하고 살 수 있을까 하는 의문이나 두려움이 있는 거예요. 묶이지 않고 자유롭게 사는 게 중요했던 거 같아요. 중요하다기보다 편했겠지요, 자유로운 게. 가정을 만들려면 그러지 말아야 하는 거잖아요.

이런 생각은 안 해봤는데, 이야기하다 보니 어린 시절이 떠오르고 여러 생각이 드네요. 어려서 배다른 형제들이랑 서로 섞여서 정을 나누지 못하고 모래알처럼 따로따로 데면데면했던 거, 본가랑 큰집을 오가면서 어정쩡했던 거, 세 여자에게서 만든 자식들 열을 먹이고 키운 아버지, 나한테 잘하셨는데도 곁을 주지 못한 의붓어머니, 너무 일찍 가버린 어머니⋯⋯. 나는 가정을 만드는 게 두려웠어요. 그런 거 같아요. 결혼을 못한 것도 있지만 피한 거⋯⋯. 거기다가 한창 때 전쟁터에서 서로 죽고 죽이고 처참하게 죽는 거를 보면서 산다는 게 참 뭔가 싶어지고, 마음도 몸도 내내 떠돈 것도 있고. 아마 가족을 만들었어도 잘 꾸려나가지 못했을 거 같네요. 그럴 자신이 없어서 자꾸 피한 건지도 모르지요. 모르겠어요, 내 진짜 마음을.

결혼 못한 거는 정상이 아닌 거지요

최현숙 글쎄요. 아이엠에프 뒤로 가난 때문에 이혼하고 가출하고 하면서 가족이 해체되는 경우가 많았잖아요. 부자들이야 물려받을 재산 때문에 서로 미워하면서도 가정을 유지할 이유가 있는 거구요. 홀로 가난하게 사는 거는 외롭기는 하지만 속이라도 편하지요. 자식이 병이 났는데 돈이 없어 치료하지 못하는 부모 마음이 어떻겠어요. 남들만큼 가르치지 못해 자기 가난을 물려받는 꼴을 지켜봐야 하는 부모 마음도 그렇구요. 갈수록 부모의 가난이 가져온 설움이 자식에게 고스란히 대물림되잖아요. 가난한 사람은 결혼하지 말고 자식 낳지 말라는 말이 아니라, 결혼 안 한 것을 비하하거나 비정상으로 볼 일은 아니라는 말씀을 드리는 거예요. 선생님 삶이 뭐 어때서요? 혼자 힘으로 몸으로 벌어서 정직하게 살아오셨잖아요. 부자 안 된 거나 결혼 안 한 걸로 누구한테 해 끼친 것도 없고. 외롭지만 그럭저럭 자유롭기도 했고. 누가 그 삶을 비정상이니 사람 노릇을 못했느니 하며 비난을 할 수 있겠어요.

이영식 글쎄요⋯⋯. 무자식 상팔자라는 말이 있지만 그렇게 생각 안 해요. 결혼해서 자식 낳고 사는 게 사람 노릇 첫째 아닌가요? 정상이 아닌 거지요. 안 해본 거니까 더 그런 생각이 드는 건지도 모르지만. 주변서는 속 편하겠다고 하는 사람들도 많아요. 근데 그건 듣기 좋으라고 하는 말이에요. 결혼 못한 건 비정상이지요. 아무리 시대가 바뀌었다 해도 결혼 안 하는 건 비정상이에요. 신부님이나 스님이라면 몰라도. 근데 내가 정말 못된 게, 자존심이에요 자존심. 고향 선배 하나가 중이 돼서 어디 절에 주지 스님으로 있어요. 한번은 내가 찾아갔더니 아주 정 떨어지는 소리를 하더라구.

'야, 이영식이, 니가 그렇게 대단하냐? 니가 배운 게 많기를 하냐, 돈을 쌓아놓기를 했냐? 뭘 그렇게 재냐?' 그런 말을 하더라구. 그때는 그 소리가 그렇게 기분이 나쁘고 화가 치밀더라구. 말로 뱉지는 못해도 속으로 부아가 치밀더라구요. '드러운 새끼, 지가 중이면 다야? 뭘 안다고 지랄이야. 재기는 뭘 잘났다구?' 근데 생각할수록 그게 맞더라구요. 근데 뭐 때문에 자존심이 쎈 건지를 모르겠어요. 여자 보는 눈이 높은 것도 아닌데 막상 딱 결정을 해야 할 때 아니다 하는 거예요. 술집 여자나 몸 파는 여자들이 내 결혼 상대로는 모자르다 그런 생각도 아닌데. 내 자존심이나 벽을 모르겠어요. 고칠 수가 없어요. 내가 못났다는 생각에 더 벽을 만드는 거겠지요. 남한테 나를 다 열지를 못해요. 지금이야 열어봤자 바뀌는 것도 없으니 더더구나 더 열고 말고가 없지만요. 내가 못난 사람이다, 열지를 못한다, 여자를 두려워했다, 젊어서 조루였다, 이런 이야기들도 내 평생 남한테는 처음 하는 거예요. 오늘 최 선생한테는 이런 이야기들을 다 하게 되네요. 이런 이야기 할 생각이 아니었는데…….

여자 말고 다른 것들도 남들한테 열어봤자 남들 하는 이야기에 같이 섞일 수가 없어요. 남들은 아들, 딸, 손자, 손녀 이야기가 거의 다잖아요. 근데 나는 아무 할 이야기가 없는 거예요. 그러니 마음을 열어봤자 뭐해요……. 내 처지를 털어놓으면 나 자신이 더 비참해지잖아요. 결혼도 못했고, 돈도 없고, 고시원에 살고, 평생 노가다나 했고. 그런 건 다 창피한 거잖아요. 누구도 제대로 된 사람으로 안 보지요. 최 선생이나 달리 생각하지 백이면 백 다 비정상이고 뭔가 모질란 걸로 봐요. 그러니 말 안 하면 모르는데 그걸 뭐하러 말하겠어요?

장애인 친구가 하나 있는데, 그 친구는 다 깨놓고 얘기하며 살더라구요. 몸도 이렇고 결혼도 안 했고 요즘 생활이 어떻고 하는 거를 터놓고 이야기해요. 잘 모르는 사람한테도 일부러 숨기지는 않아요. 무슨 도움을 바래서 그러는 게 아니에요. 그냥 그런 얘기가 나오면 아무렇지도 않게 하는 거예요. 그러니 주위에서 좀 사는 친구들은 뭘 챙겨주기도 하는데, 그 친구도 받기만 하는 사람이 아니에요. 많고 적고를 떠나 물건이건 마음이건 남들을 챙겨주더라구요. 그 친구 보면 참 대단하다는 생각이 들고 한편으로 부러워요. 그렇게 자기를 털어놓는 건 아무나 못해요. 나는 그러지를 못하는 거예요. 그러다 보니 사람 만나는 것도 늘 같은 사람만 만나고.

최현숙 장애인 친구 분은 당당하니 남들하고 벽이 없는 분이네요. 오늘 여차하면 저랑 선생님이랑 싸우겠다. 하하하. 저는 가난뿐 아니라 결혼 안 하거나 못 배운 사람, 이혼, 미혼모, 동성애자, 장애인, 그런 사람들을 비정상이나 뭔가 잘못된 사람이라고 보는 시선들에 맞서 싸워왔어요. 저는 그런 걸 다양한 삶이라고 생각해요. 그런 사람들이 대부분 숫자도 적고 힘도 없죠. 노인도 그렇고요. 가난한가 아닌가보다 더 중요한 게 가난한 사람들이 자기를 어떻게 여기는가지요. 대부분 빈곤 때문에 자기를 쓸모없고 실패한 사람이라고 생각해요. 고단한 노동과 싸구려 대가를 억울해하며 분노를 느끼는 사람은 드물고, 자괴감을 넘어 죄책감에 시달리며 자기 혐오까지 하지요. 빈곤을 게으름이나 방종으로 낙인 찍고 비정상과 사회악으로 규정해서 사회에서 밀어내려는 나쁜 강자들의 생각을 가난한 사람들이 그대로 좇아가는 거지요. 어딜 봐도 탓할 게 없는 분이 그러시니 화가 나고 밉기까지 하네요.

남들 눈이 중요하지요, 세상은 나를 쓰잘 데 없는 사람으로 봐요

이영식 (모처럼 배시시 웃는다.) 그게 말로는 맞는 말이지요. 교과서에는 그렇게 나올 거예요. 근데 교과서 바깥세상에서는 그렇게 안 봐요. 뭐가 모자르고 잘못됐고 비정상인 걸로 받아들여요. 남들이 어떻게 보느냐가 중요하다고 생각해요. 특히 있는 사람들은 우리 같은 사람을 대놓고 무시하잖아요. 많이 배우고 높은 자리에 있고 힘깨나 쓰는 사람일수록 나 같은 사람을 하찮게 봐요. 그러니 그나마라도 비웃음을 안 당하고 살려면 숨길 건 숨기는 거지요.

최현숙 잘나가는 사람들은 더 그렇겠지요. 자기들 기준으로만 보니까. 자기 시선과 소신으로 자기를 보는 게 중요하다고 생각해요. 스스로 악하다고 생각하세요? 아니잖아요. 선생님의 삶이 다른 사람들에게 해가 되는 삶이었어요? 그러지 않잖아요. 많이 배우고 가진 놈들이 더 큰 죄를 저지를 가능성이 높잖아요. 저는 그렇게 생각해요. 없는 사람들은 더 작은 잘못을 저지른다고요. 근데 법이나 재판, 정치, 교육을 있는 놈들이 하면서, 지네들이 올바르고 본받을 인생이라는 기준까지 사람들한테 주입해요. 주는 거 없이 난도질만 하는 남들 시선에 왜 휘둘리냐구요?

이영식 남들 시선요? 그런 거 무시하더라도 가난은 죄예요. 국수 가게 할 돈 벌겠다고 월남 갔다가 죽은 그 친구를 보세요. 어떻게 가난이 죄가 아니에요?

이영식과 나 사이의 이 거리는 어디에서 시작된 걸까. 어디로 되돌아가야 그 *엇갈린 시작점을 찾을 수 있을까. 내가 이영식의 말을 이해하지 못하는 게 아니다. 이영식도 내 말을 이해하지 못하는 게 아니다. 피차 다르게 느끼는 것이다. 이영식에게 빈곤이나 가난은 논리의 주제가 아닌 처지와 느낌의 문제다. 내게는 그 이전에 태도의 문제다.*

이영식 나는요 이런 말씀이 죄송스럽지만, 나대로 원칙을 가지고 살아요. 남한테 피해 주지 말고 살자. 내가 좀 손해를 보더라도 나는 남한테 그러지 말자. 그게 내 원칙이에요. 그렇게 노력하면서 살았구요. 근데 남들이 보는 시선은 그게 아니에요. 뭘 가지고 사느냐만 갖고 사람을 봐요. 전에는 나도 내 인생 내가 사는데 남이 뭐라고 할 게 뭐냐 하는 그런 생각이었는데, 나이가 들어 갈수록 비참하다는 생각이 커져요. 젊어서나 그 마음이 통하지 늙으면 달라져요. 늙는 거 자체가 서러운 거예요. 나이들면 자연히 몸도 마음도 위축되고 그래요. 길에서 나보다 더 나이 많은 노인들을 보면 '저 사람도 젊어서는 뽐내고 살던 사람일 텐데, 지금은 늙으니 참 처량하고 초라하구나', 생각이 들어요. 구석에 앉아서 더 늙고 초라한 노인들 멍하니 바라보고 있으면 나도 그렇게 될까 겁나는데, 결국 그렇게 될 거예요. 늙는 거는 비참해요.

요양원이나 양로원 보면 옛날 고려장, 그런 거나 마찬가지죠. 자식들이 그런 데다 넣어놓고 1년에 한 번도 안 들여다보는 경우가 많대요. 버린 거지요. 노인들 지하철 무료잖아요. 좋기는 한데 안 좋은 거도 있어요. 노인들이 쓸데없이 너무 돌아다니는 거죠. 집에 있기 뭐하니까 아침 먹고 집을 나와요. 뚜렷하게 갈 데가 없어도 며느리 눈치가 보이니까 나오는 거예요. 알아보면 매일 무료로 밥 주는 복지센터도 있고 요일별로 밥 주는 절이나 동전 주는 교회가 있거든요. 노인들끼리 소문으로 알지요. 그런 데 찾아가서 밥 먹고 500원이라도 받고, 아는 사람도 만나고, 공원도 가고, 그렇게 시간을 보내다 저녁나절에 들어가는 거예요. 나도 노인이지만, 노인이 보기 싫어요.

최현숙 저는 노인을 보면 저 사람이 살아온 삶이 궁금해요. 그 사람들의 노동이 사회를 만든 거잖아요. 겉보기에 초라하게 늙은 노인일수록 더 힘들게 더 열심히 일하며 살았을 가능성이 많지요. 그 늙음이나 추레함이 더 고맙고 소중해요. 이제껏 살아온 삶의 구구절절이 궁금해져요. 일부러 붙들고 말이라도 걸고 물어보고도 싶어요.

이영식 최 선생 얘기는 아이들 교육할 때나 중요하고 필요한 얘기지, 세상은 그렇지가 않잖아요. 사람들은 그렇게 생각을 안 해요. 세상은 나 같은 사람을 쓰잘데없는 사람으로 봐요.

최현숙 그래요, 세상은 그런 기준으로 사람을 봐요. 문제는 선생님 자신이 자기를 어떻게 보고 느끼느냐지요. 선생님이 저지른 잘못이나 실수를 일일이 모르지만, 선생님은 삶을 잘살아왔고 앞으로도 잘사실 거라 믿어요. 잘산다는 건 많이 갖는다는 말이 아니라, 자기 삶을 잘 감당하고 없는 사람들이랑 나누며 사는 거라고 생각해요. 잘못이나 실수가 있었더라도 잘 돌아보며 인정하고 다음 걸음을 바르게 걷는 거잖아요. 제가 느끼기에 선생님은 그런 분이에요.

이영식 나이 먹어서 느끼는 건데 기능이 떨어지고 사람 가치가 떨어져요. 젊은 사람이 보면 심란하겠지요. 나 젊어서도 노인들 보면 참 심란했거든요. 저렇게 되기 전에 죽어야지 했거든요. 지금 내가 그 심란스러운 나이가 된 거예요. 근데 지금도 더 나이 많고 몸 못 가누는 노인 환자들 보면 뭣하러 사나 하는 생각이 들어요. 길이건 전철이건 노인들 보기가 싫어요. 지금이라고 젊을 때보다 딱히 더 불행하다고 생각하지는 않아요. 남한테 신세 지며 사는 것도 아니고. 그래도 남들 보기에 처량할 거를 생각하면 괜히 더 주눅이 들어요.

사람 죽는 거 많이 봤지요. 월남에서 작전 나가면 한겨울에 추워서 떠는 거 이상으로 몸이 저절로 떨려요. 열대 지방 더위래도 초기에는 많이들 그래요. 다들 목숨 놓고는 두려운 거지요. 어릴 때 시골서 동네 어른 돌아가시면 상여가 나가잖아요. 길에서 상여만 보면 학교 가다 말고 쫓아갔어요. 슬프고 그런 거보다 호기심이지요. 상여 소리니 만장이니, 그냥 끌리는 거죠. 아버지 숨넘어가는 순간에도 있었고, 형은 죽는 순간에는 없었지만 죽어가는 모습을 다 본 거예요.

죽음을 많이 봤는데도 내 죽음을 생각하면 두려워요. 요즘 자살하는 사람, 사고로 죽는 사람들이 많은데, 제 명대로 못 사는 사람들 보면 정말 안타깝지요. 살 만큼 다 살고 나이 먹어서 죽는 거야 담담한 느낌이지만, 그래도 내 죽음을 생각하면 두려워요, 죽어도 되는 나인데…….
컨디션이 좋을 때는 죽음이 가까이 있는 거 같지는 않아요. 근데 갑자기 무릎이나 허리가 아프고 머리도 아프고 심장이 안 좋아지면 곧 죽을 거 같아요. 그때마다 어떻게 해야 남한테 피해 안 끼치고 죽나 해요. 5000만 원 저금해놓은 거는 죽을 때를 대비한 거예요. 마지막에 추하게 죽지는 말아야 할 텐데.

사진 몇 개 있던 것도 한 10년 전에 전부 없애버렸어요. 많이 아프고 나서 내 손으로 다 찢어서 버린 거예요. 죽은 뒤 흔적을 남기는 게 싫더라구요. 관도 안 바라고 꽃도 안 바라고, 그냥 가면 돼요. 죽었다는 소식 듣고 슬퍼해줄 사람 하나 없어요.

남은 삶에서 하고 싶은 거는……없어요. 다만 가는 길에 남에게 피해 안 주고 치매 같은 험한 거 안 걸리는 게 유일한 바람이지요. 근데 치매가 갈수록 늘어난대서 걱정이에요. 치매는 암보다도 더 무섭지요. 자기가 어떤지를 모르니까. 그러기 전에 죽어야 할 텐데.

너는 참 좋겠구나, 좋고 이쁜 엄마에 좋은 시절에 태어나서

최현숙 선생님께는 많이 아픈 이야기일 텐데, 말 안 하고 싶으면 하지 않으셔도 돼요. 어머니를 향한 마음이나 느낌이 각별하실 거 같아요. 어머니 첫 기억이 돌아가시는 모습이고 그게 기억의 전부이시니까…….

이영식 ……어머니 하면……그 뜨거운 여름날이나 추운 겨울에 젊은 애기 엄마들이, 애기 업고 가방 들고, 혹시라도 애가 잘못될까 뒤돌아보고 챙기고, 유모차에 태우고 다니며 햇볕 가려주면서, 바람 불면 저기 헐까 덮고 싸고, 젖 먹이고 하는 걸 보면, 정말 존경스럽고 부러워요. 나는 정말 그 유모차가 몇 억 가는 벤츠보다 가치 있다고 생각해요(인터뷰할 때 이 말을 여러 번 반복했다).

어머니 하면 마음이 쓸쓸해져요. 우리 어머니는 그런 기억이 없거든요. 지금 이 나이에도 애기들이 엄마 손잡고 달랑달랑 쫓아가는 거 보면 '너는 참 좋겠구나. 좋고 이쁜 엄마에 좋은 시절에 태어나서' 하는 그런 마음이 들어요. 엄마에 대한 내 유일한 기억이자 내 모든 기억 중 첫 기억은, 어머니가 머리맡에 약봉지 널려 있는 병실 침상에서 숨이 끊어져가던 모습이에요. 마지막 모습이라도 보라고 일부러 부른 거 같아요. 막상 돌아가시는 거는 못 봤어요. 어머니 하면 따스하고 정겨운 그런 게 아니고, 슬프고 어둡고 무서운 느낌이 먼저 와요. 엄마에 대한 더 어릴 적 일들도 누구한테 듣지를 못했어요. 그러니 남들 어머니는 더 부럽지요. 어려서나 나이들어서나 나는 제대로 된 가정이 없었어요.

지금 있는 고시원을 들어온 게 3년 정도 됐어요. 여기 와서는 사는 게 내내 똑같아요. 오전에 친구들 만나러 동대문 나갔다가 저녁 일찍 먹고 5시쯤 집에서 나가서, 연세대로 해서 신촌 공덕동까지 한 바퀴 돌아요. 걷는 거지요. 그 운동은 꼬박꼬박 해요. 원래는 낚시를 좋아했는데 이제는 못해요. 전에는 버스나 지하철 타고들 많이 다녔는데, 이제는 모두 차 끌고 오더라구요. 그러니 안 가게 돼요. 파고다공원도 가끔 갔는데, 노인들 모여 있는 거 보면 너나없이 처량하다는 생각만 들어서 잘 안 가요. 젊어서 그렇게 좋아하던 영화도 이젠 안 봐요. 뻔하잖아요, 이야기가. 집에 티브이 있어도 잘 안 봐요. 연속극 내용도 모두 똑같고.

요즘 고시원에 한 달 내는 돈이 26만 원이에요. 식사는 먹고 싶으면 먹고 말고 싶으면 말고, 먹든 안 먹든 내는 돈은 같아요. 65세 딱 되니까 보훈처에서 참전 용사 연금 신청하라고 연락이 왔어요. 참 고맙더라구요. 조국이 나를 안 잊고 챙겨주니까 고맙지요. 그 연금 17만 원에 구청에서도 5만 원이 더 나와요. 거기에 내가 은행에 넣어두고 있는 돈이 5000만 원 정도 있어요. 그 이자가 좀 나오고. 거기에 노인 연금 20만 원이랑 국민 연금 좀 해서 70만 원 정도가 수입이라면 수입이지요. 한 달 살기가 빠듯하지만 아껴 써야죠. 나보다 더 어려운 노인들도 많은데……, 수급자 신청을 해봤는데, 안 되더라구요. 돈보다는 임대 아파트라도 될까 해서 신청을 했는데 그 5000만 원 때문에 안 된다더라구요.

좀 내성적이 됐어요. 어려서는 친구들이랑 어울리기 좋아하고 활달했는데 갈수록 내성적으로 바뀌더라구요. 그래도 나한테 마음 열고 오는 사람한테는 허심탄회하게 대해요. 그렇다고 내가 나서서 사람 만나고 얘기하고 그건 쉽지가 않더라구요. 남자 성격이 아닌 거죠. 앞으로 뭘 어떻게 하겠다는 목적도 없으니까 맹목적으로 살지요. 그래도 빚은 안 지고 갈 거 같아요.

티브이에서 봤는데 독산동에서는 독거노인들이 모여 사는 공동 주택, 그런 걸 한다더라구요. 서울시랑 금천구가 하는 거였어요. 농촌에는 독거노인들이 많으니까 경로당을 개조해서 노인들이 같이 모여 살도록 한다더라구요, 공동 주택으로. 그런 걸 좀 많이 늘렸으면 좋겠어요.

그런 거 안 해줘도 굳이 나쁘다고는 말 안 하죠. 우리나라가 아직 힘 든데……. 노인 연금을 늘려주겠다느니 못 늘리겠다느니 내년부터는 또 줄여야 한다느니 하는데, 나라 형편이 어려우면 어쩌겠어요? 자라나 는 애들한테도 쓸 돈이 없다는데 노인들한테야 얼마나 더 힘들겠어요.

나라 얘기하니까 참 웃기고 기가 막힌 이야기가 있어요. 전에 아버지 가 살던 청주 집이 도로 옆에 있었어요. 그러다 도로 확장을 한다면서 집이 뜯긴 거예요. 보상을 받았지만 손해를 많이 봤지요. 아버지가 돌 아가셨을 때니 새어머니가 보상을 받고 끝난 거예요. 30년도 더 전이예 요, 그게. 근데 한 5년 전부터 재산세 고지서가 내 앞으로 나와요. 보니 까 한 평도 안 되는 3평방미터 땅에 재산세가 2500원인가가 붙어서 나 왔더라구요.

구청에다 물어보니까 그 옛날 고리짝에 도로로 나가고 남은 터가 고 만큼 있다는 거예요. 그걸 재산이라고 재산세를 붙인 거죠. 공시지가 39만 원인가 해서 실거래가로 따지면 100만 원 정도 계산이 나온대요. 새어머니 돌아가시고 내가 호주로 돼 있으니 자동으로 나한테 나온 거 예요. 형은 양자 가면서 큰집으로 호적을 파가서 내가 호주가 된 거지 요. 지네가 다 가져가놓고 쪼가리 남은 거 그게 재산이라고 세금을 붙이 더라구요. 그것도 25년 동안 생각도 안 하고 있다가 5년 전부터 재산세 를 내라는 거예요. 쓸모도 없고 팔 수도 없지요. 국가가 마저 사야 하는 거 아니냐고 했더니, 정말 억울하신 건 아는데 국가가 그런 짜투리 땅들 을 다 사려면 예산이 어마어마하게 들어간다는 거예요, 청주시청 공무 원 얘기가. 재산세 2500원 내러 가기도 창피해요. 행정이 그렇게 웃기 다니까. 코흘리개 애들이 생각해도 기가 차고 웃기잖아요. 지금 같으면 참 택도 없는 얘기지요. 그게 또 생활 보호 수급자 신청을 해보니까 재 산 목록이라고 뜨더라구요. 그것도 부동산 자산이라고, 하하하.

최현숙 뜬금없는 질문이지만, 가장 좋은 시절이 언제였어요?

이영식 글쎄요. 아직도 철이 안 든 소리 같지만, 철없을 때 10대, 20대 그때가 가장 좋았던 거 같아요. 일흔? 금방이에요. 집 나와서 서울역 내렸던 게 엊그제 같은데……. 제일 후회되는 거야 뭐겠어요? 부모 말 안 들은 거지요. 큰아버님이 나를 사람 만들려고 무척 애를 쓰셨어요. 내가 계속 어긋났지요. 그러다가 비참하게 돌아가시고. 그때야 몰랐는데 나이 들어서 돌이켜보니 아버지도 나한테 마음을 많이 쓰셨어요. 겉으로 무뚝뚝하고 표현이 없는 분이라 속마음도 그런 줄 알았어요. 최 선생이랑 이거 하면서 아버지 생각을 많이 했는데, 이제야 아버지 마음을 알 것 같아요. 나 때문에 얼마나 속 썩고 애태우셨을지……. 내 나이가 지금 아버지 돌아가실 때 나이를 넘었는데……. 이 나이가 돼서야 겨우 아버지 마음을 알 것 같다니⋯⋯. 얼마나 기가 막혀요. 너무 늦었지요. 인생이라는 게 참⋯⋯허망해요. 큰아버지 큰어머니도 그렇고, 내가 참 나쁜 놈이에요⋯⋯. 나쁜 놈이죠. 부모님 하자는 대로 뜨슨 밥 먹으며 시키는 일이나 잘했으면 잘됐을 텐데, 뭐 한다고 다 거역하고 떠돌아다닌 건지⋯⋯. 옛말 틀린 거 하나 없는데, 똥인지 된장인지를 평생을 살아보고야 아는 게 너무 한심해요.

최현숙 저도 부모 말 엔간히 안 듣고 방황도 많이 했는데⋯⋯저는 그게 의미 없다고 생각하지 않아요. 오히려 제 인생에서 가장 중요한 과정이었다고 봐요. 고생은 했지만 폭넓은 삶을 살았고, 스스로 내 인생을 찾았고, 내 몫의 인생을 살아내고 있다고 느껴요. 선생님도 부모가 시키는 대로 살았다면 몰랐을 인생과 많은 것들을 보고 깨닫고 얻은 거잖아요.

이영식 자유롭기야 했죠. 속 편한 것도 있고. 근데 그건 결국 떠돌이라는 거였어요. 가진 것도 없고 남길 것도 없이 떠돌기만 한 거예요. 그게 뭐가 좋아요? 누가 그런 사람을 좋게 봐요? 다들 낙오자라고 하지요. 남이 어떻게 보느냐가 중요한 거예요.

최현숙 글쎄요. 저는 자기가 자기를 어떻게 생각하느냐가 중요하고, 선생님은 남들이나 세상이 선생님을 어떻게 보느냐가 중요한 거네요. 여러 번 말씀드렸고 선생님은 매번 동의하지 않으셨지만, 저는 선생님의 삶이⋯⋯좋아요. 선생님의 지금 모습도 참 좋구요.

형도 나만큼 마음 붙일 곳이 없었을 거예요

이영식 형이랑은 더없이 좋을 사이였는데 그러지를 못했어요. 어려서는 맞은 기억만 있고 좋은 기억이 없어요. 형도 큰아버지한테 많이 혼났어요. 형이 중학교 2학년 때예요. 학교가 집에서 200메다밖에 안 돼요. 할머니 제삿날이었는데 형이 학교에서 뭘 훔쳐왔어요. 큰아버지가 난리를 쳤지요. 이놈 새끼 비싼 밥 먹고 도둑질이나 하느냐고 싸리나무 빗자루로 심하게 때리셨어요. 큰아버지가 형한테는 엄했어요. 그러구 얼마 있다 형이 집을 나가서 중학교를 중퇴한 거예요. 그 뒤로 형도 집을 들락거리고 나도 서울서 다방 주방 하네 하며 들락거렸죠. 그러다가 형은 해병대 다녀서 결혼해서 서울로 왔고, 나도 그사이에 군대 간 거죠. 그러니 한 7~8년 끊어진 거예요. 그러다 월남 가면서 편지 몇 번 주고받은 거고. 월남 다녀와서 잠깐 마장동 형네 집에 있었는데 곧 뜸해졌어요. 각자 사느라 못 보다가 형이 늙고 나도 나이들고 하면서 다시 연락하고.

그러구 보면 형도 나만큼 마음 붙일 곳이 없었을 거예요. 어려서야 밉기만 했는데, 나이드니까 좀 이해가 되더라구요. 생부도 생부지만 큰아버지도 형한테는 엄했거든요. 아무리 잘되라고 그랬다지만, 철없을 때는 그걸 모르잖아요. 양자 간 거도 어린 형은 불만이 많았겠죠. 저쪽에서는 버림받은 거 같고, 이쪽에서는 개밥에 도토리 같고. 그래서 망나니짓을 많이 했고, 그걸 풀 데가 없으니 제일 만만한 나를 때리게 됐겠지요. 밉다기보다 손이 가는 거지요. 그러니 일찍 가출했고, 결혼하고도 한동안 큰집이랑 왕래가 없었어요. 큰아버지가 마장동 형네 집 다녀가고 나서 집을 아주 나가버리시고는 가족들하고 끝이 됐어요. 형은 큰아버지한테 한이 없을 수가 없지요. 밉지만 죄스러운 마음요. 결국 아들노릇을 안 한 거예요. 재산도 안 물려받았고, 임종도 못 챙겼으니.

형을 마지막 본 게 99년 12월 25일 밤에서 26일 새벽이에요. 그러구 26일 낮에 돌아가셨어요. 폐암 말기 진단을 받고 3개월을 입원해 있었어요. 3개월을 밤에는 내가 간병하고 낮에는 형수가 간병하고 그랬지요. 동대문 뉴존빌딩 공사장 나갈 때인가 그랬어요. 낮에 일해야 하니까 밤에 간병을 맡은 거지요. 잠을 충분히 못 자서 항상 졸렸어요.

내 평생 가장 마음 아프고 허전한 게 바로 형 죽고 난 뒤였어요. 서로 잘하지도 못했고 밉기만 한 형인데……. 젊을 때 아버지 돌아가실 때도 그렇게 마음이 아프지는 않았는데 나이가 들어서 더 그랬나 봐요. 형이 죽고 나니까 이제는 정말 혼자구나……하는 생각에 정말 세상이 텅 빈 거 같더라구요. 미운 형이지만 그래도……피붙이여서……밉기도 하고 후회도 되고, 형한테 좀 잘할 걸……. 정말 어떻게 말로 할 수가 없었어요. 그때 내가 쉰넷이고 형이 쉰여덟일 때예요.

형이랑은 정이 없는데, 어떡하다 보니까 간병을 한 거지요. 할 사람이 없는데 어떡해요? 형수도 병원비 막으려면 일을 나가야 하니까 내내 붙어 있을 수가 없잖아요. 조카는 배 타고 나가서 한참 집을 비웠고. 간병하면서도 미웠거든요. 근데 지나놓고 생각해 보니 그렇게 내가 미워했기 때문에 나한테 몸을 맡기고 죽었나……나랑 풀고 가고 싶어서……. 그런 생각이 들더라구요.

죽은 지 오래되고 지금은 그 미움도 다 잊혀지고 서운한 마음도 없어져서 하는 이야기인데, 형이 뭐 하나 나한테 잘해준 게 없었어요. 예를 들어 옷이라면, 자기 입다가 싫어진 거나 낡은 거를 주지 좋은 거를 준 적이 없었어요. 젊어서나 나이들어서나, 옷 하나 먹을 거 하나를 챙겨준 게 없어요. 그래도 간병을 안 하고 죽었다는 소식만 듣게 됐으면 두고 두고 더 마음이 안 좋았겠지요(눈물을 보인다). 그렇게라도 해서 다행인 거지요? ……그죠?

최현숙 잘하셨지요. 잘하셨지요. 미운데도 끝까지 해주셨으니 얼마나 잘하신 거예요. 정말 잘하셨어요.

이영식 그렇겠지요? 그렇게라도 하고 보내서 잘한 거지요? ……형님 자식들이 싸가지가 있었으면 지금 이 모양이 안 됐을 거예요. 집에 여자가 잘 들어와야 한다고들 말하잖아요. 형이 여자를 잘 만났으면 좋은 데……. 형이 그러면 형수라도 좀 다그치고 챙기고 하면 좋은데 그러지를 못했어요. 형수는 살아 있어요. 안 본 지 7~8년 돼요.

공연히 큰어머니한테 부아가 났어요

나나 형이나 정말 나쁜 놈이에요. 그저 지 몸 하나나 알지 돈 벌어서 허다못해 부모님 양말 한 짝을 사다드리지 않은 거예요. 목수 하면서는 돈을 잘 벌었는데. 그때는 내가 집을 아예 안 찾아갔어요. 아버지가 안 계시니까 갈 마음이 안 나지요. 형은 어려서부터 생각하는 게 우선 자기 좋은 거만 알고 자기만 생각하고 해서 많이 혼났어요. 공부를 중학교를 다니다 말았으니 큰집에서 뭐래도 하게 하려고 가구점도 채려주고 기술도 배우게 하고 그랬는데, 가구점 간다고 나가서 당구장에나 들어앉아 있고. 점심때 내가 도시락 싸들고 가구점을 찾아가면 없는 거예요. 당구장 가고 친구들이랑 놀러가서 말썽이나 부리고. 그러면 큰어머니는 그 돈 물어주고 뒤치닥거리 하고.

형이 먼저 서울 마장동으로 나가고 큰집이 청주 살림 정리해서 서울로 오려고 할 때, 동네 어르신들이 나한테 얘기를 하더라구요. 그때는 내가 청주 본가에 있었거든요. 자네가 가서 형을 설득해서 데리고 와라. 지금 큰아버지 재산 정리하는데 너네 몫 나눠받을 거를 챙겨라. 지금 안 하면 나중에는 못하고 괜히 쌈이나 난다. 그래서 나는 큰집 재산에 절대로 손 안 댈 거고 관심도 없다고 말하고, 형 데려오라는 말도 안 들은 거예요. 그때 형이 아주 힘들게 살 때예요. 형이 나중에 알고도 뭐라고 안 하더라구요. 그렇게 힘들어도 그 집 재산에 마음이 없었던 거지요.

234

큰아버지가 산에 땅 500평 정도를 사놓으셨어요, 집안 묘지 한다고. 할아버지 할머니 묘를 거기로 이장하고 큰아버지 가묘까지 만들었거든 요. 근데 거기를 결국 못 들어가신 거예요. 큰어머니도 지금 거기 안 계 셔요. 가족묘 미리 해놔도 못 들어가는 경우가 많더라구요. 성묘 다닐 놈들이 편한 곳으로 바꾸더라구요.

형이 늘 집 나가서 객지로 떠돌고 하니까 큰아버지가 묘지기를 따로 뒀어요. 그때는 할머니 할아버지 산소 밑에 큰아버지 큰어머니 가묘가 있을 때지요. 그래서 동네 사람 밭을 200평짜리를 사서 그 묘지기한테 부쳐먹게 하면서 산소도 지키고 때 되면 풀도 깎게 한 거예요. 그러다가 큰아버지가 잘못되신 거예요. 집을 나가서 아예 안 들어오신 거예요. 나 중에 큰어머니가 저한테 그 땅을 팔라고 해서, 제가 주선해서 팔았어요. 원래 우리한테 판 사람한테 다시 되팔았어요. 시골서 서로 아는 사람들 끼리는 그냥 서로 믿고, 팔아라, 산다 그러면서 돈만 주고받는 거지요. 근데 큰어머니는 형을 그래도 저놈이 내 아들이다 하는 생각으로 그 돈 을 다 형한테 준 거예요……. 내가 주선해서 거래한 건데……. 그때 형 은 마장동에서 애 둘 키우느라 어렵게 살 때니 이해는 하지요. 근데 그 때 내 생각으로는 그 돈이 전부 형한테만 갈 거는 아니었지요. 당시 돈 으로 200만 원이었어요. 많다고 할 돈은 아니었는데. 형은 법적으로 아 들로 올렸으니까 당연한 권리가 있고, 저야 양자도 아니고 그냥 키워주 신 건데, 그게 섭섭하더라구요. 사람 마음이 왜 그런지……. 아니지 싶 으면서도 그냥 섭섭한 거예요. 철없을 때 얘기지요.

사실은 원래 큰아버지와 아버지가 돈 문제 때문에 내내 안 좋았어요. 아버지가 강원도 논이고 뭐고 다 팔아서 형 있는 청주로 온 거잖아요. 그 돈을 형한테 맡겼대요. 근데 그 돈을 못 받은 거지요. 제가 큰집에서 생활하던 어릴 때는 그런 거를 몰랐는데, 나이들어서 그걸 들었어요. 아버지는 그런 이야기를 안 하셨는데 새어머니가 몇 번 얘기하시더라구요. 그러니 두 분 모두 큰집에 원망이 있었던 거지요. 그 소리 들은 거랑해서 그때 공연히 큰어머니한테 부아가 났던 거 같아요.

내가 집안에서 받은 거라고는 우리 아버지 땅 그거, 길 내느라고 정부에서 다 가져가고 한 평도 안 되게 남은 그거밖에 없어요. 재산세가 겨우 2500원 나오는 그거 말고는 아무것도 없어요. 큰집에서든 아버지한테서든 아무것도 없어요.

큰조카 놈이 부전자전이라고 지 아버지 하는 거랑 똑같아요

조카들이야 있지만……. 형이랑은 내가 한 10년 동안 발을 끊었다가 나중에 이게 아니다 싶어서 내 발로 찾아간 거지요. 그때도 형이랑 풀어야겠다는 마음보다 조카들 있어서 풀어야겠다는 생각을 한 거예요. 조카들은 내가 챙기고 싶었어요. 근데 큰조카 놈이 부전자전이라고 지 아버지 하는 거랑 똑같아요, 생활력도 없고.

형은 결혼해서 아들 하나에 딸 하나를 뒀는데, 아들 농사를 잘못 지었어요. 자기랑 똑같은 아들로 키운 거지요. 사고는 안 치는데 뭘 하려고 생각을 안 해요. 가장이 됐으면 아들딸 책임을 져야 하는데 컴퓨터 게임만 하는 거야. 중학교를 졸업했나 그런데, 그 시대면 공부를 거의 안 한 거지요. 그러다 전자 음악을 시작했어요. 지금 40대 중반인데 색소폰을 해요. 그거 하나는 잘해요. 형네는 딸이 똑똑해서 방송국에 다니거든요, 높은 데. 그래서 오빠를 케이비에스KBS에 넣어주려고 했는데 배운 게 있어야지요. 그러니 밤 업소를 나가다 말다가 하고, 낮이고 밤이고 게임만 해요. 그러니 여자가 어떻게 살겠어요? 여자는 남편이랑 자식이랑 놀러가고 싶고 그렇잖아요. 이혼은 안 했고 따로 살아요.

지금 큰 손주가 대학을 다니는지 마쳤는지 모르겠어요. 손녀는 고등학교를 졸업 맡았는데, 국민학교 5학년 때부터 연기한다고 쫓아다니고 연기 학원 다니고 했어요. 지금도 그러고 있는데, 제대로 하지를 못하는 거예요. 학원을 한 번 등록하려면 160만 원인가 드는데, 그 돈을 내가 좀 대줬어요. 그런데 보면 볼수록 그게 아닌 거예요. 그게 길이 아니다 싶더라구요. 애는 헛바람만 들고 애엄마는 혹시나 해서 밀어주는 거지요. 다른 거 잘하는 게 없으니까. 3년을 여의도에 있는 연기 학원을 다녔어요. 탤런트 전 누구가 하는 학원이었어요. 근데 보통 홍보용 사진을 찍으려면 60~70만 원이 들더라구요. 빚내서 그 돈을 다 대고.

이쁘기는 한데 연예인으로 성공할 만큼은 아니에요. 몇 년 전에 서울예대에 합격은 됐더라구요. 근데 거기 보낼 돈이 없는 거예요. 휴학을 했는지…… 아르바이트를 하나 본데, 아니다 싶으면 꿈을 깨야지요. 학원에서 추천해서 홈쇼핑 나가서 음식 먹는 아르바이트를 하는데, 한 번 나가면 3만 원이래요. 그걸로 무슨 수입이 되냐고요? 그 추천도 계속 있는 게 아니래요. 스물서넛인데 지금 안 되면 안 되는 거잖아요.

내가 걔네들한테 참 잘해줬거든요. 마음도 돈도, 학원비도 내주고 하고 싶다는 거 많이 도와줬어요. 내가 걔네들한테 기대가 많았어요. 지 엄마가 식당 홀써빙하면서 고생하는데, 지 엄마도 강하게 말리지를 못해요. 하긴 부부가 똑같애요. 같이 살 때도 남자가 집에서 그러면 여자가 잔소리도 해야 하는데, 그러지를 않더라구요.

누나네는 아들 둘, 형은 아들 하나 딸 하나, 그렇게 됐어요. 모두 싸가지가 없어요. 내가 누구 하나라도 싹수가 보이면 밀어주고 성공시키고 싶었는데…… 하기는 내가 무슨 말을 하겠어요. 내 젊어서를 생각하면…… 너나없이 다들 늙어서나 깨닫나 봐요.

아버지는 형을 큰집에 양자 보내면서, 왜 나를 딸려 보내냐구요

아버지 임종은 했어요. 내가 막 제대하고 집에 있을 때고, 아버지 연세로 67~68세였어요. 집에서 돌아가셨지요(눈물을 보인다). 아버지 하면 드는 느낌은……. 많이 미웠어요, 어려서는. 양조장 수입이 아주 좋았어요. 술집 열댓 곳에 술을 대줬으니까요. 군대 가기 전 얼마 동안, 아버지가 예순을 넘었을 때인데, 아버지를 도와서 그 일을 좀 했어요. 지금 같으면 알 거 다 아니까 안 그랬을 텐데, 그때는 그 일이 그렇게 하기 싫었어요. 시간만 있으면 친구들이랑 어울리고 낚시나 다니고 싶은데 노상 일만 시키니 싫었죠. 10대 말 20대 초는 가만히 놔둬도 부글부글할 때잖아요. 아버지 싫어서 군대 간 것도 있어요. 아버지는 양조장이 잘되니까 나한테 물려줄 생각을 하고 일을 가르치려던 거 같아요. 결국 내가 장남이었잖아요. 아버지 돌아가시고 나는 객지로 돌아다니기만 하니까, 새엄마가 그 가게를 이어서 하다가 나중에 남한테 넘겼어요.

아버지에 대한 느낌이 참 이중적인 거 같아요. 누구나 다 그럴 거 같기도 하고. 그 많은 자식들 먹여 살리느라 애쓰는 모습에 애틋함이 있는가 하면 미움도 많아요. 철없을 때라서 자식 생각해서 하는 것도 미웠지요. 아버지랑 터놓고 얘기를 해보지 못했어요. 그렇게 했으면 나를 위해서 그랬다는 걸 알고 미움은 없어졌을 텐데……. 자식이 늙어 철이 들어서야 아버지든 어머니든 그 속마음을 알 수 있는데……. 그때는 늦은 거지요. 술 잡수면 성질이 불같았어요, 불. 큰아버지하고 똑같았어요. 그래도 다른 집 보면 아버지가 자식들을 때리는 게 보통이었는데, 우리 아버지는 안 그랬어요. 그거만 봐도 괜찮은 아버지였던 건데.

이런 얘기는 정말 안 하려고 했는데……. 저는 아버지가, 뭐라 그럴까……. 싫었다고 할까, 맺힌 게 많다고 할까, 그랬어요. 아버지 돌아가시고 한참 지나서까지 그랬어요. 아마 쉰 넘어서까지, 어쩌면 지금까지도 안 풀린 게 있을 거예요. 아버지 성격 때문은 아니고, 내 불행이랄까 잘못 풀린 게 아버지 때문이라고 생각해 온 게 있어요. 철없는 생각만은 아니에요. 결혼을 세 번이나 해서 배다른 자식들을 줄줄이 낳고, 그러느라 어머니를 막 잃은 어린 나를 형에 딸려서 큰집으로 보내서 마음 붙일 데가 없게 하고(낮게 흐느낀다). 지금은 아버지 돌아가신 나이보다 내가 더 늙었는데도 아직도 그런 원망이 있는 게 참 우습죠.

최현숙 그렇지 않아요. 다 안다고는 못해도 어느 만큼은 이해할 수 있어요. 어떤 아픔은 세월이 지나도 없어지지 않는 게 있더라구요. 저도 아버지을 향한 미움이 나이들어서까지 깊었거든요. 쉰 다 돼서, 내가 아버지를 배반할 때의 아버지 나이 즈음이 되고서야 이런저런 게 되돌아봐지고 아버지 입장도 생각해보면서 내 밴댕이 소갈머리를 깨달았지요.

이영식 최 선생 어머니 얘기를 읽으니 아버지 얘기도 나오더라구요. 그거 읽으면서 아버지 생각도 많이 나고 내 생각도 많이 했어요. 부모님 살아 계실 때 자식이 그렇게 깨닫는 게 어디에요. 우리 아버지는……. 아니 왜, 형을 큰집에 양자 보내면서, 왜 나를 딸려 보내냐구요? 의붓엄마래도 아버지가 끼고 키웠어야지요. 다섯 살배기 그 어린 걸……. 어디 일러바칠 데도 없이 맨날 형한테 맞았어요. 어려서 형에 대한 기억은 맞은 기억밖에 없어요. 그 시절 형은 성격이 거칠고 나보다 체격도 많이 크고, 나는 형이 무서웠어요(계속 낮게 운다). 나중에야 형도 그때 힘들었겠다 하고 이해는 됐지만, 어려서는 그런 형 마음을 헤아릴 수가 없지요. 그저 힘 쎄고 무섭고 피하고 싶었지요. 큰집 부모님이 나한테 잘해 주셨지만, 바빠서 늘 집에 안 계셨어요. 그래서 더 많이 맞았지요. 그러니 학교 파하고 오면 찬장 뒤져서 혼자 밥 챙겨 먹고 바깥으로 나가기 바빴어요. 형이 나보다 좀 늦게 왔거든요. 형 오기 전에 나가는 거예요.

그러고는 어두워지도록 바깥에 있는 거예요. 같이 놀던 애들 다 집으로 가도, 저는 집에 가기가 싫은 거예요, 집에 형만 있을까 봐. 계모가 나빴다고 해도 어머니를 막 잃은 다섯 살짜리 아이를 아버지까지 그렇게 버리면 안 되죠. 누나들은 다 데리고 있으면서 왜 나만 떼어 놓냐구요? 형은 원래부터 양자로 가기로 했거든요. 형만 보내야지 왜 그 무서운 형에 딸려서 나까지 보내버리냐구요?

남들 같은 아버지랑 아들 사이가 되겠지 했는데

내가 군 입대할 때 아버지가 우시는 거를 보면서 의외이기도 했지만, 한편으로는 통쾌했어요. 본가에 와서 아버지 술도가 일을 도울 때였잖아요. 사실 그 일보다는 아버지랑 일하는 게 싫었을 거예요. 어려서는 떼어버렸다가 이젠 힘쓸 만하니까 데려다가 일이나 시키는구나, 그런 미움이 많았어요. 안 가도 되는 군대를 자원 입대한 거죠. 복무 기간까지 늘리며 월남전까지 간 것도, 군대 안에 하사관 제도도 컸지만, 아버지에 대한 미움도 컸던 것 같아요. 나 군대 보내면서 울던 아버지를 떠올렸거든요. 아버지를 더 힘들게 하고 싶었지요. 월남 간다고 형한테 편지 보내면서도 아버지한테 그 소식이 들어가겠구나, 죽을지도 모르는 전쟁터에 갔다니 아버지가 힘들어하겠구나 하는 생각을 했어요. 참 철없고 웃기는 놈이지요…….

최현숙 아니에요. 저도 그랬어요. 스물셋에 두 번째 가출을 해서, 아버지가 생각하는 최고의 타락인 술집 여자가 되려고 했어요. 그 시절 선생님이 아버지에게 품은 원망과 배반과 떠남을 저는 충분히 이해할 수 있어요. 어려서 나를 떼어버린 아버지를 이제는 내가 뒤통수를 치며 떠나버리고 싶은 거지요. 나 때문에 괴로워하는 아버지로 만들고 싶었고요. 저는 쉰이 다 돼서야 아버지 처지에서 아버지의 마음을 돌아보기 시작했어요. 지금도 아버지랑은 마음 깊이 대화하지 못해요.

이영식 그랬군요, 최 선생도. 월남 참전 마치고 제대해서 돌아왔더니, 한 달도 안 돼서 아버지가 죽어버리시더라구요(한동안 말이 없다). 제대하면 아버지랑 잘해볼 생각이었거든요. 남자는 군대를 다녀와야 철이 든다던데, 내 경우는 월남전이 더 커요. 순전히 재수 좋아서 살아온 거잖아요. 철이 들었다기보다, 미움이고 원망이고 좋고 아깝고 하는 그런 감정들이 다 죽어버린 것 같았어요.

아버지 건강이 안 좋다는 거는 제대 전에 알고는 있었어요. 제대하면 아버지 가게 일 도우면서 차차 다음 일을 생각하자, 그 생각 하나였어요. 그렇게 일 도우면서 같이 살다 보면, 지난 원망들도 사그라들고 남들 같은 아버지랑 아들 사이가 되겠지 했거든요. 지난 일을 후회하고 좋은 아들이 되고, 그런 게 아니고. 부모 자식은 그런 거잖아요. 근데 오자마자 병원서 퇴원해서 얼마 안 있다가 돌아가신 거예요…….

아버지가 그렇게 돌아가시니까, 슬프고 저기가 아니고, 완전히 버림받은, 그런 느낌이더라구요. 화가 난다고 할까 마지막까지 뒤통수를 때리고 간다고 할까. 별로 울지도 않았어요. 눈물도 안 나고 뭐가 뭔지도 모르고, 삼일 초상이 어떻게 지나갔는지……. 상주 노릇을 형이 했어요. 제정신에 한 게 아니라, 그저 큰아버지랑 남들이 이래라저래라 시키는 대로 껍데기처럼 한 거 같아요. 제대로 풀어보지도 울어보지도 못하고, 그렇게 멈춘 거예요. 아버지랑 끝난 게 아니라 중간 어디서 싹뚝 또 버림받은 거예요.

최현숙 아, 정말 마음 아프네요. 저도 제 아버지가 떠오르네요. 어려우시겠지만, 아버지가 돌아가신 장면을 구체적으로 들려주시면 어떨까요.

선생님도 그렇고 글을 읽는 사람들도 아버지 때문에 생긴 상처를 푸는 데에 도움이 될 거라고 믿어요. 많은 사람들이 의외로 그런 상처가 많거든요. 아버지다 보니 남한테도 가족한테도 풀어내지 못하고, 혼자 속에만 담아놓은 채 나이들어서 속앓이를 하더라구요.

이영식 나도 아버지 죽음 이야기는 평생 처음이에요. 문득문득 떠오르기야 했지만 혼자서도 이렇게 찬찬히 생각을 해본 적이 없어요. 딱히 기억나는 장면은 많지도 않아요. 제대하고 바로여서 정신이 없었어요.

아버지 돌아가신 거는 결국 술병 때문이었어요. 술을 얼마나 좋아했냐면 돌아가실 때 다 돼서 정신을 놓고 누워 계신데 아버지 친구들이 와서 수저에 막걸리를 떠서 입에 넣어주더라구요. 근데 죽을 때 되면 그렇게 좋아하던 것도 모르는 건지, 막걸리를 넣어드려도 술인지 물인지를 모르시더라구요. 별다른 반응이 없는 거예요. 의식은 있으신 거 같은데.

마지막 입원 때 사흘간 병원에 계셨어요. 근데 병원에서 더 할 게 없다고 집으로 데려가라고 하더라구요. 지금이야 대부분 병원에 장례식장까지 있어서 병원서 돌아가시고 바로 장례식장으로 가지만, 그때는 죽을 때 되면 다 퇴원시켰거든요. 죽고 나서 옮겨오기도 하고.

근데 아버지가 병실 서랍에다가 시계를 풀어놓고 퇴원을 한 거예요. 병원서는 금방 돌아가실 듯하던 양반이 집에 오시자마자 정신이 멀쩡해져서는 시계를 찾아오라는 거예요. 말씀도 잘하시고 기운도 돌고. 그래서 시계를 찾아다 드렸어요. 근데 그러고는 금방 정신을 놓으시고는 이상한 행동을 하시더라구요. 퇴원 때 움직이기 편하라고 단추 대신 끈으로 묶는 광목으로 된 병원복 같은 옷을 입혀드렸는데, 만 원짜리 돈을 자꾸 달라시더라구요. 돈을 드렸더니 끈으로 돈을 옷에다 묶는 거예요. 사람 죽고 나서 노잣돈 준비해서 수의에 넣듯이. 그러다가 얼마 안 있어서 아예 정신을 놓으셨어요.

근데 우리 아버지는 세 번인가 몇 번인가를 돌아가시려다 살아나고 살아나고 그랬어요. 호적에도 없다는 제일 큰누나가 강원도 인제 살았는데, 거기가 아주 교통이 나쁘거든요. 거기서 청주까지 오려면 새벽 껌껌할 때 출발해서 버스를 몇 번을 갈아타야 돼요. 청주 오면 깜깜한 밤이죠. 돌아가실 거 같다는 연락을 받고 오면, 그 오는 동안에 살아나시는 거예요. 당시는 뭐 핸드폰이 있어요, 뭐가 있어요? 와야 말해주는 거죠. 그러니 살아나신 거 보고는 다시 다음날 새벽에 인제로 가는 거예요. 그쪽에 일이 많아서 얼른 가야 했거든요. 그렇게 큰누나가 몇 번을 오구가구를 하고서야, 아버지가 돌아가셨어요. 어떤 노인들 보면 그렇게 몇 번을 자식들 다 모아다 죽었다 살아나다가는, 실제로 가실 때는 아무두 임종을 못하고 혼자 돌아가시는 분도 있더라구요.

철이 없었지요, 내가 밉게 했어요

결혼을 못한 거는 내가 모자라서지만, 다행이라는 생각도 있어요. 젊어서는 나중에 결혼하면 아버지처럼 되지 말자는 생각을 했어요. 바람피운 것도 이혼한 것도 아니지만, 어쨌든 부인이 셋이고 한 집안에 배 다르고 씨 다른 자식들이 열이 넘으니 집안이 화목하지를 못한 거지요. 막연히 결혼에 대한 쓸데없는 걱정이 있었던 거예요. 의붓아버지랑 의붓어머니랑 애들 사이도 그렇고 애들끼리도 그렇고, 핏줄끼리 땡겨지고 이무러운 그런 게 없지요. 어릴 때도 그랬지만 자라서 아버지 돌아가시고는 남남이나 마찬가지예요. 형하고는 어려서는 힘들었지만 나이들면서는 서로 챙기고 때 되면 보고 그랬어요. 혈육이면 싸우고 밉고 해도 그렇잖아요. 근데 부모가 각각이면 그게 안 되더라구요. 더구나 나는 큰

집에서 따로 자라다 보니 더 못 섞이지요. 내내 한솥밥 먹고 한방에서 자고 했으면 많이 달라졌을 거예요. 동생들도 잘 챙겨줬을 거구요. 어머니가 다르면 어때요? 한식구인데……. 나는 지금도 애기들을 아주 이뻐하거든요. 형네 애들 클 때도 저절로 마음이 가고 챙겨주고 그랬거든요.

따로 산 거로 아버지가 미운 게 제일 크지요. 나를 위해서든 뭐든 그냥 미운 거지요. 그 상황에서 때리기까지 했으면 더 삐뚤어졌겠지요. 큰어머니한테는 몇 번 맞은 적 있어요. 큰아버지는 형은 때려도 나는 막내고 하니까 매질도 안 하고 큰소리도 안 내고 그랬어요. 나에 대해서는 큰집 부모님도 그렇고 우리 아버지도 그렇고 좀 안쓰럽고 애틋하다는 그런 게 있었던 거 같아요. 아린 손가락인 거지요. 그것도 지금사 생각이지, 그때는 그런 거 못 느꼈어요.

근데 솔직히 말해서 내가 밉게 했어요, 지금 생각하면. 내가 공부 싫어하니까 큰아버님이 한약방에 취직을 시켰어요. 평생 먹고살 방도를 일찌감치 생각하신 거지요. 지금이야 한의사 되려면 한의대를 오래 다니고 자격증 시험도 보고 하지만, 그때는 한약방에서 일하면서 보고 듣고 심부름하면서 차차 배우면 한의사가 됐거든요. 근데 착실히 다니지를 않은 거예요. 내 장래를 위해서 하신 건데. 그거 때려치우고 나니까 이번에는 또 상수도 고치는 데를 넣어줬어요. 당시는 상수도를 시청에서 다 관리를 했어요. 시청 직원이 되는 거지요. 거기를 넣어줬는데, 그것도 하다가 만 거예요. 그렇다고 그 또래들 놀 만한 데가 지금처럼 많이 있는 것도 아니고 끽해야 극장이나 가고 그런 건데 뭘 하느라고 그런 일들을 그렇게 안 했나 모르겠어요. 내가 어려서 고생을 제대로 안 해봐서 더 철이 없었던 거예요. 젊어 고생은 사서도 한다는데. 고생을 아주 안 하지는 않은 건데 도망갈 데가 있는 고생이었지요. 괜히 헛바람 들어서 취직한답시고 서울 왔다가, 다방 연결이 잘 안 돼 한동안 놀다 보면 돈이 떨어지고, 그러면 배도 쫄쫄 굶기도 해봤어요. 놀면 돈을 더 많이 쓰잖아요. 근데 그건 진짜 없어서 한 고생이 아니고 헛바람으로 한 거지요.

아버지가 술을 굉장히 좋아하셨어요. 더구나 양조장 하면서는 아예 술로 사셨어요. 집에서 못 드시게 하면 술집 가서 드시는 거예요. 나는 그 체질을 안 닮았어요. 안양에 사는 막내 남동생이 그 체질을 닮았어요. 그렇게 술을 좋아해서 말썽을 많이 피우더니 결국 운전 면허 취소까지 받더라구요. 아버지는 식사도 잘 안 하시고 술로 식사를 하는 정도였어요. 당시는 막걸리니까 그게 밥 대신이라는 거죠. 밤늦은 시간까지 아버지가 안 오시면 술집 돌아다니면서 찾으러 다니고 그랬어요. 그 심부름을 주로 내가 했어요.

내일 어디 나가서 죽어버리자 하고는 영 끝이었어요

사실 이런 얘기 드리기 챙피스러운데……. 큰아버지가 청주 집이니 논밭들을 다 정리하고 서울 상계동 딸네 집으로 와서 좀 살다가 같이 경기도 성남으로 이사해서 살았어요. 한번은 성남에서 마장동 형네 집까지 큰아버지가 혼자서 물어물어 찾아오신 거예요. 치매는 아니래도 정신이 많이 흐리셨거든요. 경로당 갔다가도 틀니를 자꾸 빼놓고 오셨댔고. 근데 그 먼 형네 집을 혼자 찾아 나서신 거예요. 형수님이 어떻게 해서 만나서 모시고 오셨더라구요. 그러구는 가시면서 자기가 여기 왔다 갔다는 얘기를 딸들한테는 절대로 하지 말라고 하시더라구요. 그때는 그 말씀을 크게 어떻게 생각을 안 했어요. 딸네들하고 안 좋다는 이야기는 들었지만, 그래도 부모니까 뭐 별거겠나 했지요.

그러구 가서는 얼마 있다가 하루는 아침밥을 드시면서 큰어머니한테 내일 어디 나가서 죽어버리자고 하시드래요. 속상한 일도 있었고 해서 그냥 하는 이야기려니 했대요, 큰어머니가. 근데 다음날 일찌거니 아침만 드시고 나가서는 영 끝이 돼버린 거예요. 그때가 한창 장마 때였어요. 70년대 중반이에요. 저녁나절부터 이상하다 싶어 수소문을 하다가 밤늦게 경찰에 신고하고 2~3일 뒤부터는 신문사 전단지며 뭐며 다 알렸는데도 결국 못 찾았어요. 사촌들이 어디 가서 점을 봤는데, 점괘가 면목동 뒷산을 찾아보라고 나오더래요. 사람까지 사서 자식들이랑 산을 다 뒤졌는데도 결국은 못 찾았어요. 지금까지도 아무것도 돌아온 게 없어요.

그 양반이 청주서는 그래도 동네 어른 대우 받고 사는 것도 남부럽지 않은 분이거든요. 동네 친구분들도 많아서 같이 어울려 놀러도 다니시고. 근데 그걸 굳이 다 정리해서 서울 딸네 집을 왔는데, 그 재산이 다 얼루 갔는지 흩어지고 하니 많이 허망하셨겠지요. 도시서는 사는 재미도 없고 만나서 이야기할 친구도 없고. 자식들이랑 무슨 일이 있었는지는 말씀을 안 하셔서 모르지만 좋지 않은 거는 나도 눈치로 알고 있었어요. 그렇다고 그렇게 집을 나가셔서 객사를 하세요. 아마……스스로 끊으신 거 같아요. 지금까지도 어떻게 돌아가셨는지를 몰라요.

그 일로 내가 큰집 사촌들하고 대판 싸웠어요. 나보다는 나이가 아주 많은 사람들이지요. 그런데도 막 화를 냈어요. 큰아버지 그렇게 나가셔서 연락도 안 하시게 만들었다고. 사촌들이 너무 원망스러운 거예요. 양아들한테 재산이 더 갔을까봐 그랬는지……. 그런 눈치들을 큰아버지가 딸네 식구들한테서 느꼈을 수도 있고. 그래서 그 집을 아예 안 가요. 큰어머니 돌아가셨을 때도 나한테 연락이 안 왔어요. 그렇게 어머니 대신으로 나를 키워준 큰어머니가 언제 돌아가신지도 몰랐어요. 나중에야 형 통해서 큰어머니 돌아가신 거를 들었어요. 사촌들도 섭섭한 게 컸던 거지요. 나한테는 부모님 같은 분들이잖아요. 내가 그분들만 생각하면……참 내가 나쁜 놈이에요. 어쨌든 나를 사람 만들어보려고 이것저것 많이 챙기셨는데, 나는 시키는 대로 안 하고 나 하고 싶은 대로만 하고……. 친자식이었어도 그렇게 잘하기가 힘든데.

정말 누나라고 할 수가 없어요

연신내에 어머니가 같은 누나가 아직 살아있기는 한데……. 이런 이야기는 진짜 좀 뭐한데……정말 누나라고 할 수가 없어요. 내가 누나라면 저는 절대로 그렇게 안 해요. 내가 엄마 없는 동생이 있다면 정말 쓸개라도 빼줄 거 같은데……그 누나는 새엄마하고는 짝짜꿍이 맞았어요. 결혼하기 전까지 새엄마랑 같이 살았어요. 말씀드리기가 그렇지만…… 서울 남자하고 약혼까지 다 해놓고 누나가 집을 나간 거예요. 싫었으면 애초에 약혼을 안 했으면 되는데, 한마디도 없다가 혼인날 잡아놓고 집을 나간 거지요. 나중에 보니 서울 응암동 남의 집에서 식모살이를 하고 있더라구요. 그걸 어떻게 알았냐면 집 나갈 때 동네 남자하고 같이 동네를 뜬 거예요. 그 남자네 식구들 통해서 알아낸 거지요.

웬만하면 엄마 없는 동생 하나 잘해주고 엄마 대신 챙겨주고 할 텐데, 나한테 그렇게 모질게 했어요. 괜히 나를 미워하더라고요. 이해를 못하겠어요. 시집가기 전까지 돈 관리를 그 누나가 다했어요. 그 누나는 공부를 못해서 국민학교를 못 마쳤어요. 근데 어려서든 커서든 그렇게 눈 흘기고 고자질하고 구박하고 다른 동생들 편만 들고. 그러다가 내가 좀 커서 힘도 세지고 하니까 달라지더라고요. 마음대로 못하는 거지요.

연신내로 이사 가서는 치매가 와서 고생한다고 들었는데, 한 번도 안 갔어요. 나도 뭐 잘하는 거는 아니지만 가고 싶지가 않아요. 내가 누나한테 덤비고 그런 성격도 아니거든. 누나가 마음을 연 거는 내가 쉰다섯 정도 됐을 때예요. 근데 가도 어색하고 어설프고. 새어머니도 돌아가시고도 이복동생들하고 서로 왔다갔다하면 모르는데 자연히 서로 거리감을 두고 안 만나게 되니까, 내 핏줄이 최고구나 생각한 거 같아요. 나이도 들고 그러니까 그때는 나한테 연락도 하고 오라고도 하드라고요. 어려서야 서로 철이 없어서 자기 생각밖에 못하고 이런저런 미움도 생겨서 척도 지고 하는데 나이들면 달라지잖아요. 형 따라 가서 한두 번 봤는데 마음이 안 풀리더라구요. 옛날 구박한 게 안 잊어지는 거지요. 그러니 지금도 그 누나한테 마음이 안 열려요. 연락처도 몰라요. 알려고만 하면 형네 조카들이나 큰집 조카들 통해 얼마든지 알아볼 수는 있지요.

그리고 보면 나는 혈육들로 해서 상처가 많은 거 같아요. 남들은 혈육끼리, 가족끼리 더 챙겨주고 도와주고 힘이 되고 하는데, 오히려 더 상처만 되고 없느니만 못한 것 같아요. 부인을 셋을 둔 아버지 탓이라고만 생각했는데, 그것만도 아닌 것 같고.

최현숙 남이라면 나한테 험하게 해도 깊은 상처를 남기지는 않지요. 남이니까 욕하고 안 보면 되니까요. 심한 건 법에 맡기기도 하구요. 가족은 고소를 할 수도 없잖아요. 집안 문제니 남부끄럽다고 터놓고 얘기를 안 해서 그렇지 모두 가장 큰 상처는 혈육 관계에서 있더라구요. 가족 간에 더 나쁘게 한다기보다 가족 간에 상처는 털어지지 않는다는 얘기겠지요. 가족이라는 이유로 같이 살거나 계속 만나니 피할 수도 없이 그 관계나 행동이나 미움의 기억이 수없이 반복되고. 더구나 어릴 적에는 당하는 사람도 어리고 철없고 자기중심적일 때라 상처가 깊어지지요. 다행히 상대가 살아 있으면 늦더라도 직접 만나서 풀면 확실히 달라지더라구요. 그 누님도 일흔이 넘으셨을텐데……치매까지 걸리셨다면서요. 그동안 미안하면서도 선생님한테 미처 미안하다는 말씀을 못하셨을 거예요. 모르는 어려움이나 상처가 있을 수도 있고.

이영식 맞아요. 딱 그런 마음이에요. 치매까지 걸렸다는데 아직도 미우니, 최 선생 말마따나 내가 얼마나 밴댕이 소갈머리 같은 놈이냐구요. 하나밖에 안 남은 진짜 피붙이를 놓고. 그 누나 본 게 한 7~8년 됐네요. 그것도 서로 보려고 본 게 아니었어요. 북가좌동 연립에서 형네는 2동 2층에 살고 누나는 1동 1층에 살았어요. 그러다 보니 형네 갔다가 어쩔 수 없이 본 거지요. 그때는 형은 죽고 형수님만 있을 때였어요. 근데 오랜만에 봐도, 한마디 겨우 하지 다른 뭐가 없어요. 머쓱하고 할 말도 없고. 모르겠어요. 내가 먼저 찾아가야 하는 건 맞는데, 아직은 못할 거 같아요. 누나가 더 나빠지기 전에 가야 하는데…….

배다른 동생들은 고등학교 나온 여동생이 있고 그 아래로 둘이 남자예요. 남동생 중 큰놈은 공부를 잘해서 용산고등학교 나와서 서울대 약대를 들어갔어요. 근데 2학년까지 다니다가 돈이 없어서 못 다녔어요. 아버지 돌아가시고는 집안이 풍비박산이 되니 그 높은 서울대를 들어가고도 마저 못다니고 만 거지요. 새어머니가 낳은 자식이니 웬만했으면 마치게 했을 텐데, 그걸 못 보낸 걸 보면 많이 어려웠던 거예요.

요즘이야 볼 일도 없지만, 배다른 형제들끼리 어쩌다 만나면 불편하더라구요. 한 집에서 컸으면 밉든 곱든 정이 생겼을 텐데. 아버지 제사도 안 지내니까, 조카들은 마주쳐도 못 알아보죠. 아버지가 같으니까 핏줄이고 남매고 조카들인데, 끌리는 느낌이 안 들어요. 아버지 제사는 내가 챙겨야죠. 근데 내 처지가 이러니…….

정치라는 거 잘 모르지만 맨날 싸움만 하잖아요

군대 있을 때 국군의 날 다가오면 행사에 나갈 사람들을 차출해요. 나는 안 나가봤어요. 키 큰 게 제일 중요하고, 생긴 거니 배운 거니 인테리급만 뽑아요. 그렇게 차출돼서 1개월 정도 집중 훈련을 받아요. 한동안 잘 먹고 대우가 좋지요. 군복이니 군화니 다 새것으로 주고. 분단 국가인 게 참 큰 불행이지요. 국방비로 돈을 많이 써야잖아요. 북한은 먹고 살기도 힘든데 하는 일이 군사 훈련하고 핵무기 개발이고 예산도 거기에만 집중을 하니 우리도 안 할 수가 없지요.

세월호 사건은 정말 마음 아프지요. 근데 대한민국이 선진국 대열이니 해도 아직은 아니거든요. 그러니 개별로 원하는 대로 다 해줄 수 없지요. 어린 자식들이 죽은 사람들이니 보상을 최대한 해줘야겠지만, 그걸 다 하기가 힘들지요.

투표는 빠지지 않고 해요. 근데 사실 투표는 형식적인 거지요. 노인들이 갈수록 많아지니까 정치하는 사람들은 노인들 표를 염두에 두겠지요, 선거 때는. 근데 투표라는 게 요란만 하지 우리 같은 사람들하고는 아무 상관이 없어요. 후보들에 대한 정확한 정보도 없구요. 후보 정보가 책자로 두껍게 해서 우편으로 오는데, 그거 봐도 몰라요. 너무 많기도 하고, 꼼꼼히 읽어봐도 별 차이가 없어요. 다들 좋은 소리만 해놓고. 솔직히 읽을래도 눈이 침침해서 못 읽어요. 나는 일단 먼저 상벌 사항을 봐요. 그게 우선 중요하니까. 그러고는 익숙한 사람을 찍는 거예요.

특별히 지지하는 당은 없어요. 지난 대선은 박근혜를 찍었어요. 박근혜 보고 찍은 건 아니고 그 아버지를 보고 찍은 거예요. 박정희 대통령이 대한민국을 먹고살게 했잖아요. 그전에 이명박하고 정동영이 나왔을 때는 정동영을 찍었어요. 노무현 나왔을 때는 착하고 순수해서 노무현을 찍었는데, 노무현 씨는 좀 물르다고 해야 하나 남자다운 강한 이미지를 못 느꼈어요. 김대중 씨는 많이 존경했어요. 정치에 입문해서 박정희 씨하고 얼마나 힘들었어요? 죽을 고비도 많았고 탄압도 심하게 받았잖아요. 그런데도 말씀하시는 거 보면 위협을 느낄 말들도 많이 하시고, 남자는 남자구나 해서 김대중 씨를 찍었어요. 대통령 선거는 그런데, 지방 선거는 뭐가 뭔지 모르겠어요. 정치라는 거 잘 모르지만 텔레비전 보면 여야 격돌이니 하면서 맨날 싸움만 하잖아요. 언제든지 여당이 뭐라고 하면 일단 야당은 반대부터 하고. 노무현 때도 마찬가지였고, 거꾸로 돼도 마찬가지고.

인터뷰를 다 마쳤다. 그러고도 밥이나 먹자는 핑계로 몇 번을 더 만났다. 매번 내가 보자고 했다. 이영식의 삶이 아니라 이영식의 해석이 여전히 안타깝고 화가 났다. 듣는 사람은 좋은 삶이었다고 여기고, 말한 사람은 쓸모없는 삶이었다고 여긴다. 그 거리를 좁히고 싶은 건 듣는 사람의 과욕일까?

　2015년 구정 밑에 전화하자 얼마 뒤 노원구의 신축 임대 원룸으로 이사를 가게 됐다고 했다. 고시원보다 훨씬 좋겠다 싶어 잘됐다고는 했지만, 많이 섭섭했다. 몇 개월간 준비했으면서 아무 말도 없었다니. 술 끊었다는 사람과 술 못 먹는 사람이 술 약속을 했다. 저녁나절 전철역 앞에서 만난 이영식은 감기에 폭삭 걸려 있었다. 늘 그랬듯 시간보다 일찍 나와 있었다. 술은 그만두고 콩나물국밥을 먹고 찻집으로 옮겼다. 이영식의 눈가가 불그레한 게 감기 때문이려니 했다. 임대 원룸이 어떠냐고 물었더니 이영식은 아버지 이야기를 했다.

이영식 영장 나왔다는 말씀을 드리니까⋯⋯아버지가 우시는 거예요. 군대 간다는 말을 듣자마자 금방 눈가가 붉어지시더니 눈물을 흘리시는 거예요. 내 평생 처음이자 마지막으로 아버지가 우시는 걸 봤어요. 속으로 많이 놀랬어요. 아버지가 우실 거라고는 생각을 못했거든요……. 그 장면이 안 지워져요. 집 떠나는 날은 뭐 사먹으라고 돈도 주머니에 넣어주셨고……. 그때는 부모가 미웠는데……열다섯에 가출할 때도 그랬고, 사실 아버지 싫어서 피하느라고 군대를 자원한 것도 있었는데…… 아버지는 쉬지 않고 일만 하는 사람이었어요. 그러니 내가 빈둥대는 꼴을 못 보지요. 그게 싫어서 군대나 가버리고 싶었다니, 얼마나 철이 없었어요……. 그 양반은 배다른 자식을 열 너머를 낳아 키우느라 쉬지 않고 일만 했어요. 그런 아버지가 밉고 싫어, 아버지 옆에 있기가 싫었어요. 내 심정은 그랬는데……아버지는 평생 안 보이던 눈물을 보이는 거예요. 마음이 좀 저기했지만, 더 말을 하지는 않았어요. 아버지도 그렇고 나도 그렇고, 마음을 말로 표현하는 거를 못하는 거예요.

집과 나를 이어주는 건, 아버지밖에 없었어요. 엄마가 같은 누나는 벌써 시집가고 없었고. 그러니 아버지 상 치르고 그 집에 더 있을 뭐가 없었어요. 얼마 있다 집을 나왔어요.

그러고는 참 많이 떠돌았어요. 그때부터 시작한 떠돌이 생활을 지금까지 하는 거 같기도 하고요. 아버지는 세 명의 부인에게서 자식을 열을 넘게 낳아 기르고, 아버지를 미워하고 원망한 나는 아버지 돌아가신 나이가 훨씬 넘도록 자식 하나 없이 결혼도 안 하고 떠돌이로 살다 늙었고……. 지난번 인터뷰 마치고 혼자 집에서 이런저런 생각을 하면서 아버지가 만든 가정이 싫어서 결국 나는 결혼은 안 하고 만 건가 했어요. 사실 가정이니 처자식이니 겁이 났어요. 책임이랄까 구속이랄까…….

아버지가 안쓰럽다는 생각을 못했는데, 이제 와서 불현듯 안쓰럽다는 생각이 들어요. 원망스럽던 마음은 온데간데없고, 안쓰럽고 죄스럽고……. 부인 셋을 두고 싶어서 둔 것도 아니고, 배다른 자식들을 만들고 싶어서 만든 게 아니잖아요. 에미 없는 자식들 때문이든 풍속 때문이든 부인 죽은 남자가 새장가를 가는 걸 탓할 수는 없잖아요. 근데 나는 그게 싫었던 거예요. 배다른 형제 줄줄이 만들어 서로 섞이지 못하는 기름하고 물처럼 따로 돌게 만든 게 원망스러웠어요. 내 성격 탓에 유난히 내가 더 못 섞인 것도 크지요. 어쨌든 아버지 탓을 할 일은 아니잖아요. 아버지는 그 책임을 지느라 열심히 일만 하고 사신 건데, 나는 그런 아버지가 더 밉고, 미련스럽고 원망스럽게만 느껴졌던 거예요. 나를 큰집으로 보낸 것도 나를 위하느라고 하신 건데……(불그레하던 눈에서 결국 눈물이 흘렀다).

어디서부터 어긋난 걸까요? 어머니가 오래 사셨더라면, 공부를 더 했더라면, 새어머니 밑이라도 한집에서 자랐더라면, 월남에를 안 갔더라면, 떠돌이 목수 말고 다른 밥벌이를 하며 가정을 꾸렸더라면, 그래서 돈을 모으고 자식을 키웠더라면……. 부질없는 짓이지만 지난 일을 자꾸 떠올려요.

요즘 최 선생이랑 살아온 얘기를 하다 보니 생각이 많아져요. 후회되는 것도 많고 70년 허송세월이 딱 맞는 말이다 싶어요. 근데 한편으로 큰 잘못 없이 남한테 해 안 끼치고 살았구나 싶기도 하고, 최 선생 말마따나 혼인 안 하고 가진 거 없이 떠돌며 산 게 죄 되고 부끄러울 일이 아니라는 생각도 들고. 이제까지 그런 것처럼 남 피해 안 주고 마저 살다 가려면 뭘 해야 하나 생각이 많아져요. 가신 분들이야 어쩔 수 없지만 남은 핏줄들하고는 풀어야겠다 싶어요. 핏줄 아니라도 누구랑 뭘 풀어야 할지도 생각하고.

은행에 넣어놓은 5000만 원을 어떻게 쓰고 갈지가 제일로 큰 걱정이에요. 있는 사람들한테야 우스운 돈이지만 그건 진짜 깨끗한 돈이에요. 순전히 몸뚱이 하나로 벌어 모은 거예요. 내 돈이라는 얘기가 아니라 내

몸뚱이라는 얘기예요. 30년 노가다로 척추 측만에 망가진 무릎에 늙고 병든 몸, 그거랑 같은 거예요. 초라하지만 부끄럽지는 않네요, 이젠. 몸뚱이랑 같이 잘 놓고 가야지요.

일흔의 남자가, 다섯 살 때부터 혈육들에게 받은 아픔을 이야기하며 흐느낀다. 작정하고 잘못한 사람은 없다. 저마다 사정이 있었고, 그러다 보니 곡절로 얽혔다. 다섯 살 아이는 자기도 모르게 못이 깊게 박혔고, 갈수록 깊어져서 여태껏 꺼내지도 들여다보지도 못했다. 혈육들은 다 죽고 혼자 남아서 남을 붙잡고 흐느낀다. 내가 물어봤다는 건 핑계다. 울고 싶었던 거다.

구정 지나고 이사하기 며칠 전 고시원 건너편 초등학교 앞에서 이영식을 잠깐 만났다. 갑자기 기온이 떨어진 날이었다. 산책 나갈 시간인 줄 알면서도 잠깐이라도 보자고 했다. 정작 나는 말이 없고 이영식이 뜬금없이 고맙다고 했다. 사실 그날 깊은 포옹을 하고 싶었다.

거절을 예상한 제안을 이영식은 선뜻 받아줬다. 시간과 장소도 모두 내게 맡겼다. 내내 재미있어 하지도 않고 힘들어하지도 않았다. 하기로 했으니 끝까지 하겠다는 듯 매번 그러자고만 했다. 잘했다, 좋았다도 하나 없다. 내 탓이고, 쓸데없고, 창피하단다. 마지막 날 평생 담고만 있던 미움을 쏟아냈지만, 그 미움마저 자기 탓이라고 결론을 내렸다.

일관된 자기 비하에 애타서 그러지 말라고 하면, 이영식은 그럴 때마다 손사래를 쳤다. 인터뷰를 다 마치고 나는 당신은 좋은 삶을 살았다고 했지만, 이영식은 시종일관 보잘것없었단다. 그 차이를 줄여보려고 네댓 번 더 만나기도 했다. 조용하고 별 주장도 하지 않는 사람이 자기 삶을 평가하는 문제에서는 꿈쩍도 하지 않았다.

그런 이영식도 자기 삶을 책으로 내자는 제안에는 선뜻 동의했다. 익명을 조건으로. 왜 좋다고 했을까. 깊은 생각거리다. 모르는 사람에게 자기 이야기를 전혀 안 하는 사람이 왜 책으로 말하고 싶었을까?

이영식이 하자고 동의한 것과 내가 하겠다고 설명한 것, 그 둘 사이의 공통 공간을 넓혀가는 일이 이영식과 내가 한 작업이다. 아직 어긋난 이영식 쪽 공간에서 이영식은 내 글과 독자들을 기다리고 있다. 어긋난 내 쪽 공간에서 나는 내내 이영식에게 몰두했다. 밥벌이인 독거노인 현장, 지하철 노약자석, 탑골공원, 늙은 인부들의 공사장, 참전 용사 집회, 아기 엄마들의 유모차 등을 이영식의 몸과 처지에서 느껴보려 안간힘을 냈다.

나도 노인이지만 노인이 보기 싫어요

"결혼도 못했고, 돈도 없고, 고시원에 살고, 평생 노가다나 했고, 그런 건 다 창피한 거잖아요. 누구도 제대로 된 사람으로 안 보지요. 최 선생이나 달리 생각하지, 백이면 백 다 비정상이고 뭔가 모질란 걸로 봐요. 그러니 말 안 하면 모르는데 그걸 뭐 하러 말을 하겠어요? 남들 눈이 중요하지요. 자식 없는 거는……사람 노릇을 못하고 가는 거예요."

이영식이 비정상과 창피를 넘어 죄라고 말하는 대목들이다. 그런데 딱 그 대목들을 근거로 나는 좋은 삶이었다고 생각한다. 외롭기는 했지만 무섭지 않았다. 세상 가장 낮은 자리에서, 자기 노동으로, 아주 조금만 쓰고 만들며, 손해 보더라도 남한테 피해 주지 말고 살자는 원칙을 지키며 살았다.

키가 작아서 군대 면제지만 자원해서 따낸 군필 남자, 월남전에 연예인들을 보내주고 65세부터 참전 연금을 꼬박꼬박 통장에 넣어주는 조국. 이영식이 조국을 말한 지점은 그 두 곳이다. 조국의 역대 대통령 선거에서 보려 한 박정희, 김대중, 노무현의 남자다움과 박근혜의 '아버지 대신.'

세 여자에게서 자식 열을 만든 아버지를 평생 미워했다. 일흔 살 지금, 죽은 아버지를 놓고 흐느끼는 시발점이 바로 열 자식을 키운 아버지다. 결혼도 못해 자식도 없는 자기는 아버지를 미워할 자격이 없다고 한다. 30년 동안 전국의 공사장을 떠돌며 사느라 가난하고 결혼도 못한자기를 비정상이라고 비하한다.

어머니가 준 근본적 상처에 곧바로 이어진 아버지가 준 상처(나를 버린 아버지)는 성장 과정에서 우리 사회의 가부장적 사고방식들을 만나 남성성에 관한 혼돈으로 이어진다. 사실 가부장 사회에서 성별에 따른 혼돈은 여성, 남성, 성전환자 등 모든 성별에 속한 사람들이 거치는 과정이다. 남성은 아버지, 형제, 군대, 결혼, 아내와 자식들, 가장이라는 경제적 기능, 성기(페니스)의 크기, 성행위의 강도와 범위와 횟수(여러 여자들하고 많이), 여자 관계에서 돈이 가지는 힘(지불 능력과 의사 결정권), 남성다운 신체와 성격, 남들에게 받는 남자 대접 등 아주 많은 갈등을 경험한다. 여성도 상대적 차이일 뿐 정상성 규범에 따른 억압과 혼돈을 많이 겪는다.

가부장제는 여성과 남성에게 모두 억압이자 상처다. 이영식은 가부장제가 '가난한' 남성에게 얼마나 더 억압적인지를 보여주는 사례. 그런데도 이영식의 훼손된 남성성이 자기보다 더한 약자들을 향한 공격으로 나아가지 않은 이유는 인성 덕분이다.

이산의 상처는 정주를 욕망하지만

다섯 살에 이영식은 정주定住에서 밀려났다. 어머니가 갑작스레 죽으면서 시작한 큰집살이는, 어른들이 호의를 베풀고 경제 상황도 좋았지만 깊은 상처로 남았다. 아버지는 버렸고, 무서운 형은 피할 수 없었다. 시골 청(少)년들을 뒤흔든 이주 흐름 속에 떠돌이 서울살이를 시작했다. 제대한 뒤 1971년(26세)부터 1981년(36세)까지는 정신과 몸이 가장 많이 떠돈 때다. 베트남전 참전 경험과 아버지의 죽음이 원인이었다. 36세에 우연히 시작한 공사장 목수 일이 밥벌이가 됐다. 결혼도 하지 않고 집이라고 할 만한 곳도 없이 만 60세인 2006년까지 제주도를 뺀 전국 공사장을 떠돌았다. 몸이 망가진 사실을 알고는 일을 줄이고 마포구 북아현동 재개발 예정지에 방 한 칸을 얻어 주소지를 옮겼다. 아파트 단지가 들어서자 2011년(66세) 아현동의 한 고시원으로 이사하면서 아예 일을 그만뒀다. 2015년 2월 노원구에 임대 원룸을 얻어 이사했다. 외국은 베트남만 가봤다. 《메밀꽃 필 무렵》의 허 생원을 많이 닮았다. 허 생원보다 더 넓은 지역을 더 단출한 짐보따리를 들고 떠돌았다. 나귀가 있는 허 생원은 모르던 자식도 만났는데, 이영식은 자식도 나귀도 없이 떠돌았다.

다섯 살에 겪은 생모의 죽음, 아버지의 세 부인에게서 나온 열 남매, 한 배에서 나온 형과 누나하고 벌인 갈등 등이 어린 시절의 상처다. 혈육 관계의 이산離散에 따른 상처가 뿌리 깊다. 이산의 상처는 정주를 욕망하지만, 끝내 그곳에 다다르지는 못한다. 여러 이유로 제 발로 떠나거나, 정주할 형편이 못 되는 빈곤 이주가 이어졌다. 상황과 필요에 따라 지역을 옮기며 일수방, 달방, 보증금 없는 월세방, 고시원을 전전했다. 제대한 뒤에는 부랑인 비슷한 시기도 있었다. 자기 말대로 주거, 거주, 살림이라는 말들이 낯설고, 늘 정처定處 없는 상태와 마음이었다. 가난한 사람들은 먹고사느라 집과 동네를 자주 옮겨다니는 경우가 많은데, 건설 노동자라는 직업상 빈곤 이주와 노동 이주가 깊고 길게 겹친다.

가난한 사람들은 정주를 바라지만 자본은 사람을 계속 이동시키고 흐트러뜨린다. 자본의 속성은 이주다. 돈으로 돈을 버는 사람들은 더 많은 돈을 좇아 클릭 하나로 24시간 내내 돈을 이동시키고, 노동자도 모르게 공장을 옮기기도 한다. 돈이 이동하는 곳에는 생계 때문에 오는 사람과 생계를 버티지 못해 떠나는 사람들이 있다. 젊어서는 남의 부동산을 짓느라 노동 이주를 계속했고, 늙어서는 재개발되는 남의 부동산 때문에 빈곤 이주를 했다. 마포 래미안 푸르지오 아파트 주변 독거노인들의 디아스포라는 우리 주변 어디에서나 볼 수 있다. 재개발이 되면 가난한 주민들은 고시원이나 반지하나 변두리로 이주한다.

결혼하지 못한 탓에 무자식에다 뿌리도 못 내리고 사람 노릇도 못한다는 자기 비하에 빈곤 이주, 독거, 고시원, 늙음 등이 더해져 세월이 흐를수록 비정상이라는 자기 낙인은 더 심해졌다. 가난한 사람의 자기 비하는 빈부 격차가 벌어진 사회적 이유를 제대로 응시하지 못하게 하고, 게으름이나 팔자 같은 자기 탓을 찾게 한다. 이영식도 부모 말 안 듣고 잘 벌 때 돈을 모으지 않은 불성실 탓에 자기가 가난하다고 말한다.

정상 가족을 향한 선망과 자기 비하

혈육 때문에 입은 상처는 혈육들의 됨됨이하고는 다른 문제다. 어린 시절의 상처는 우리 모두 지니고 있다. 어린 시절이라 권력관계에서 약하고 마음이 여리다. 관계나 상황을 자기중심적으로 곡해한다. 상대의 상황을 역지사지할 수 없는 시기다. 혈육하고 완전히 단절된 사람이라면 단절 자체가 깊은 상처다. 상처는 잘 풀어내기만 하면 성숙하는 가장 좋은 발판이 된다. 그때그때 풀어놓지 못하니까 문제다. 그때그때 못하면 중간에라도 당사자나 믿을 만한 사람을 붙잡고 상처를 드러내 자기를 다독여야 한다.

이야기하는 사람은 자기 경험과 해석을 집중해서 돌아보게 된다. 사연과 감정과 해석들로 머릿속과 마음이 번잡해진다. 그래서 나는 마지막 인터뷰는 직전 인터뷰에서 되도록 멀리 잡는다. 이야기하는 사람 안에서 일어난 되새김질과 재해석의 결과를 담고 싶기 때문이다. 네 번째이자 마지막 인터뷰 날, 이영식이 흐느끼며 상처를 풀어놓을 때 나는 감동했다. 늦었지만 좋은 일이었다. 좀더 일찍 쏟아낼 기회를 얻었다면, 상처는 덜할 수 있었다. 그랬다면 비혼과 무자식에 관한 자기 비하도 훨씬 줄어들거나 오히려 자유로워질 수 있었다.

이영식은 정상성 규범을 깊게 내면화하고 있다. 대체로 사회적 약자들이 그렇다. 가난, 비혼, 늙음, 이혼, 한부모 가정, 동성애자, 성전환자, 노인, 비정규직 등은 상황이 어떻든 비정상으로 분류되며, 타인과 사회와 자기에게서 소외된다. 결혼을 못하고 자식이 없어서 자기 비하하는 이영식에게, 빈곤에 따른 가족 해체나 가난의 대물림, 가족들하고 함께 죽고 싶다는 가난한 부모들, 가족 집단 자살 뉴스 등을 계속 이야기했다. 그래도 정상 가족을 향한 선망과 자기 비하는 꿈쩍도 하지 않는다.

정상성 규범을 벗어나서 보면 많은 상처와 혼돈과 어려움 속에서도 이영식은 자기 상황과 선택에 따라 자기 삶을 살고 있을 뿐이다. 삶의 어떤 순간에도 타인에게 궁극적인 해가 된 적이 없다. 어려움이든 외로움이든 질병이든 자기가 감당하며 살아왔고, 지금도 온전히 독립적으로 감당하며 살고 있다. 심지어 죽음과 죽음 뒤를 생각해 어렵게 5000만 원을 저축해놓고 있다. 이영식은 좋은 삶을 살아왔고, 남은 생에서도 그럴 사람이다.

이영식은 월남전 참전을 여러 맥락으로 풀어놨다. 폭력, 모멸감, 아버지, 남성성, 젊은 시절의 호기심, 그래도 외국 등. 역사적 사건에 역사적 결단을 하고 참여하는 국민은 드물다. 역사적 결단 타령은 보수건 진보건 권력자들의 선전전이다. 설사 역사적 결단이더라도, 사건의 결말하고 상관없이 대부분 권력자들에게 속은 결과다. 국민들은 각자의 상황과 맥락으로 권력자들이 벌인 사건 속으로 밀려들거나 끌려든다. 권력자들의 당위에 맞춰 기획, 집행, 중지, 평가된다. 그런 순서에 따라 국민들은 동원되고, 국민의 삶은 멈추고 뭉개지고 망가지고 끝난다. 그 과정에서 사병이나 국민은 괴물이 되기도 한다. 사건의 시작부터 끝까지, 아니 끝의 뒤까지. 민족과 국경과 이념과 종교의 경계선과 분류를 만들고 선전하는 자들, 그 분류에 휩쓸리고 마는 국민들, 그런 휩쓸림을 피할 수 있는 자들이 있을 뿐이다. 역사는 권력자들이 기록하며 역사에 관한 평가는 늘 뒤늦다. 한 사건과 뒤늦은 평가 사이에 비슷한 사건들이 여기저기서 기획되고 집행되는 틈에 무수한 국민들은 뭉개지고 끝난다.

  내가 그 사건에 동참할 수 있는, 턱없이 불충분하지만 하나뿐인 방법은 기록과 공유다. 그 과정은 무례하다. 이영식의 기억과 상처를 묻고 끄집어내어 그 흔적을 뒤지고 드러내며 가늠한다. 이영식은 이해와 설명이 끼어들 여지가 없는 전투 상황을 겪었는데, 나는 보지도 않은 그 전투와 전쟁을 말로 쓴다. 뒤늦게 나온 평가들을 거쳐 배우고 깨달은 내 시선으로, 그 사건과 이영식의 기억들을 보고 심지어 평한다. 참전 연금으로 이어지는 독거노인의 생계와 노인의 조국마저 비껴선 이 글은 이영식에게 더없이 무례하다. 그나마 다행이라면 45년을 지나 이영식이 말하고, 내가 듣고 기록하며, 독자들이 읽는다는 사실이다. 그렇지 않으면 흔적도 없이 사라질 이영식의 전쟁을 말이다. 평화를 향한 확신, 그런 느낌은 보다시피 이영식에게도 내게도 없다.

가난한 사람의 자기 비하를 자기 긍정으로 만들 에너지

드물기는 하지만 이영식하고 비슷하거나 더 어려운 처지에서 자라고 살아왔으면서도 삶을 전혀 다르게 말하는 사람들이 있다. 가난과 무자식을 소박하고 자유로운 삶으로 여기며(해석과 정체화), 자립하면서 협력하는 사람들이다. 그 사람들의 내면에는 자존심이 아니라 자긍심과 자존감이 탄탄히 자리잡고 있다. 이영식이 하는 말처럼 '최 선생이나 그렇게 생각하는 것'도 아니고 '교과서에나 나오는 이야기'도 아니다. 인간은 무엇을 경험하는지보다 그 경험과 기억을 어떻게 해석하는지에 따라 정체화하고 관계 맺는다.

세월호의 고난은 끝나지 않고, 공권력은 노동자와 가난한 사람들을 폭압하며, 여성가족부는 레즈비언은 여성 국민이 아니라고 몰아세우고, 정권 차원에서 역사 교과서 국정화를 강행하는 와중에, 나는, 우리는 도대체 국가란 무엇이냐는 질문으로 되돌아왔다. 나는 가난하고 늙은 파월 장병의 통장 입금 내역에서든, 연예인 위문 공연에 눈물 줄줄 흘리는 새까맣게 탄 젊은 파월 장병의 가슴에서든 이영식들이 말하는 조국의 실마리를 찾아내고 이영식들하고 함께 가닥가닥 발라내어 새로운 실마리를 만들어야겠다. 그래야 내가 살고 싶은 나라의 시민들을 그려볼 수 있다. 이미자를 비롯해 통장 입금 내역 뒤쪽에 숨은 많은 가닥들이 '이영식의 조국'을 찾을 실마리다. 아버지(와 어머니), 혈육들, 훼손되거나 도달된 남성성, 무작정 상경과 돌아갈 정처, 월남전에서 드러낸 용맹과 공포, 공사장 막노동과 보람, 계급을 배반하는 정치적 견해와 투표 성향, 조카들을 향한 애정, 자기 비하와 소신 등이 뒤엉켜 있다. 그 실마리를 푸는 작업 없이는, 내가 열망하다 실패했으면서도 다시 소망하는 진보 정치니 진보적 시민 운동이니 하는 것들도 이영식의 '조국'만큼이나 한 무더기의 허깨비다.

참전 용사들을 보수 할배로 취급하고 마는 진보는, 월남전 참전 용사 이영식이 자기 아버지를 혐오한 그 혐오의 다른 모습이다. 성찰 없는 자식들은 젊어 자기 부모를 혐오하다, 나이들어 자기가 그 부모를 닮은 사실을 알고서야 울면서 그 부모를 달랑 용서해버리고는, 자식에게 미움 받으며 살다, 죽는다. 아버지를 제대로 죽이지 못한 자식이 다음 세대에 물려줄 것은, '너도 늙어봐라'가 전부다.

새롭게 꾸려질 진보는 가난의 구조화보다는 가난한 사람들의 자기 비하에 개입할 길을 먼저 찾아야 한다. 가난한 사람은 왜 보수화되느냐는 질문에 내놓을 답도 그 언저리에 있다. 지배 이데올로기의 내면화는 지배자를 향한 선망과 숭배로 이어진다. 자기 속을 들여다 보면서 가난한 사람들의 자기 비하를 깊이 살피고, 그 사람들을 옹호하되 함께 분석한 뒤, 자기 긍정의 에너지를 이성적이고 사회적인 힘으로 모아내야 한다. 그저 계급과 임금과 복지의 문제가 아니라, 삶의 어느 시절 어느 순간이든 한 사람의 내면에서 일어나는 성찰과 직립과 통찰의 실마리가 거기에 있다. 거기서 이어지는 삶은 그것 자체가 실천이다.

이영식도 이미 그 실천이라는 것을 살았고, 지금도 그것을 좋아한다. 다만 알아차리지 못할 뿐이다.

"그때는 정말 없는 사람들 덕에 산 거죠. 나처럼 가진 거 없이 떠도는 사람들, 술집 여자들이나 장돌뱅이들 덕에 살았어요. 그때만 해도 그렇게 살 수 있었죠. 그때가 좋았죠."

	개인적 사건	사회적 사건
1946	강원도 횡성시에서 태어남, 호적에는 1947년임	해방 직후
1950	어머니 사망 큰집에서 지냄	한국전쟁
1953	초등학교 입학	
1959	중학교 중퇴	
1960	김주열 열사의 노래를 청주에서 듣고 따라 부름	4 · 19혁명 베트남전 발발
1962	무작정 상경해 다방 주방에서 일함	
	성남 모피공장에서 일함	
1967	군대 입대	
1968	복무 부대에 박정희 시찰 옴	1 · 21 사태
1969	삼선개헌 반대 집회 진압 훈련을 함	삼선개헌
1970	4월 베트남전 참전	쥐잡기 운동이 시작됨
1971	베트남에서 귀국, 제대 아버지 사망	대통령 선거 대연각 화재
1972	방황 마장동 형네집 근처에서 거주 큰아버지, 큰어머니가 서울로 이사함 완구 노점상	유신헌법 국민투표
1976	큰아버지 집 나간 뒤 행방불명	
1977	청주에서 만난 여자와 공주에서 동거 공주 다방 일을 함께하다가 헤어짐	
1978–80	조치원에서 부랑인 생활을 함	삼청교육대가 시작됨
1981	고향 동네 형 따라 목수 일 시작함	
1988	작업 중 추락 동대문 뉴존 빌딩 공사함	서울올림픽
1999	형 사망	
2006	서울시 북아현동에 정착 목수 일 그만둠	
2011	국가유공자 등록 참전 연금 받기 시작 아현동 고시원으로 이사	
2015	2월 노원구 임대 원룸으로 이사